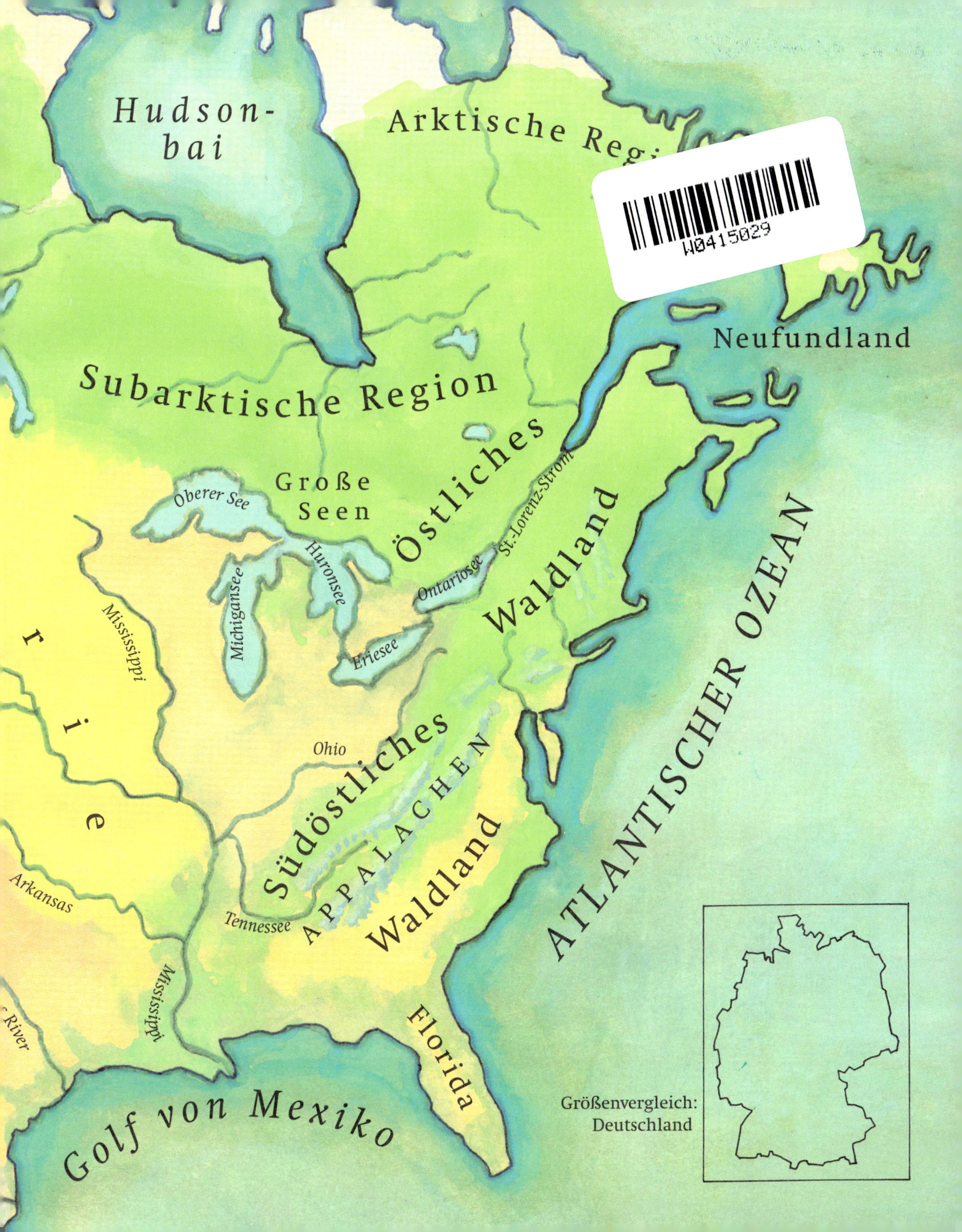
Hudson-
bai
Arktische Regi
Neufundland
Subarktische Region
Große
Seen
Oberer See
Östliches
Waldland
St.-Lorenz-Strom
Huronsee
Michigansee
Ontariosee
Eriesee
Mississippi
r i e
Ohio
Südöstliches
Waldland
APPALACHEN
Arkansas
Tennessee
Mississippi
River
ATLANTISCHER OZEAN
Golf von Mexiko
Florida
Größenvergleich:
Deutschland

MEYERS GROSSES INDIANER LEXIKON

Geschrieben von Hans Peter Thiel
Illustriert von Ilse und Rudolf Ross
Fachliche Beratung: Claus Biegert

MEYERS LEXIKONVERLAG
Mannheim · Leipzig · Wien · Zürich

Die Deutsche Bibliothek – CIP-Einheitsaufnahme
Meyers großes Indianerlexikon /
geschrieben von Hans Peter Thiel.
Ill. von Ilse und Rudolf Ross. Fachliche Beratung: Claus Biegert. –
Mannheim; Leipzig; Wien; Zürich: Meyers Lexikonverl., 1997
ISBN 3-411-08031-0

Das Wort **MEYER** ist für den Verlag
Bibliographisches Institut & F. A. Brockhaus AG
als Marke geschützt.

Das Werk wurde in neuer Rechtschreibung verfasst.
Layout: Karin Girlatschek, Stuttgart – Hamburg
Einbandgestaltung: Julián R. Valero
Satz: LOW Werbe- und Desktop-Publishing GmbH, München
Druck und Bindearbeit: Neue Stalling GmbH, Oldenburg
Printed in Germany
ISBN 3-411-08031-0

Wenn du den Unterschied...

...zwischen einem Tipi und einem Wigwam kennst und einen Marterpfahl nicht mit einem Totempfahl verwechselst, dann weißt du mehr über die Indianer als die meisten. Und du gehörst sicher zu denen, die noch viel mehr erfahren möchten über die Ureinwohner Amerikas.
Dafür ist dieses Lexikon da. Es enthält vieles, was du bestimmt noch nicht weißt, etwa
– dass es in Nordamerika vor der Ankunft der Weißen über 500 Indianervölker gab,
– dass in Mittelamerika schon vor 3 000 Jahren Indianer große Tempelstädte bewohnten,
– dass in Südamerika ein riesiges Indianerreich lag, das halb so groß war wie Europa.
Wenn du in dem Lexikon liest, wirst du entdecken, dass nur wenige Indianer auf Mustangs durch die Prärie ritten, Büffel jagten oder auf Kriegspfad waren. Natürlich gibt es Stichwörter wie Apachen, Marterpfahl, Sioux, Sitting Bull und Winnetou. Aber wenn du anfängst zu blättern, wirst du feststellen, dass die meisten Indianer ganz anders lebten, als du es aus Filmen und Abenteuerbüchern kennst. Die Azteken, Maya und Inka zum Beispiel bauten Paläste und Straßen, andere Indianer jagten Wale oder pflanzten Mais, Bohnen und Kürbisse an. Wieder andere ziehen noch heute in kleinen Gruppen durch die Regenwälder. Einige dieser Indianervölker werden in dem Lexikon vorgestellt – nicht alle, denn dann wäre das Buch zehnmal so dick.
Du erfährst etwas über ihre Lebensweise, ihre Kleidung und ihre Art zu wohnen, über ihre Häuptlinge und ihre Götter, ihre Kunst, Spiele und Tänze. Vieles über das Leben der Indianer ist bis heute unbekannt. Da sie mit Ausnahme der Maya keine Schrift besaßen, wissen wir über manches untergegangene Volk nicht mehr als das, was Forscher herausgefunden haben.

In den vergangenen Jahrhunderten haben auch Maler und Fotografen immer wieder Indianer besucht. Auf ihren Bildern können wir sehen, wie die verschiedenen Stämme damals gekleidet waren. Auch viele Abbildungen in diesem Buch sind nach alten Darstellungen, nach Funden von Forschern und Ausstellungsstücken in Indianermuseen gemalt.
Wie jedes Lexikon geht auch dieses von A bis Z, von Abnaki, einem Stamm der Algonkin, bis Zuni, einem Volk der Puebloindianer. Bei schwierigen Namen findest du einen Hinweis zur Aussprache. Besonders wichtigen Völkern und interessanten Themen sind längere Artikel gewidmet. Von den anderen Lexikonartikeln aus wird zusätzlich auf weitere Stichwörter verwiesen, sodass du dich quer durch das Lexikon schmökern und eine Reise durch die Welt der Indianer machen kannst. Und wenn du Lust hast, kannst du indianisch kochen oder ein Tipi bauen – denn auch Anleitungen zum Selbermachen findest du in diesem Buch.

Abnaki Die Abnaki oder Wabunaki gehörten zur Algonkin-Sprachfamilie. Sie lebten an den Küsten des heutigen US-Staates Maine sowie in Kanada. Die Abnaki betrieben Jagd und Fischfang. Schon früh kamen sie mit Weißen in Berührung. Sie waren wohl die ersten Indianer, auf die um das Jahr 1000 die Wikinger trafen. Später waren sie Verbündete der Franzosen und kämpften gegen die Engländer. Etwa 3 000 ihrer Nachfahren leben heute in der Reservation von Maine und in Quebec. ➳ *Algonkin, Entdecker*

Abzeichen Alle Indianer kannten die Körperbemalung. Sie trugen Farben, Zeichen und Muster auf die Haut auf. Die Farben und Zeichen hatten immer eine ganz bestimmte Bedeutung, die von Stamm zu Stamm verschieden war. Wenn zum Beispiel ein Prärieindianer ein Pferd gestohlen hatte, bemalte er seine Leggings mit einem Hufzeichen. Zu den Abzeichen gehörte auch der Federschmuck. Bei vielen Stämmen der Prärieindianer gab es Männerbünde. Die Mitglieder trugen Stirnbänder mit Bärenkrallen, Rückenschleppen, bestickte Gürtel oder Rasselstäbe als Abzeichen.
➳ *Bemalung, Bünde, Federn, Körperbemalung*

Ackerbau *siehe Seite 5*

Ackergeräte Viele Indianerstämme, vor allem im Südwesten Nordamerikas, in Mexiko, Guatemala und Peru, betrieben Ackerbau. Die wichtigste Pflanze war der Mais, der „Indian Corn" – „Indianerkorn" genannt wird. Auch Bohnen, Kürbisse, Tabak und Sonnenblumen wurden angebaut. Den Boden bearbeiteten die Indianer mit Grabstöcken und Hacken. Da sie das Eisen nicht kannten, verwendeten sie die Schulterblätter von Bisons oder die Geweihe von Hirschen. Diese banden sie mit Tiersehnen an Stöcke und hatten so Hacke und Rechen. Die Ackerbauern am Mississippi verwendeten Hacken aus Schildkrötenpanzern. ➳ *Ackerbau*

Indianer mit Grabstock

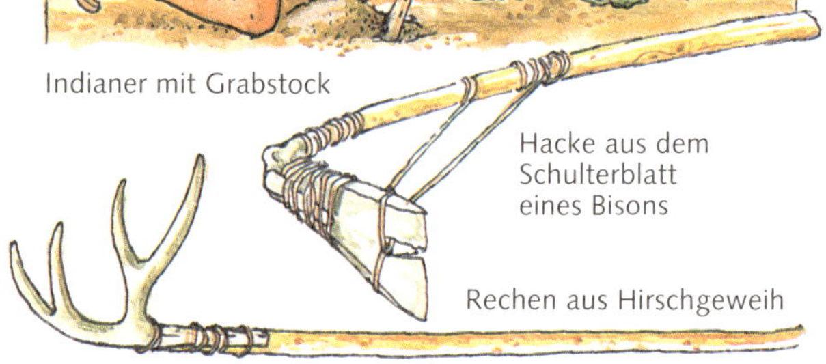

Adler Der Adler gilt bei fast allen nordamerikanischen Indianern als heiliges Tier. Er war das Sinnbild für Kraft, Stolz, Ausdauer und Weitblick. Ihm zu Ehren gab es den Adlertanz. Mit Adlerfedern schmückte man Kriegshauben, Rasseln und Pfeifen. Sie sind bei Zeremonien heute noch wichtig. ➳ *Adlerfalle, Federn*

Ackerbau

Nicht alle Indianer lebten von der Büffeljagd oder vom Fischfang. Die meisten Jägervölker waren auch Sammler. Sie ernteten Beeren, Nüsse und andere Wildfrüchte. Viele Stämme im Südwesten Nordamerikas, vor allem aber die Indianervölker in Mittel- und Südamerika, waren sesshaft und betrieben Ackerbau.

Der Mais – das Korn der Indianer

Schon vor über 5 000 Jahren bauten die Bewohner Mittelamerikas Mais an. Um 2000 v. Chr. kannte man in Mexiko bereits über hundert Maissorten. Sie waren aus einer Urpflanze mit einem etwa zentimeterlangen Maiskolben gezüchtet worden. Wissenschaftler vermuten, dass der Mais aus dem Hochland von Peru stammt. Er ist die wichtigste Pflanze der Indianer. Ihr ganzes Leben, die Feste und ihre Religion richteten sich nach Aussaat und Ernte des Getreides.

Auch im Südwesten der heutigen USA gab es schon früh Ackerbauern wie die Anasazi und die Hohokam, später die Pueblovölker. Viele Indianer kannten die Brandrodung. Sie brannten das Gras ab, um neue Felder anzulegen.

Kartoffeln und Gemüse

Die Inka kannten bereits über 600 Kartoffelsorten. Obwohl sie keinen Pflug hatten, erzielten sie reiche Ernten. Die Felder waren nur klein und von Wassergräben umgeben. Um den Boden fruchtbarer zu machen, pflanzten sie Lupinen zwischen Mais, Bohnen und Kürbisse. An den Hängen legten sie Terrassenfelder an. Die Äcker der Maya lagen auf der Halbinsel Yucatan mitten im Urwald. Sie wurden durch ein Kanalsystem be- und entwässert. Die Maya pflanzten hier auf Hochäckern verschiedene Feldfrüchte nebeneinander an, zum Beispiel Mais und Maniok, Bohnen und Kakaobäume. So blieb der Boden länger fruchtbar.

Adobe Die sesshaften Indianer im Südwesten Nordamerikas und in Mexiko bauen ihre Häuser aus Lehmziegeln. Diese luftgetrockneten Ziegel heißen Adobes. Schon die Babylonier errichteten vor 5 000 Jahren Häuser und Tempel aus Schlammziegeln. Die Puebloindianer verwenden die Lehmsteine noch heute für ihre Häuser, die Pueblos. ➳ *Hausbau, Pueblo*

Adoption Viele Indianerstämme in Nordamerika nahmen Kriegsgefangene als Mitglieder in ihren Stamm auf. Später wurden manchmal auch weiße Trapper oder entlaufene schwarze Sklaven von den Indianern adoptiert. Ein Weißer, der in einem Indianerstamm lebte und mit einer Indianerin verheiratet war, hieß bei den Engländern verächtlich „Squawman“. ➳ *Squaw*

Adlerfalle Einen Adler zu fangen und zu töten galt als besonders mutige Tat. Viele Indianer glaubten, dadurch gingen der Mut und die Stärke dieses Vogels auf den Jäger über. Der Adler sollte möglichst mit den Händen gefangen werden. Dazu baute man eine Falle. Man hob eine Grube aus, deckte sie mit Reisig ab und legte ein Stück Fleisch als Köder aus. Der Jäger setzte sich in die Grube und wartete. Kam ein Adler angeflogen, dann versuchte er ihn an den Fängen zu greifen. Der Balg des Adlers wurde ausgestopft und galt als heilige Medizin. Manche Stämme hielten Adler auch gefangen.
➳ *Adler, Jagd, Medizin*

Adlerfedern Adlerfedern waren die begehrtesten Abzeichen bei den Prärieindianern. Nur mutige Krieger, die eine außergewöhnliche Tat vollbracht hatten, durften sich eine Adlerfeder ins Haar stecken. An der Art, wie diese getragen wurde, ob sie bemalt oder eingeschnitten war, konnte man die Leistung ihres Trägers ablesen. Mit Adlerfedern verzierten die Indianer auch Schilde, Rasseln und Friedenspfeifen. Bis heute hat die Adlerfeder eine große Bedeutung für die Indianer. ➳ *Abzeichen, Federhaube, Federn*

Agave Agaven sind der Trockenheit besonders angepasste Pflanzen. Sie kommen in den Halbwüsten Mexikos und im Südwesten der USA in vielen Arten vor und ähneln großen Kakteen. In ihren fleischigen Blättern speichern sie Wasser. Die Indianer verwenden alle Teile der Pflanze. Aus dem Saft machen sie Pulque, den Agavenschnaps. Der Blütenstand wird bis zu zehn Meter hoch. Sein Mark verarbeiten die Indianer zu Teig, aus dem sie Fladen in heißer Asche backen. Die hellgelben Blüten werden mit Honig gesüßt und schmecken wie kandierte Früchte. Die Blätter einiger Arten wie der Sisalagave liefern harte Fasern. Daraus werden Körbe, Matten und Sandalen geflochten. ➳ *Flechten*

Agent Indianeragenten waren Beamte der US-Regierung. Sie hatten die Aufsicht in den Indianerreservationen und sollten zwischen den Indianern und der Regierung vermitteln. Viele Agenten nutzten ihre Stellung jedoch aus. Sie schafften zugeteilte Lebensmittel beiseite und bereicherten sich auf Kosten der Menschen in den Reservationen. Nur wenige nahmen ihre Aufgabe ernst und versuchten den Indianern wirklich zu helfen. ➳ *Reservation*

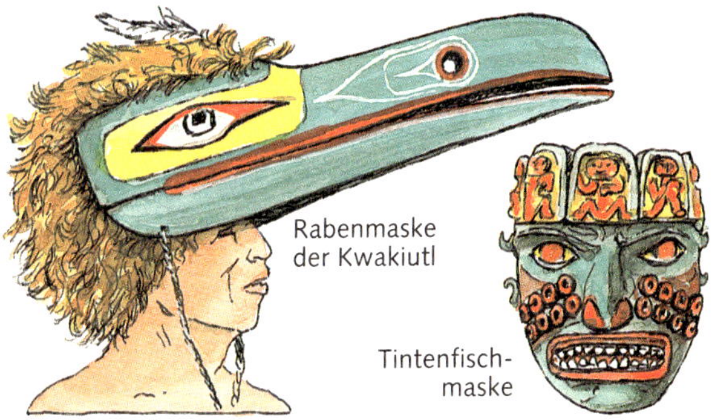

Rabenmaske der Kwakiutl

Tintenfisch-maske

Ahnenverehrung Alle Indianervölker und Indianerstämme verehren ihre Verstorbenen. Sie glauben, dass die Menschen aus dem sichtbaren Körper, einer unsichtbaren Seele und dem Geist oder Schatten bestehen. Für die nordamerikanischen Indianer lebt die Seele nach dem Tod in den glücklichen Jagdgründen. Nach ihrer Vorstellung ist dies ein grünes Land, in dem es weder Hunger noch Sorgen, weder Krankheiten noch Gefahren gibt. Der Schatten des Toten bleibt aber immer in der Nähe der Lebenden. Bei manchen Stämmen zogen früher sogar die Schatten der toten Krieger mit in den Kampf. Um die guten Geister der Ahnen günstig zu stimmen, führen die Indianer heute noch Tänze auf und bringen ihnen Gaben dar. Besonders ausgeprägt ist die Ahnenverehrung bei den Küstenindianern. Bei ihnen werden sogar Tiere wie der Wal, der Biber oder der Rabe als Ahnen verehrt. Die Küstenindianer tragen bei ihren Tänzen auch Tiermasken. Sie sollen an die Verbindungen des Clans zu seinen geistigen Vorfahren erinnern. ➳ *Clan, Haida, Totem*

Ahorn In Nordamerika wachsen mehrere Arten von Ahornbäumen. Verbreitet ist der Zuckerahorn. Die Indianer gewinnen den Saft dieses Baumes und kochen ihn ein. So erhalten sie Ahornsirup, der zu Zucker auskristallisiert. Mit Ahornsirup und Ahornzucker süßen die Indianer nicht nur Maisgerichte, sondern auch den Pemmikan. Heute bekommt man überall in Amerika den „maple syrup". ➳ *Zuckerahorn*

Alaska Dieser nördlichste Bundesstaat der USA ist viermal so groß wie Deutschland. Über die Beringstraße kamen die Vorfahren der Indianer aus Asien nach Alaska. Die meisten zogen immer weiter nach Süden. Die später Angekommenen, zum Beispiel die Eskimo, ließen sich in Alaska nieder. Bis 1867 gehörte Alaska zu Russland. Noch bis Ende des vorigen Jahrhunderts lebten hier die Eskimo und die Tlingit ziemlich ungestört von den Weißen. Dann fand man 1896 am Klondikefluss in Alaska Gold. Nun kamen Goldgräber und Abenteurer und drängten die Ureinwohner immer weiter nordwärts. ➳ *Besiedelung, Eskimo*

Algonkin *siehe Seite 8*

Alkohol Schon bevor die Weißen nach Amerika kamen, kannten die Indianer berauschende Getränke. Die Azteken bereiteten aus dem Saft verschiedener Agaven einen Schnaps, der heute in Mexiko als Pulque bekannt ist. Aus dem Peyotlkaktus wurde ebenfalls Schnaps gemacht. Die Indianer tranken berauschende Getränke aber nur bei besonderen Zeremonien. Erst durch die Weißen kam das „Feuerwasser" zu den Stämmen. Die Indianer erhofften sich davon rasche Visionen, und viele wurden deshalb zu Alkoholikern. Sie verkauften Land für billigen Schnaps. Das trug zum Untergang der Indianer Nordamerikas bei. In den Reservationen sind viele Männer alkoholkrank. Den meisten Indianern fehlt ein Stoff, durch den der Alkohol im Körper abgebaut wird. ➳ *Peyotl, Reservation, Vision*

Algonkin

Die Algonkin bilden eine große Sprachfamilie in Nordamerika. Ihr Sprachgebiet erstreckt sich von den Great Plains bis in das östliche Kanada. Zur Algonkinfamilie gehören so bedeutende Stämme wie die Arapaho, die Cheyenne, die Ojibway und die Cree.

Die Fischjäger

Der Name für die Sprachgruppe stammt von einem kleinen Stamm, eben den Algonkin. Sie lebten in Kanada am Ottawa River teilweise als Bauern, vor allem aber als Jäger und Fischer. In der Algonkinsprache bedeutet ihr Name so viel wie „Die mit dem Speer Fische jagen". Sie bildeten Stammesverbände von einigen Hundert Menschen. Im Frühjahr und Sommer blieben sie in den Dörfern, wo die Frauen die Felder bestellten. Die Männer jagten in den Wäldern. Im Winter entfernten sie sich oft weit von ihrem Siedlungsgebiet, um Robben, Fischotter, Biber und Elche zu jagen. Als England und Frankreich in Nordamerika Krieg gegeneinander führten, waren die Algonkin aufseiten der Franzosen. Schon immer wurden sie von den Irokesen stark bekämpft, die Verbündete der Engländer waren. Der kleine Algonkinstamm wurde zerschlagen. Heute leben noch 3 000 Nachfahren dieses Stammes in Kanada.

Die Erfinder des Wigwams

Die typische Behausung der meisten Algonkinstämme war der Wigwam. Der kuppelförmige Bau bestand aus biegsamen Ästen oder jungen Bäumen. Diese wurden in den Boden gesteckt und zu einem gitterförmigen Gerüst verbunden. Darüber legte man Matten aus Birkenrinde. Manche Stämme bewohnten auch Holzhäuser. Meister im Wigwambau waren die Ojibway. Wie fast alle Algonkinstämme fertigten sie auch Kanus aus Birkenrinde an.

Alligator Besonders im Südosten Nordamerikas, im Gebiet des Mississippi, ist der Alligator zu Hause. Dieses amerikanische Krokodil wird drei bis vier Meter lang. Die Indianer fingen es mit Schlingen, um es zu verspeisen. Das Tier galt als besonders gefährlich, und seine Zähne wurden als Jagdtrophäen und Schmuckstücke verwendet. ➻ *Fallensteller, Jagd*

Ältestenrat Fast jedes indianische Dorf oder Lager wurde vom Ältestenrat oder Stammesrat geleitet. Er bestand vor allem aus alten, erfahrenen Kriegern. Sie hatten im Stammesrat die erste Stimme. Erst wenn sie gesprochen hatten, durften die Jüngeren reden. Dem Ältestenrat gehörten bei zahlreichen Stämmen auch weise Frauen an. Der Rat hatte oft mehr Einfluss als ein Häuptling. Er bestimmte zum Beispiel, ob man einen Jagdzug unternehmen oder das Lager in eine andere Gegend verlegen sollte. Heute gibt es einen Ältestenrat, den „Elders Circle", dem Indianer aus ganz Nordamerika angehören. ➻ *Häuptling*

Amarant Diese Pflanze ist bei uns unter dem Namen „Fuchsschwanz" als rote Gartenblume bekannt. Der Amarant wächst in Amerika wild und wurde am Mississippi schon vor dem Mais angebaut. Bei den Inka spielte die Pflanze als Brotfrucht eine große Rolle. Auch die Azteken kannten den Amarant, und heute noch werden in Mexiko bei Festen aus seinen Samenkörnern Kuchen gebacken. ➻ *Nahrung*

Amazonas Der Amazonas in Südamerika ist mit 6 400 Kilometern Länge der größte Strom der Welt. Er durchfließt das größte Regenwaldgebiet der Erde. Hier gab es bis zur Ankunft der Weißen viele kleine Stämme von Urwaldindianern. Heute leben im Regenwald des Amazonas nur noch wenige Indianer. Die meisten wurden vernichtet. ➻ *Südamerika, Urwaldindianer*

American Indian Movement Die Amerikanisch-Indianische Bewegung, abgekürzt AIM, entstand 1968 aus einer Protestbewegung der so genannten Stadtindianer. Viele Indianer hatten die Reservationen verlassen und waren in die Städte gezogen. Dort wurden sie aber nicht als gleichberechtigte Amerikaner angesehen. Die meisten verkamen in Armut. Von der Polizei wurden sie oft verfolgt und ungerecht behandelt. Um die Rechte der Indianer zu wahren, besetzten AIM-Mitglieder zum Beispiel das „Büro für Indianische Angelegenheiten" in Washington. Dort forderten sie die Regierung auf, ihre Verträge mit den Indianern einzuhalten. 1973 besetzte das AIM den historischen Ort Wounded Knee. Hier hatten 1890 US-Truppen ein Massaker an unbewaffneten Siouxindianern veranstaltet. Erst nach zwei Monaten konnte die Regierung die Besetzer zum Abzug bewegen. Das AIM hat manche Verbesserungen für die Indianer erreicht. Dennoch sind die Ureinwohner Amerikas im eigenen Land noch immer Menschen zweiter Klasse.
➻ *Reservation, Stadtindianer, Wounded Knee*

Amerika Amerika umfasst Nord- und Südamerika, die durch die Landbrücke von Mittelamerika verbunden sind. Man spricht deshalb vom Doppelkontinent und betrachtet Nordamerika und Südamerika als eigene Erdteile. Mit 42 Millionen Quadratkilometern ist Amerika fast so groß wie Asien. Vor der Ankunft der Europäer lebten hier mehr als 500 Indianervölker, von kleinen Stämmen bis zu großen Völkern.
➻ *Mittelamerika, Nordamerika, Südamerika*

Amulett Fast alle indianischen Völker kennen Amulette. Es sind kleine Gegenstände, die als Schutz vor Geistern, Krankheit und Unglück am Körper getragen werden. Die Indianer schreiben ihren Amuletten Zauberkräfte zu und trugen sie früher auch, um bei der Jagd erfolgreich zu sein. Die meisten Amulette sind seltsam geformte bunte Steine, Tierzähne, Haare und Knochen von Tieren oder sogar von Menschen. Es gibt auch Amulette, die aus Holz, Ton oder Gold angefertigt werden. Man darf diese Glücksbringer nicht mit der Medizin eines Indianers verwechseln. ➳ *Jagd, Medizin*

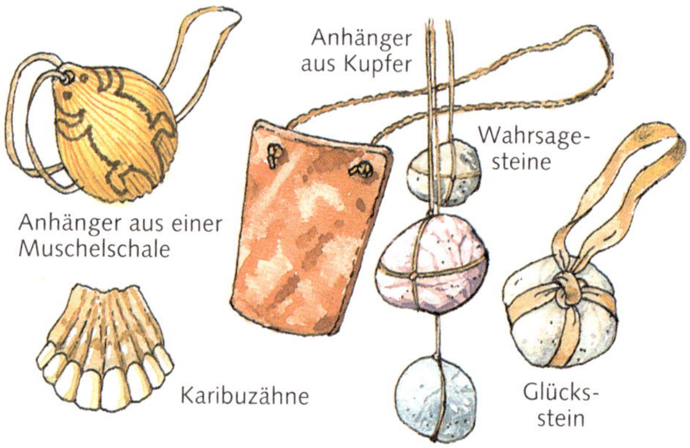

Anasazi *siehe Seite 11*

Angel Die meisten Indianer gingen auf Fischfang. An den großen Strömen im Norden, am Mississippi und Missouri, schoss man die Fische mit Pfeil und Bogen oder fing sie mit der Angel. Die Angelhaken waren aus Tierknochen oder aber aus Holz geschnitzt. Die Prärieindianer fischten allerdings meist nur, wenn keine andere Beute zu machen war. Die Küstenindianer lebten vom Fischfang. Für große Fische hatten sie Fischspeere. Mit Harpunen jagten sie auch Wale. ➳ *Fischfang, Jagd, Walfang*

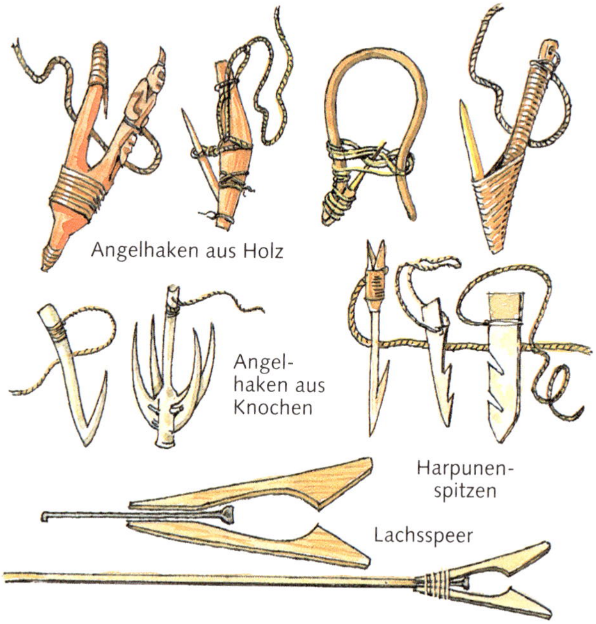

Antilopen Antilopen sind rehähnliche Tiere, die es vor allem in Afrika und Asien gibt. Die amerikanische Pronghorn-Antilope heißt auch Gabelbock. Sie war neben dem Bison für die Indianer ein wichtiges Wild. Der Gabelbock lieferte nicht nur Fleisch, sondern auch weiches Leder für Kleidung. ➳ *Jagd, Kleidung*

Pronghorn-Antilopen

Anasazi

Vor rund 2 000 Jahren hatten sich in der Hochebene des Coloradoflusses in Arizona und Neumexiko Indianer niedergelassen. Sie hießen Anasazi und lebten in dem fast wüstenhaften Gebiet als Ackerbauern. Noch heute sind sie für Archäologen und Forscher ein rätselhaftes Volk. Ein amerikanischer Landvermesser entdeckte vor 150 Jahren im Chaco Canyon neun große Siedlungen der Anasazi.

Ein Dorf aus einem Haus

Die frühen Anasazi bezeichnet man als Basketmaker. Sie lebten zuerst in Felsenwohnungen. Später errichteten die Anasazi mehrstöckige Häuser, in denen die ganze Dorfgemeinschaft Platz fand. Diese Pueblos waren aus Sandsteinplatten und mit Lehm verputzt. Ein Pueblo hatte Hunderte von Räumen. Sie waren zum größten Teil nur über Leitern zugänglich.

In einem unterirdischen Raum, der Kiva, hielten die Anasazi ihre religiösen Feiern ab. Wenn sie aus dem Dunkel der Kiva ins Sonnenlicht stiegen, feierten sie damit das Auftauchen des Lebens aus dem Inneren der Erde.

Frühe Handelsstraßen

Man hat im Chaco Canyon über 600 Kilometer schnurgerader Straßen gefunden. Sie verbanden einmal etwa 75 Siedlungen miteinander. Im Mittelpunkt dieser Straßen lag der Pueblo Bonito, eine fünfstöckige Stadt. Vermutlich waren die Straßen Handelswege. Die Anasazi waren wohlhabende Händler. Sie handelten mit Türkisen. Dieser blaugrüne Edelstein galt bei vielen Indianervölkern als heiliger Glücksbringer. Man machte daraus Schmuck und Gegenstände für Zeremonien. Im 13. Jahrhundert haben die Anasazi plötzlich den Chaco Canyon verlassen. Vielleicht waren lange Dürreperioden der Grund für ihr Verschwinden.

Apachen

Die Apachen (*sprich:* apatschen) bilden eine Volksgruppe, die Athapaskisch spricht. Gemeinsam mit den Navajo wanderten sie um das Jahr 1300 aus Kanada immer weiter in den Südwesten Nordamerikas. Einige Gruppen vermischten sich mit den Plainsindianern, andere siedelten in der Nähe der Pueblogebiete. Zu den bekanntesten Stämmen zählen die Mescalero, die Chiricahua und die Kiowa-Apachen.

Gefürchtete Krieger

Bei den Weißen galten die Apachen als wilde Krieger und Pferdediebe. Sie griffen meist in kleinen Gruppen überraschend an und zogen sich dann wieder in die Berge zurück. Nach 1680 hatten sich einige Apachenstämme am Aufstand der Puebloindianer gegen die Spanier beteiligt. Sie erbeuteten dabei Pferde und Feuerwaffen. Von nun an wurden sie von allen als Feinde gefürchtet. Die Apachen drangen tief nach Mexiko ein, um die dort sesshaften Indianer zu überfallen. Die meisten kannten keine Kriegstugenden oder Achtung vor ihren Feinden. Auf ihren Raubzügen töteten sie sogar Frauen und Kinder. Die westlichen Apachen waren ständig unterwegs. Sie begnügten sich meist mit einem Wickiup als Behausung. Die östlichen Apachen hatten von den Plainsindianern die Tipis übernommen.

Kampf bis zuletzt

Viele Kämpfe der US-Armee gegen die Indianer in Neumexiko, Texas und Arizona galten vor allem den Apachen. Durch ihr Leben in der Wüste waren sie Entbehrungen gewöhnt und ausdauernd. Sie leisteten den Weißen heftigen Widerstand. So vergingen mehr als 200 Jahre, bis sie besiegt waren und in die Reservationen ziehen mussten. Heute leben noch etwa 20 000 Apachen im Südwesten der USA.

Apachenpass Der Apachenpass liegt in den Ausläufern der Rocky Mountains in Arizona. Hier lieferten die Apachen der amerikanischen Armee eine denkwürdige Schlacht. 1862 besiegten sie unter der Führung ihrer Häuptlinge Cochise und Geronimo 500 weiße Soldaten. Die Indianer rollten einen Hagel von Felsbrocken die Abhänge hinunter. Es gelang den Weißen trotz ihrer Geschütze nicht, die Apachen zu überwältigen. ➳ *Apachen, Cochise, Geronimo*

Apalachee (*sprich:* äpalätschi) Dieser Stamm zählte im 17. Jahrhundert etwa 5 000 Mitglieder und bewohnte das Gebiet im nördlichen Florida. Die Apalachee waren Jäger und Fischer und bauten Mais und Kürbisse an. Zu ihrer Jagdbeute zählten auch Alligatoren. Die Apalachee schlossen sich später den Creek an. ➳ *Creek*

Appalachen Die Appalachen sind ein 2 600 Kilometer langes und bis zu 300 Kilometer breites Gebirge, das sich von Kanada bis Alabama erstreckt. Bis zum Ende des 18. Jahrhunderts bildeten die waldreichen Appalachen die Grenze zwischen den weißen Siedlern und dem Indianerland. ➳ *Besiedelung*

Appaloosa (*sprich:* äppalusa) Der Appaloosa ist das bekannteste Indianerpferd. Es wurde von den Nez Percé aus spanischen Pferden gezüchtet. Auffällig sind die eiförmigen braunen Flecken auf dem cremefarbenen Fell. Appaloosas werden heute gerne von Cowboys geritten. ➳ *Pferde, Nez Percé*

Arapaho Die Arapaho wohnten ursprünglich im Mittleren Westen. Sie zählen zur Sprachgruppe der Algonkin. In ihrer eigenen Sprache nennen sie sich „Inuna-Ina“, was „Wir Menschen“ bedeutet. Als sie von den weißen Siedlern immer weiter westwärts getrieben wurden, wichen sie in die Prärie und auf die Great Plains aus. Dort änderten sie ihre Lebensweise. Aus Maisbauern wurden umherziehende Büffeljäger, die in Tipis wohnten. Die Arapaho verbündeten sich mit den Cheyenne und den Dakota und teilten sich in einen nördlichen und einen südlichen Stamm. Zusammen mit den Cheyenne gehörten sie zu den bedeutendsten Stämmen der Prärie. Sie gelten als die Erfinder des Sonnentanzes, der bald von den meisten Prärieindianern übernommen wurde. Die Arapaho waren tapfere und gefürchtete Krieger und leisteten den immer weiter nach Westen drängenden Weißen erbitterten Widerstand. Erst 1870 gaben die letzten Arapaho und Cheyenne den Kampf auf und zogen in die Reservation. In Wyoming und Oklahoma leben heute etwa 5 000 Nachfahren dieser stolzen Krieger. ➳ *Algonkin, Cheyenne, Sonnentanz*

Assiniboin

Die Assiniboin haben ihren Namen nach ihrem Siedlungsgebiet am Assiniboinefluss im Süden Kanadas. Sie nannten sich selbst „Usin-upwawa" – „Steinkocher". Sie gehörten zur Sprachfamilie der Sioux. Als echte Plains- und Prärieindianer zogen sie hinter den Büffelherden her.

Stolze Prärieindianer

Um 1640 wanderten die Assiniboin in die Prärie ein und verbündeten sich mit den Cree und den Ojibway. Von den Cree übernahmen sie viele Gebräuche und auch die Kleidung. Obwohl sie lange keine Pferde hatten, spielten die Assiniboin eine große Rolle in der nördlichen Prärie. Bei anderen Stämmen galten sie als gefürchtete Krieger. Schon früh besaßen sie Steinschlossflinten, die sie bei französischen Pelzhändlern gegen Felle eingetauscht hatten. Zu ihren Erzfeinden zählten die Dakota und die Blackfoot, mit denen sie lange um die Vorherrschaft in der Prärie kämpften.

Die Pockenepidemie

Durch den Pelzhandel mit den Franzosen und Engländern kamen die Assiniboin zu einigem Wohlstand. Um 1740 besaßen sie auch viele Pferde. Der Handel mit den Weißen brachte ihnen aber nicht nur Vorteile. Sie lernten dabei auch den Alkohol kennen, dem nicht wenige von ihnen verfielen. Die Weißen hatten auch die Pocken eingeschleppt. Dieser Seuche fielen damals in Europa Hunderttausende von Menschen zum Opfer. Als die Assiniboin Anfang des 19. Jahrhunderts von mehreren Pockenepidemien heimgesucht wurden, raffte die Krankheit die Hälfte des Stammes dahin. Heute leben noch etwa 4 000 Nachkommen der Assiniboin in Montana und in Kanada in Reservationen.

Azteken

Im 13. Jahrhundert wanderten die Azteken oder „Mexica" von Nordwesten her in das mexikanische Hochland ein. Sie zogen durch viele Gebiete, in denen mächtige Völker herrschten. Nach einer Sage soll der aztekische Stammesgott Huitzilopochtli am Anfang des 14. Jahrhunderts das Ende dieser Wanderung verkündet haben. Die Menschen sollten sich dort niederlassen, wo ein Adler auf einem Kaktus eine Schlange in den Fängen hält. Das war am Texcocosee.

Von Nomaden zu Ackerbauern

Als Siedlungsgebiet wählten die Azteken eine sumpfige Insel im See – wohl auch, weil andere Gebiete schon von starken Nachbarn besetzt waren. In wenigen Jahrzehnten wurden die Azteken ein sesshaftes Volk. Sie begannen nun Boote zu bauen und Fischfang zu treiben. Weil sie auf ihrer Insel kaum Land hatten, häuften sie Schlamm auf große Flöße aus Schilf und pflanzten auf diesen schwimmenden Gärten im See Gemüse an. Solche „Chinampas" gibt es noch heute. Die Azteken entwässerten Sümpfe und legten Deiche an. Innerhalb von nur 150 Jahren errichteten sie mitten im Texcocosee eine gut verwaltete Stadt – Tenochtitlan, das heutige Mexico City. Bei der Ankunft der Spanier im Jahr 1519 hatte es mehr als 300 000 Einwohner. Drei breite Dammstraßen führten auf den Platz in der Stadtmitte, wo der Haupttempel der Azteken stand. Das war eine Doppelpyramide: Die eine Hälfte war dem Kriegsgott Huitzilopochtli, die andere dem Regengott Tlaloc geweiht.

Krieger und Händler

Die Azteken waren gefürchtete Krieger und kluge Kaufleute. Da sie sich in ihrem Siedlungsgebiet nicht ernähren konnten, führten sie überall in Mexiko Kriege. Bald beherrschten sie mehr als 30 Stämme, die Sklaven stellen und Abgaben zahlen mussten. Die Azteken waren nun das mächtigste und reichste Volk in Mexiko.

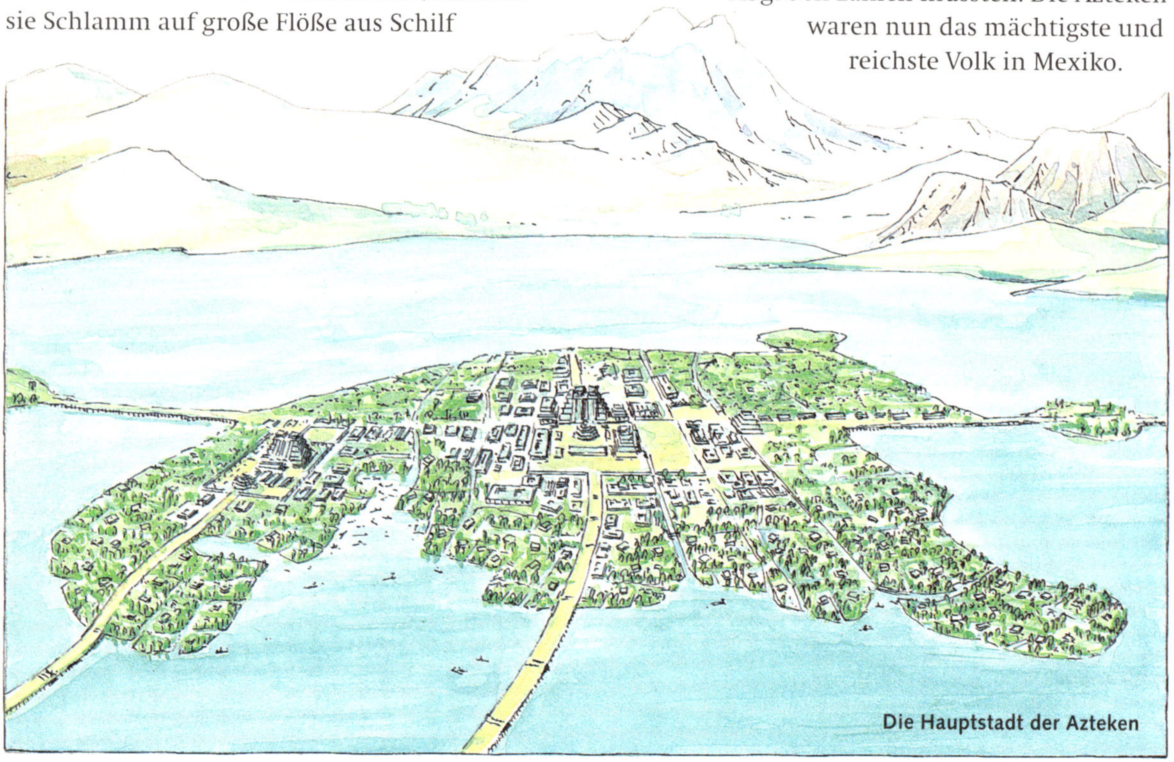

Die Hauptstadt der Azteken

Die Säulen der Gesellschaft

Die aztekische Gesellschaft gliederte sich in die Herrscherfamilie und die Priester, in die Kaufleute, die Bauern, die Handwerker und die Sklaven. Die meisten Azteken waren Bauern. Sie mussten ein Stück Land bewirtschaften. Jeder Bauer war zugleich auch Krieger.
Eine ehrenvolle Stellung hatten die Kaufleute. Sie waren von Fronarbeit und Abgaben befreit. Ihre Aufgabe war es, hochwertige Güter herbeizuschaffen, sich in unbekannte Gebiete vorzuwagen, diese auszukundschaften und Nachrichten zu übermitteln. In Tenochtitlan kamen täglich bis zu 60 000 Menschen zusammen, um auf dem Markt Waren zu tauschen.
Die Azteken hatten auch viele Sklaven. Die Haussklaven wurden meist gut behandelt. Sie konnten durch hervorragende Leistungen auch wieder zu Freien werden. Viele Menschen begaben sich aber sogar freiwillig in die Sklaverei.

Kunst und Handwerk

Auf Aztekisch hießen die Handwerker „tolteca“. Die Tolteken waren vor der Zeit der Azteken aus dem mexikanischen Hochland vertrieben worden und auf die Halbinsel Yucatan eingewandert. Sie waren hervorragende Handwerker, und ihre Nachfahren übernahmen weitgehend das Kunsthandwerk im Aztekenreich. Dazu gehörte das Gießen von Silber und Gold, die Bearbeitung verschiedenster Edelsteine und die Federschmuckkunst.

Götter und Herrscher

Die Oberschicht bildeten die Adligen und die Priester. Die vier vornehmsten Männer wählten den König, den „tlatoani“. Wenn die Azteken ein Volk unterworfen hatten, übernahmen sie auch dessen Errungenschaften und Götter. So wurde die Zahl ihrer Götter immer größer. Einige von ihnen galten als grausam, und man brachte ihnen sogar Menschenopfer dar. Die Furcht vor den Göttern wurde den Azteken schließlich auch zum Verhängnis: Als Cortez nach Tenochtitlan kam, hielt man die weißen Spanier für lang erwartete Götter. Deshalb zögerte der Aztekenherrscher Moctezuma, gegen die Eroberer vorzugehen, und verlor so Leben und Reich.

Markt in Tenochtitlan

Babyface (*sprich:* bäbiefäis) Das englische Wort für Kindergesicht bezieht sich auf die Gesichtszüge vieler Figuren der Olmeken. Die Olmeken stellten riesige Steinköpfe, aber auch kleine Figuren aus Ton oder Jade her. Alle hatten dieses Kindergesicht. Man weiß noch nicht, was die Gesichter zu bedeuten haben. Manche Forscher meinen, das Babyface zeige vermenschlichte Züge eines Jaguars, den die Olmeken als Gott verehrten. ➳ *Götter, Jade, Olmeken*

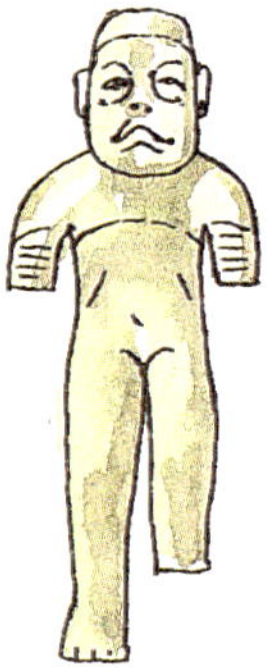

Jadefiguren der Olmeken

Backstein Vor allem die Puebloindianer benutzten zum Backen von Brot und auch zum Kochen Backsteine. Die etwa 30 Zentimeter langen und vier Zentimeter dicken Steine wurden im Feuer erhitzt. Dann holte man die heißen Steine aus der Glut und brachte damit die Nahrung in einem Topf zum Kochen. Man legte auch Maisfladen auf die Steine, bis das Brot gebacken war. ➳ *Nahrung*

Ballspiel Fast alle Indianerstämme liebten Ballspiele. Die Prärie- und Plainsindianer spielten Lacrosse mit einem Ball aus Hirschleder, der mit Haaren oder Gras ausgestopft war. Dazu verwendeten sie Schläger, die ähnlich wie Tennisschläger ein Netz aus geflochtenen Sehnen hatten. Ein anderes Spiel war das Shinny, eine Art Hockey. Es war besonders bei den Frauen der Prärieindianer beliebt. Schon die Olmeken kannten ein Ballspiel. Es wurde aber nur von Männern gespielt, denn dabei ging es sehr rau zu. ➳ *Lacrosse, Shinny, Spiele*

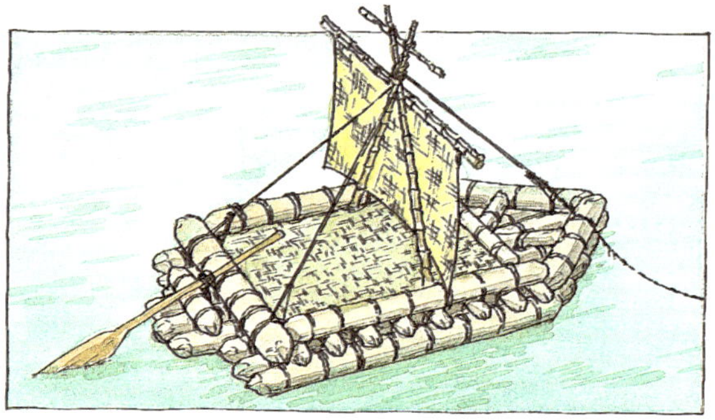

Balsafloß In tropischen Gebieten Südamerikas wächst der Balsabaum. Er liefert ein leichtes, korkartiges Holz, das heute von Modellbauern für Schiffe und Flugzeuge verwendet wird. Die südamerikanischen Indianer bauten aus Balsaholz große Flöße. ➳ *Binsenboot, Boote*

Kodiakbär

Bären Die größten amerikanischen Raubtiere sind die Bären. Der Grisli oder Graubär ist ein Einzelgänger und gilt als angriffslustig. Er gehört zu den Braunbären wie auch der Kodiakbär, der bis zu drei Meter lang und 700 Kilogramm schwer wird. Ein Braunbär kann einen Hirsch mit einem Prankenhieb niederstrecken. ➳ *Bärenjagd*

Grisli

Bärenjagd Die Bärenjagd gehörte zu den gefährlichsten Jagdunternehmen der Indianer Nordamerikas. Besonders der Grisli war eine reizvolle Jagdbeute. Die Jagd auf Bären wurde oft zu Pferd ausgeführt. Hatten die Indianer einen Bären aufgespürt, dann lockten sie ihn aus der Höhle und versuchten ihn im Nahkampf zu erlegen. Dabei benutzten sie Lanzen und Speere, um dem Bären ins Herz zu stechen, oder den Tomahawk, um ihm damit den Schädel zu zertrümmern. Einen Grisli zu erlegen galt als große Tapferkeit und als Mutprobe. Vor allem ein verwundeter Bär war lebensgefährlich. Die Jagdtrophäen waren begehrt. Ein Halsband aus Krallen oder Zähnen des Bären war das Abzeichen eines hervorragenden Jägers. Die Bärenzunge galt als Leckerbissen. In Kanada jagen die Cree noch heute Bären. ➳ *Halsschmuck, Jagd*

Bärentanz Zur Vorbereitung auf die Bärenjagd führten die nordamerikanischen Indianer den Bärentanz auf. Dabei stülpten sie sich Bärenmasken über und trugen Bärenfelle. Während der Jagd durften manche Wörter nicht gebraucht werden. War der Bär erlegt, dann versuchte man das tote Tier und seinen Schutzgeist zu versöhnen, damit dieser sich nicht an dem Jäger rächte. Die Indianer glaubten nämlich, dass auch ein getötetes Tier weiterlebt. ➳ *Bärenjagd, Jagd, Jagdzauber, Tanz*

Bärentöter Der Bärentöter ist ein Jagdgewehr mit zwei Läufen. Diese Waffe dichtete Karl May seinem Romanhelden Old Shatterhand an. 1896 ließ der Schriftsteller einen solchen Bärentöter herstellen. Das Gewehr ist im Karl-May-Museum in Radebeul zu bewundern. Old Shatterhand besaß noch ein Gewehr, den Henrystutzen. ➳ *May, Old Shatterhand*

Basketmaker *siehe Seite 20*

Baumwolle Die Stämme in Mittelamerika und im Südwesten der USA stellten ihre Kleider aus Baumwolle her. Bereits die Hohokam und die Anasazi kannten die Baumwolle. Die Maya, Inka und Azteken pflanzten sie schon lange an. Heute noch weben die Indianer aus Baumwolle farbenprächtige Stoffe. ➳ *Anasazi, Kleidung*

Beeren Wilde Beeren und Wildkirschen ergänzten die Fleischnahrung der Indianer. Sie wurden zusammen mit getrocknetem Büffelfleisch und Fett zu Pemmikan zerstampft. Gesammelt wurden vor allem die Büffelbeere und die Moosbeere, aber auch wilde Stachelbeeren, Brombeeren und Himbeeren. Die Irokesen haben sogar schon Erdbeeren angepflanzt. ➳ *Nahrung, Nutzpflanzen, Pemmikan*

Basketmaker

Seit über 15 000 Jahren leben im Südwesten der heutigen USA Menschen. Damals herrschte in großen Teilen Nordamerikas noch die Eiszeit. Die Mammuts, auf die die Ureinwohner Jagd gemacht hatten, starben am Ende der Eiszeit aus. Auch die Riesenfaultiere und Riesenbiber überlebten nicht. Die frühen Bewohner Amerikas, die Clovis, mussten sich nach neuen Nahrungsquellen und anderer Jagdbeute umsehen. So entstanden neue Kulturen.

Frühe Ackerbauern

Die Menschen zogen in dem nun eisfreien Land in Gruppen umher. Sie gingen auf die Jagd und sammelten Pflanzen. Vor etwa 2 000 Jahren begannen sie in Nordamerika allmählich mit dem Ackerbau: Sie pflanzten Mais und Kürbisse an. Für die Jagd verwendeten sie Speere und Speerschleudern. Pfeil und Bogen kannten sie noch nicht. Um Wildpflanzen zu sammeln, brauchten die Menschen Behälter. Sie flochten kunstvolle, wasserdichte Körbe, denn sie konnten noch keine Tonwaren herstellen. Der Name dieser frühen Indianer stammt von den Körben. Basketmaker (*sprich:* basketmäker) heißt Korbflechter.

Höhlenbewohner

Die Basketmaker wohnten meist in Höhlen. Man fand auch Erdgruben, in denen sie ihre Nahrung aufbewahrten. Ab 500 n. Chr. bauten sie kreisrunde Häuser, die teilweise in den Boden versenkt waren. Als Waffen kamen jetzt Pfeil und Bogen auf. Die Basketmaker trugen bei Kälte Umhänge aus Leder oder Kaninchenfell. Im Sommer gingen sie bis auf einen Lendenschurz nackt. Sie hatten Sandalen an, die sie aus den Fasern der Yucca flochten. Die Basketmaker waren die frühen Anasazi.

Begräbnis Die Indianer kannten verschiedene Arten der Bestattung: Bei der Erdbestattung legten sie ihre Toten ins Grab oder begruben sie in hockender Stellung. Häufig war die Bestattung auf Bäumen oder Gerüsten, wo die Toten vor wilden Tieren geschützt waren. Bei einigen Stämmen wurden die Toten in einem Tipi begraben. Die Küstenindianer verbrannten ihre Toten häufig in einem Kanu. Die meisten Indianer gaben den Toten auch Gegenstände mit ins Grab, zum Beispiel Waffen und Schmuck. Auch Nahrung wurde ihnen mitgegeben, damit die Verstorbenen im Totenreich zu essen hätten. Bei den Inka und Azteken waren die Grabbeigaben oft aus Gold. ➳ *Grabbeigabe, Tod*

Begrüßung Die Indianer waren meist sehr gastfreundlich. Die Dakota und andere begrüßten einen Fremden mit dem Ausruf „How!", den sie wohl vom „How do you do ?" der Cowboys übernommen hatten. Dann wurde der Gast in das Häuptlingszelt geführt. Der Häuptling erhob den Arm zum Gruß und umarmte den Besucher. Mit jedem Gast wurde zunächst eine Friedenspfeife geraucht. Dies schützte den Fremden, solange sich dieser im Lager aufhielt, vor Feindseligkeiten. ➳ *Friedenspfeife, How, Tipi*

Bemalung *siehe Seite 23*

Beringstraße Bis vor etwa 10 000 Jahren war Sibirien mit Alaska noch durch eine Landbrücke verbunden, über die zuerst Tiere aus Asien nach Nordamerika einwanderten. Ihnen folgten die Jäger. Als die Gletscher schmolzen, stieg das Meer an und die Landbrücke wurde überflutet. Seither ist die Beringstraße ein flacher Meeresteil. ➳ *Besiedelung*

Besiedelung *siehe Seite 24/25*

Bewässerung In den wüstenartigen Gebieten Neumexikos und Arizonas legten die Puebloindianer ausgedehnte Bewässerungsanlagen an, um Mais anzubauen. Dazu leiteten sie Flüsse um und führten das Wasser in einem Kanalsystem heran. Die Hohokam errichteten kleine Dämme, um das Flusswasser auf die Felder zu leiten. Meister in der Bewässerung der Felder waren die Maya und die Inka. ➳ *Ackerbau*

Biber Für viele Stämme war der Biber ein heiliges Tier, das bei der Erschaffung der Welt eine Rolle spielte. Die Pelztiere waren vor allem im Gebiet der Großen Seen und der Ströme in Kanada weit verbreitet. Die Algonkin jagten den Biber nicht nur wegen seines Fells. Sie aßen auch das fette Biberfleisch.

Im 18. Jahrhundert begann die große Jagd auf den Biber. Trapper und Pelztierjäger erlegten so viele Tiere, dass der Biber bald vom Aussterben bedroht war. In einer Jagdsaison wurden über 100 000 Biber getötet. Der Biberpelz wurde sogar zu einer Art Geld, nach der man Tauschwaren bewertete. ➳ *Handel, Trapper, Tauschhandel*

Binsenboot Die Indianer Kaliforniens befuhren Flüsse und Seen mit Binsenbooten. Dazu banden sie mehrere Bündel Binsen oder Schilf zu einem floßartigen Gefährt zusammen. Noch heute fahren auf dem Titicacasee zwischen Peru und Bolivien Binsenboote. Auf großen Flößen haben 50 Menschen Platz. *Balsafloß, Boote*

Birkenrinde Die Birkenrinde war ein wichtiger Werkstoff der Waldindianer. Sie deckten mit der Rinde der kanadischen Papierbirke ihre Wigwams und bauten daraus ihre Kanus. Die Indianer wussten, wann sie die Rinde ernten konnten, ohne den Baum zu verletzen. Sie schälten den Stamm im Uhrzeigersinn ab und achteten darauf, große, astfreie Stücke zu erhalten. Die Rinde wurde dann zusammengerollt oder gefaltet. Für den Kanubau benötigte man besonders dicke Rinde. Dünne Birkenrinde war wie Papier und diente als Verpackungsmaterial. Aus Birkenrinde wurden auch Schalen und Behälter hergestellt. *Boote, Hausbau*

Bison Richtige Bezeichnung für den Indianerbüffel. Der Bison ist das größte Wildrind und wird bis zu zwei Meter hoch und drei Meter lang. Früher gab es in der Prärie riesige Herden. Von über 60 Millionen Tieren blieben nicht einmal tausend übrig. Heute leben in Nordamerika wieder rund 200 000 Bisons. *Büffel*

Bisonhaut Die Prärieindianer gerbten die Bisonhaut und erhielten so Leder. Es wurde für vieles verwendet, vor allem als Zeltbahn für die Tipis. Da Bisonleder besonders fest und haltbar ist, machten die Indianer daraus auch Sättel, Schilde und Bullboats. Die Büffelhaut wurde auch bemalt. Aus der rohen Bisonhaut stellten sie Parfleches her. Das waren Satteltaschen oder Schachteln, in denen sie wertvolle Dinge aufbewahrten. Auch den Pemmikan stopften sie in Parfleches. *Büffelrobe, Leder, Parfleche*

Bisonmaske Der Schädel des Bisons spielte im Kult vieler Indianerstämme der Prärie eine wichtige Rolle. Die Mandan präparierten ihn und fertigten daraus die Bisonmaske. Diese trugen sie beim Büffeltanz. Auch die Hörner des Büffels mit dem Stirnknochen wurden oft als Kopfschmuck getragen. *Büffeltanz, Mandan*

Bisonmaske der Mandan

Bisonrobe Die Bisonrobe oder Büffelrobe bestand aus einem ganzen Bisonfell und wurde wie ein Mantel umgelegt. Die behaarte Seite wurde im Sommer nach außen, im Winter nach innen getragen. *Büffelrobe, Kleidung*

1 Hidatsa 2 Urwaldindianerin 3 Hopi
4 Cherokee 5 Apache 6 Irokese 7 Yanomami
8 Cheyenne mit Pferd

Bemalung

Man hat die Indianer Rothäute genannt, aber ihre natürliche Hautfarbe ist hellbraun oder bronzefarben. Rot war die heilige Farbe vieler Stämme. Die Krieger bemalten sich damit, weil sie glaubten, so unbesiegbar zu sein. Auch die Pferde und Waffen wurden rot angemalt. Durch die Kriegsbemalung sollten Geister den Krieger beschützen. Die Farbe diente jedoch nicht zur Tarnung, im Gegenteil: Gerade die mutigsten Krieger waren am auffälligsten bemalt.
Die Gesichtsbemalung drückte auch aus, zu welchem Stamm jemand gehörte, ob er ein einfacher Krieger oder ein Häuptling war. Zeichen und Farben waren von Stamm zu Stamm verschieden. Im Allgemeinen galt Weiß als Farbe der Trauer, Schwarz drückte Freude aus. Es gab auch Stämme, da war es genau umgekehrt. Bemalte sich ein Cheyenne von Kopf bis Fuß mit schwarzer Farbe, so hatte er einen Mord im Sinn. Bei den Sioux bedeutete eine über den Mund gemalte schwarze Hand, dass der Betreffende einen Feind getötet hatte. Die Kriegsbemalung der Apachen bestand aus blauen oder schwarzen und weißen Streifen im Gesicht.
Die Urwaldindianer am Amazonas haben fast nichts an. Sie bemalen sich zum Schmuck und als Schutz vor der Sonne und vor Insektenstichen am ganzen Körper mit Farbe.

Besiedelung

Als Christoph Kolumbus 1492 auf der Insel Guanahani auf Menschen traf, war er davon überzeugt, die Küste Asiens erreicht zu haben. Deswegen nannte er die Eingeborenen „Indios“ – „Inder“. Wir haben daraus „Indianer“ gemacht. Als die Europäer begriffen, dass Kolumbus nicht Indien, sondern einen neuen Erdteil entdeckt hatte, fragten sie sich, ob die Indianer überhaupt Menschen seien, und woher sie gekommen waren.

Ein unbekannter Erdteil

Im 15. Jahrhundert kannte man nur die Alte Welt, also Europa, Asien und Afrika. Dass es noch andere Erdteile gab, konnte man sich nicht vorstellen. Und noch weniger konnte man glauben, dass dort Wesen lebten, die von Adam und Eva abstammten. Waren die Indianer wirklich Menschen? Diese Frage beschäftigte die Wissenschaftler nach der Entdeckung Amerikas. Im Jahr 1512 entschied Papst Julius II., die Indianer seien Nachkommen von Adam und Eva und damit Menschen. Die Frage, wie sie in den Erdteil gelangt waren, blieb aber weiterhin offen. Lange Zeit nahm man an, die Bewohner Amerikas seien die Nachfahren verirrter seefahrender Babylonier, Griechen oder Chinesen, die mit Schiffen nach Amerika gelangt waren. Doch bis heute streiten sich die Wissenschaftler darüber, wie Amerika besiedelt wurde.

Die Landbrücke

Vor zwei Millionen Jahren breiteten sich die ersten Menschen von Afrika auf dem Landweg nach Asien und Europa aus. Amerika war durch den Ozean von Asien und Europa getrennt und konnte nicht besiedelt werden. Doch in den Eiszeiten waren große Landteile von Gletschern bedeckt. Gebiete, die heute weniger als hundert Meter tief im Meer liegen, waren trocken, auch die Beringstraße. Der Meeresarm zwischen Sibirien und Alaska war die Brücke nach Amerika.

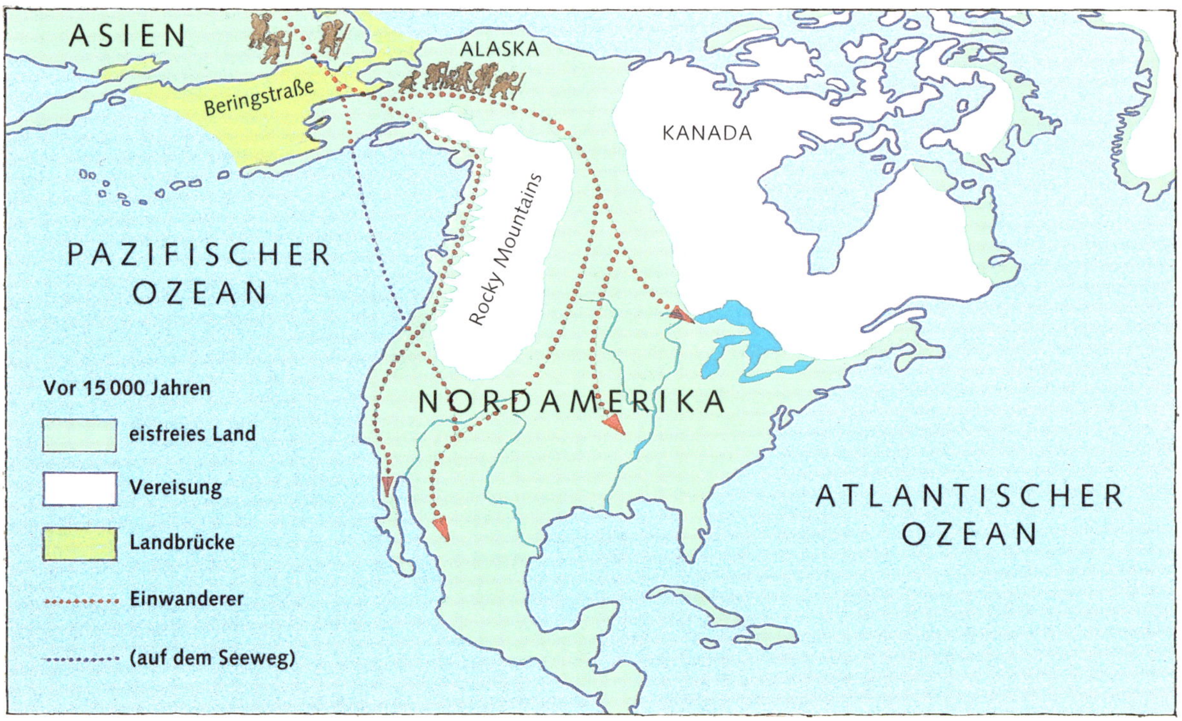

Zu Fuß nach Nordamerika

Von Sibirien zogen Jäger bei der Verfolgung großer Tierherden immer weiter nach Osten. Dabei gelangten immer wieder Jagdgruppen durch die damals trockene Beringstraße in das vermutlich menschenleere Amerika. Nach der letzten Eiszeit schmolzen die Gletscher auf dem Festland ab. Die Meere füllten sich, und die Landbrücke in der Beringstraße versank wieder im Wasser. Den Einwanderern war der Rückweg abgeschnitten. Sie besiedelten allmählich ganz Nord-, Mittel- und Südamerika.

Die Clovismenschen

Im US-Bundesstaat Neumexiko entdeckten Archäologen im Jahr 1932 bei einer Feuerstelle mehrere Speerspitzen aus Feuerstein. Später fand man in vielen Teilen Nordamerikas solche Spitzen. Bei Untersuchungen stellte sich heraus, dass sie ungefähr 11 000 Jahre alt waren. Die Clovismenschen, die die Speere angefertigt hatten, jagten Mammuts und Riesenfaultiere, Moschusochsen und Langhornbüffel. Mit Ausnahme der Moschusochsen starben all diese Tiere vor rund 10 000 Jahren aus.

Mit dem Boot nach Südamerika?

Heute glauben die Forscher, dass Amerika in mehreren Wellen besiedelt wurde. Nach der Cloviskultur, aus der später die meisten Indianerstämme hervorgingen, kamen die Athapasken und damit die Vorfahren der Navajo und Apachen ins Land. Mit der dritten Einwanderungswelle kamen die Eskimo nach Amerika. Sie sind die „jüngsten“ Ureinwohner Amerikas. Vor kurzem stieß man in Brasilien und Chile auf Bodenfunde, die viel älter sein sollen als 11 000 Jahre. Einige Forscher meinen daher, dass schon vor 50 000 Jahren Menschen in Amerika gelebt hätten. Manche Archäologen glauben sogar, Südamerika sei vielleicht noch früher mit Booten von Polynesien aus erreicht worden.

Blackfoot Die Blackfoot (*sprich:* bläckfut) oder Schwarzfußindianer lebten auf den Plains, den großen Ebenen. Sie gehörten zur Sprachgruppe der Algonkin, waren Büffeljäger und zogen mit ihren Tipis umher. Den Namen „Schwarzfüße" hatten sie wohl daher, dass sie die Sohlen ihrer Mokassins schwarz einfärbten. In ihrer eigenen Sprache nannten sie sich „Siksika". Als sie um 1730 in den Besitz von „Elchhunden" gelangten, wie sie die Pferde nannten, wurden sie ein wildes Reitervolk. Der Pferdediebstahl galt bei ihnen als große Heldentat. Bei den weißen Siedlern waren sie sehr gefürchtet. Sie kämpften aber auch gegen viele Indianerstämme und überfielen die Stationen der Pelzhändler. Bis 1870 war der Stamm durch eine Pockenepidemie fast vernichtet. Die amerikanische Kavallerie zwang die Überlebenden in eine Reservation im US-Staat Montana. Heute leben hier und in Kanada noch etwa 15 000 Nachfahren.

Black Hills Die Black Hills sind ein mehr als 2 000 Meter hohes Gebirge im US-Bundesstaat Süddakota. Für die Siouxindianer war es der heiligste Bezirk ihres Stammesgebietes. Auch heute sind die Black Hills den Sioux und anderen Stämmen heilig, denn hier befindet sich die „Höhle des Windes", aus der nach indianischem Glauben die Büffel kamen. Man fand hier Gold und Uran, und die US-Regierung hat den Indianern Geld überwiesen und die Black Hills „gekauft". Das Geld wurde nicht angenommen, und die Indianer kämpfen heute vor US-Gerichten um die Rückgabe des Gebietes.

Blasrohr Das Blasrohr ist die wichtigste Waffe der Urwaldindianer. Für die Blasrohre werden bis zu drei Meter lange dünne Baumstämme oder Zweige ausgebohrt. Damit werden kleine vergiftete Pfeile abgeschossen. Bei der Jagd auf Vögel oder Kleintiere schießen die Indianer auch mit Tonkugeln. Bevor Pfeil und Bogen aufkamen, hatten auch die Irokesen und Stämme am Mississippi Blasrohre. ➳ *Jagd, Pfeilgift, Waffen*

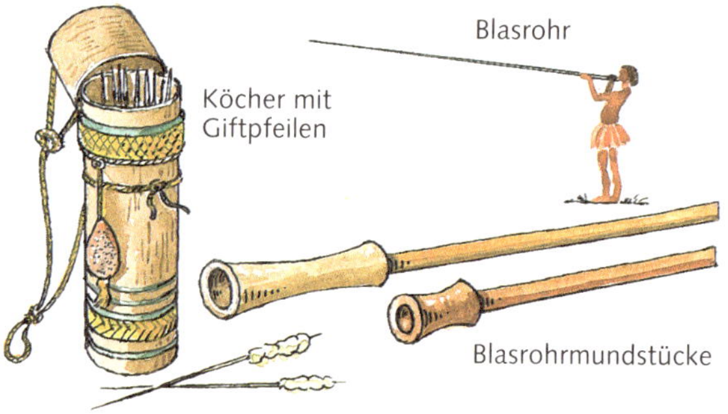

Bleichgesicht Die Indianer nannten die Weißen „Bleichgesichter", aber auch „Messerleute", „Weißaugen" oder „haarige Münder". Die letzte Bezeichnung ging darauf zurück, dass viele Weiße einen Bart trugen. ➳ *Rothaut*

Blutrache Die Blutrache war bei vielen Indianern in den Plains und der Prärie verbreitet. War ein Stammesmitglied getötet worden, so forderte die Blutrache den Tod eines Mitglieds des anderen Stammes. Diese Sitte führte dazu, dass sich Stammesgruppen bekriegten und die Indianer sich so gegenseitig schwächten.

Blutsbrüder Bei den Prärieindianern schlossen manchmal zwei Krieger Blutsbrüderschaft. Dazu ritzten sie sich gegenseitig das Handgelenk und pressten die blutenden Wunden aufeinander, damit das Blut sich mischte. Dabei sprachen sie eine Art Eidesformel. Von nun an waren sie ein Körper und ein Geist, und jeder musste für den anderen eintreten. Verbrüderten sich zwei Häuptlinge oder hoch gestellte Krieger, so vollzog meist ein Medizinmann die Zeremonie. ➳ *Medizinmann*

Bodmer, Carl (1809–1893) Schweizerischer Maler und Lithograph. Er begleitete Maximilian Prinz zu Wied in den Jahren 1832–1834 und 1839–1841 auf zwei Reisen durch Nordamerika. Den Reisebericht des Prinzen über die Indianer versah er mit genauen Abbildungen. Auch einige Bilder in diesem Buch sind nach Zeichnungen von Carl Bodmer gemalt. ➳ *Wied*

Bogen Die wichtigste Waffe der Indianer. Die nordamerikanischen Indianer konnten ihre Pfeile bis auf etwa 100 Meter Entfernung zielgenau abschießen. Man unterschied drei Arten von Bogen: Der glatte Bogen war einfach oder doppelt gekrümmt und bestand meist aus Eschenholz. Auf den verstärkten Bogen war eine Schicht aus Sehnen aufgeleimt. Der zusammengesetzte Bogen bestand aus Hornstücken. Die Sioux kannten auch einen langen Bogen aus Bisonrippen. Berühmt waren die Elkhornbogen der nördlichen Plainsstämme aus dem Wapitigeweih. Als Bogensehnen nahm man die Rückensehne von Bisons und Wapitis. Die Spannkraft der Sehne war so groß, dass ein Pfeil einen Menschen glatt durchbohrte. Bevor die Indianer Pferde hatten, waren die Bogen zwei Meter lang. Bei den berittenen Indianern betrug die Bogenlänge etwa 1,20 Meter. ➳ *Pfeile, Waffen*

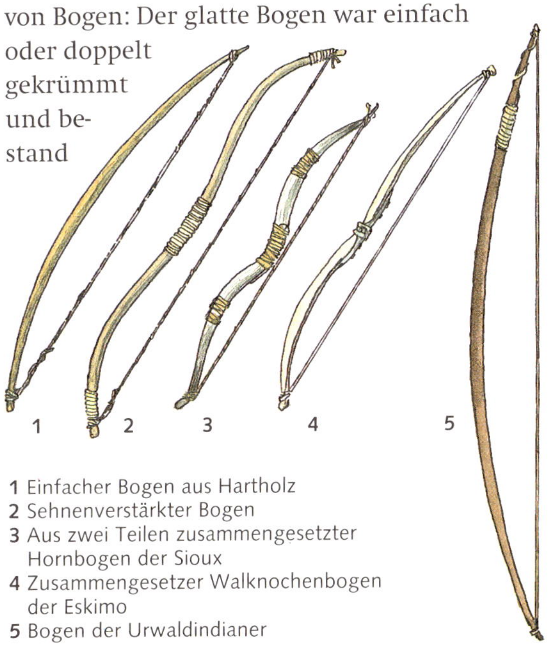

1 Einfacher Bogen aus Hartholz
2 Sehnenverstärkter Bogen
3 Aus zwei Teilen zusammengesetzter Hornbogen der Sioux
4 Zusammengesetzer Walknochenbogen der Eskimo
5 Bogen der Urwaldindianer

Bola Die südamerikanische Wurfwaffe besteht aus zwei bis drei Lederriemen, an denen je eine Steinkugel befestigt ist. Die Indianer in der baumlosen Grassteppe, den Pampas, schleudern die Bola treffsicher um die Beine des Jagdwildes und bringen es so zu Fall. ➳ *Jagd, Südamerika*

Bonito Name des größten Pueblos in Nordamerika. Der Pueblo Bonito wurde im 10. Jahrhundert von den Anasazi erbaut und bot über 1 000 Menschen Platz. Die Ruine in Neumexiko ist eine der größten Sehenswürdigkeiten der indianischen Frühgeschichte ➳ *Anasazi, Pueblo*

Bonnet (*sprich:* bonee) Federhaube aus einer Lederkappe, auf die ein Band mit Adlerfedern aufgenäht ist. Bei bedeutenden Häuptlingen hing von der Federhaube eine Schleppe mit Adlerfedern fast bis auf den Boden herab. ➳ *Federhaube, Häuptling*

Boote

Wenn wir uns ein Indianerboot vorstellen, denken wir sofort an ein Kanu. Es wird von allen Indianern Nord- und Südamerikas benutzt. Allerdings kann es ganz unterschiedlich aussehen. Die Baustoffe für die Boote sind nämlich von Gegend zu Gegend verschieden.

Nur ein Baumstamm

Ursprünglich war das Kanu nur ein ausgehöhlter Baumstamm. Solche Einbäume benutzten die Azteken, um ihre Waren auf den Markt zu bringen. Auch die Urwaldindianer kennen diesen Bootstyp bis heute. Mit Einbäumen fuhren andere Völker der Erde schon in der Steinzeit. Ein solches Boot herzustellen ist nicht ganz einfach: Zunächst muss ein geeigneter Baum gesucht und gefällt werden. Der Stamm wird dann entrindet und mit einem Keil der Länge nach gespalten. Nun wird das Mark herausgeschält und die Höhlung ausgebrannt. Wenn die Enden mit der Steinaxt zugespitzt sind, hat der Bootsrumpf seine ungefähre Form.

Die Feinarbeit

Jetzt beginnt eine langwierige Arbeit, nämlich das Bootsinnere bis auf die gewünschte Wandstärke auszuhöhlen und fein auszuarbeiten. Den Indianern standen früher dafür keine eisernen Werkzeuge zur Verfügung. Für die letzten Feinheiten benutzten sie Steinmesser, Schaber und den Dechsel. War der Bootskörper soweit fertig, mussten die Querspanten eingezogen werden. Diese Verstrebungen gaben dem Boot erst den nötigen Halt. Man füllte das Boot nun mit Wasser, das mit heißen Steinen erhitzt worden war. Dadurch dehnte es sich aus, und die Verstrebungen ließen sich ohne allzu große Kraftanstrengung verkeilen. Sobald der Bootskörper sich wieder abgekühlt hatte, saßen die Querstreben fest – und das ohne Nägel und Schrauben. Nun fehlten nur noch Bug und Heck, die aufgesteckt und befestigt wurden.

Seetüchtige Kanus

Die Indianer an der Nordwestküste, die Tlingit, Kwakiutl und Haida, fuhren mit Kanus sogar auf das Meer hinaus. Dazu erhöhten sie die seitlichen Bordwände durch Bretter, damit die Meereswellen nicht in das Boot schlugen. Ein solches Kanu mit hochgezogenen Planken nennt man Piroge. Darin fanden bis zu zwanzig Männer Platz. Gerudert wurde mit Paddeln.

Das Birkenrindenkanu

Die Waldindianer an den Großen Seen bauten ihre Kanus aus Birkenrinde. Die Boote waren so leicht, dass sie zwei Leute bequem von einem Fluss zum anderen tragen konnten. Das Grundgerüst des Bootes bestand aus Weißzeder. Die Längshölzer wurden auf dem Boden ausgelegt, an den Enden zusammengebunden und durch Querhölzer in die Bootsform gespreizt. Diese Form wurde durch Pflöcke fixiert. Dann hob man das Boot hoch und rollte die Birkenrinde zwischen den Pflöcken aus. Die Rindenstücke passte man der durch die Pflöcke markierten Bootsform an. Die Frauen nähten sie mit Ahlen und Strängen zusammen und am Rahmen fest. Der Bootskörper wurde nun an den Nahtstellen mit Fichtenharz abgedichtet. Zum Schluss legten die Männer den Boden und die Seiten mit Zedernbrettern aus und fügten quer noch die Spanten ein. Die Feuerlandindianer bauten ähnliche Kanus aus Buchenrinde.

Aus Knochen und Tierhaut

Es gab noch viele andere Bootsformen. Das Bullboat der Mandan bestand aus Weidengeflecht und Bisonhaut und war rund wie eine Waschschüssel. Die besten Boote hatten wohl die Eskimo, die im Meer auf Robbenjagd und Walfang gingen. Für die Einzeljagd verwendeten sie Kajaks aus Walknochen und Tierhaut. Auch der viel größere Umiak bestand aus einem Knochengerüst und hatte oft ein Segel. Segel besaßen auch die Binsenboote, die heute noch auf dem Titicacasee fahren.

Birkenrindenkanu

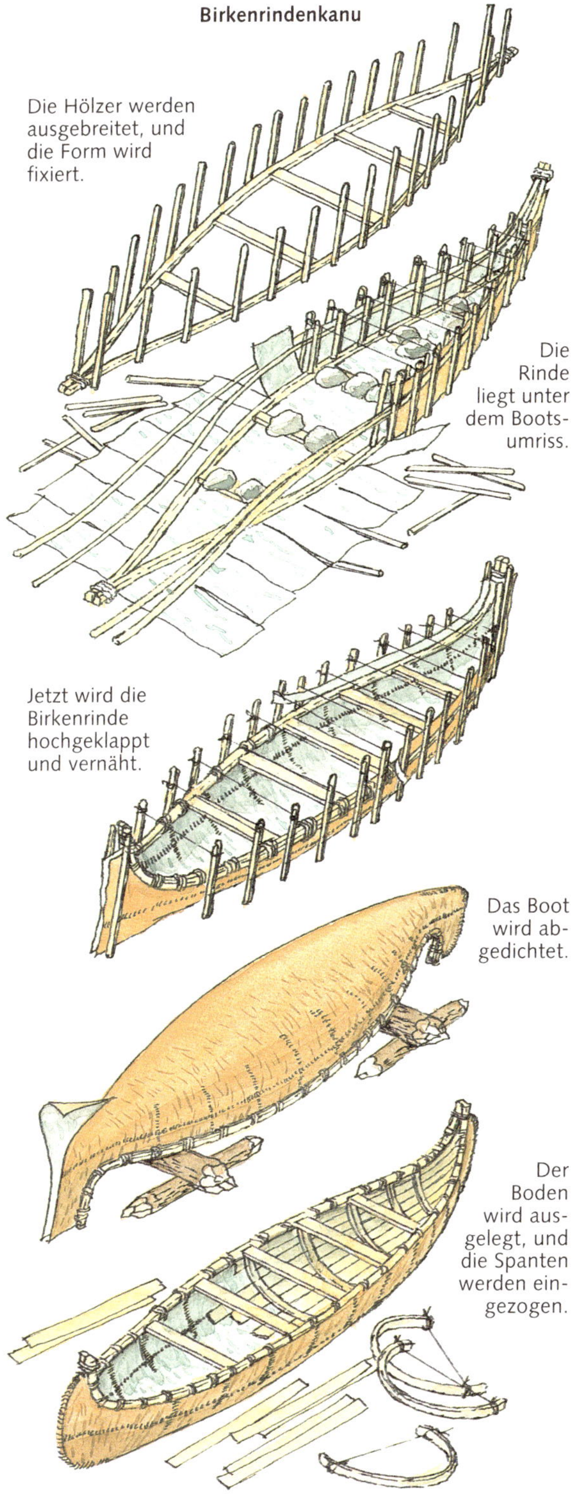

Mach es selbst: eine Federhaube

Die Häuptlinge der Prärieindianer trugen Federhauben als höchste Auszeichnung. Die Federhaube bestand aus dem Bonnet, einer Kappe aus weichem Leder. Darauf wurde ein Band mit Adlerfedern genäht.

1. Falte ein DIN-A5-Blatt Papier in der Mitte. Male darauf den Umriss einer halben Feder. Schneide sie aus.

2. Schneide aus Filz Quadrate aus und lege sie um die Federkiele. Mit Garn umwickeln und verknoten.

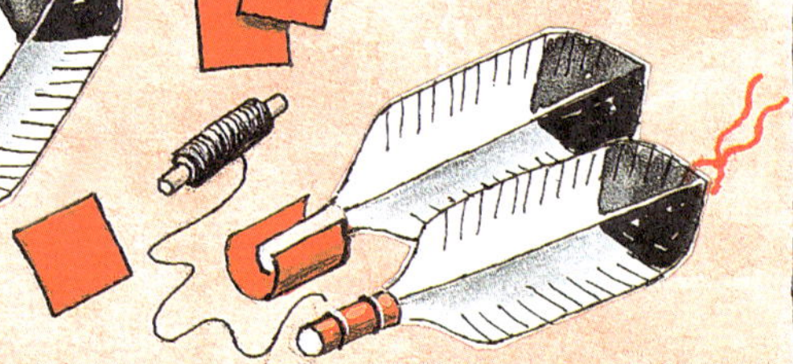

3. Federn aufklappen und an den Kanten schräg einschneiden. Die Papierfedern oben schwarz anmalen. An die Spitzen rote Fäden binden.

4. Aus buntem Filz je drei verschieden große Kreise schneiden. Die Kreise aufeinander nähen oder aufkleben.

Für die Rosetten kann man auch Fellreste nehmen.

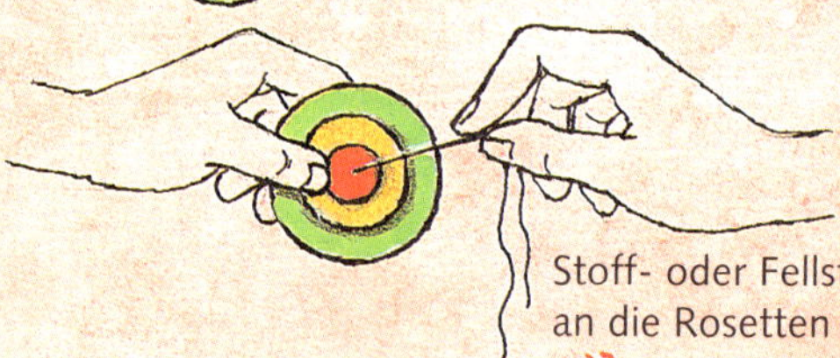

Stoff- oder Fellstreifen an die Rosetten nähen.

5. Band aus Leder oder Wellpappe auf den Umfang des Kopfes zuschneiden.

6. Federn in fingerbreiten Abständen auf das Kopfband kleben oder nähen.

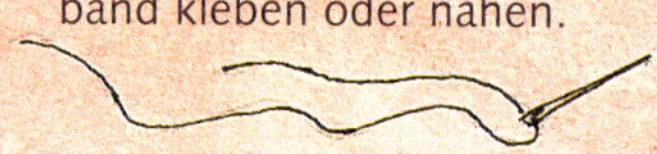

7. Band hinten verkleben oder zunähen. Rosette auf das Band kleben.

Botokuden Die Botokuden bildeten früher ein kleines Indianervolk in den Urwäldern Nordostbrasiliens. Ihren Namen haben sie von dem portugiesischen „botoque“, das Fassstöpsel bedeutet. Sie trugen nämlich Lippenpflöcke, die so ähnlich aussahen. Etwa 2 000 Nachfahren der Botokuden gibt es heute noch in Ostbrasilien. Sie sind einfache Ackerbauern. Ihre Vorfahren lebten als Jäger und Sammler noch im vorigen Jahrhundert wie in der Steinzeit. Die weißen Brasilianer bezeichneten alle Indianer mit Lippenpflöcken als Botokuden. Sie verstanden darunter jene Stämme, die als Nomaden umherzogen und sich den Europäern nicht anpassten. Ende des vorigen Jahrhunderts waren alle diese Völker ausgestorben.

Branntwein Die Indianer kannten den Alkohol schon lange und bereiteten ihn aus dem Saft der Agave oder aus dem Peyotlkaktus. Auch andere Pflanzensäfte wurden zu Alkohol vergoren. Getrunken wurde dieser Schnaps aber nur bei Zeremonien oder Feierlichkeiten. Er versetzte die Indianer rasch in Trance, und sie bekamen dadurch leichter Visionen. Den Branntwein der Weißen vertrugen die Indianer auch deshalb nicht, weil er durch Destillation viel stärker war. Das so genannte Feuerwasser richtete viele Stämme zugrunde, und viele Indianer wurden zu Alkoholikern. Sie verkauften Land und Pferde für Schnaps und befolgten ihre Stammessitten nicht mehr.
➳ *Alkohol, Feuerwasser, Reservation, Zivilisation*

Brant, Joseph (1742–1807) Der indianische Name dieses Mohawkhäuptlings vom Bund der Irokesen war „Thayendanegea“. Mit 13 Jahren kämpfte er aufseiten der Engländer gegen die Franzosen. Er ging in die Missionsschule, wo er Englisch lernte. Brant schätzte die europäische Kultur und besuchte 1775 Großbritannien. Als britischer Colonel kämpfte er gegen die Amerikaner. Zum Dank erhielt er vom englischen Gouverneur Land bei Ontario in Kanada.

Brautwerbung Wenn ein Indianer heiraten wollte, trug er diesen Wunsch seinen Angehörigen vor. Meist überbrachte eine Frau die Brautwerbung der Familie des erwählten Mädchens. Bei den Prärieindianern musste der Bruder der Braut gefragt werden. War er mit der Heirat einverstanden, dann wurde ein Fest ausgerichtet. Die Frau brachte ein Tipi mit in die Ehe, das von den Gästen mit Hausrat ausgestattet wurde. Der Bräutigam musste seinem Schwiegervater als Brautpreis Pferde schenken. Konnte er den Brautpreis nicht bezahlen, dann arbeitete er den Preis für seine Frau bei den Schwiegereltern ab. ➳ *Ehe, Frauen, Kindererziehung*

Buffalo Bill (1846–1917) Mit bürgerlichem Namen hieß er William F. Cody. Buffalo Bill war bei einer Firma angestellt, die für die Verpflegung der Eisenbahnarbeiter im Wilden Westen sorgte. Er ging auf die Jagd und soll Tausende von Bisons geschossen haben. 1859 wurde er Reiter beim Pony Express. Während der Indianerkriege war er bei einer US-Einheit in Kansas und galt als erfahrener Kundschafter. Später zog er eine Wildwestshow auf, in der auch Sitting Bull auftrat. Die Show kam sogar nach Europa und in deutsche Städte. ➳ *Sitting Bull*

Büffel

Der wissenschaftliche Name für Büffel ist „Bison americanus". Der Bison ist das größte Landtier Amerikas. Ein Bulle wird bis zu drei Meter lang und etwa 1 000 Kilogramm schwer. Die Kühe sind kleiner. Bevor die Weißen nach Amerika kamen, bevölkerten über 60 Millionen Bisons die Prärie. Die Tiere zogen meist in Gruppen von bis zu hundert Tieren umher. In den Wandermonaten sammelten sich riesige Herden von einigen Hunderttausend Tieren. Sie wanderten im Winter südwärts, im Sommer nach Norden.

Die Vorbereitung der Jagd

Der Bison war für die Plains- und Prärieindianer die Nahrungsgrundlage. Ihr Überleben hing davon ab, wie viele Tiere sie erlegen konnten. Deshalb spielte die Bisonjagd im Stammesleben eine wichtige Rolle. Gejagt wurde nur, wenn die Vorräte zur Neige gingen und Hunger drohte. Dann rief der Rat der Stammesältesten zur Jagd auf. Hatte man sich für die Jagd entschieden, wurden Späher ausgeschickt. Sobald sie Bisons sichteten, kehrten sie ins Lager zurück, um zu berichten. Nun wurde die Taktik besprochen.

Die Umzingelung

Meistens versuchten die Jäger eine kleine Herde einzukreisen. Dafür benötigten sie schnelle Pferde. Bisons sehen schlecht und reagieren nur langsam. Aber wenn sie angegriffen werden, sind sie gefährlich. Die Jäger ritten von zwei Seiten auf die Bisons zu. Diese versuchten zu fliehen. Jetzt musste man die Tiere überholen und den Kreis schließen. Versuchte der Leitbulle umzukehren, dann folgte die Herde. Die Tiere gerieten in Panik und liefen wild durcheinander. Die Jäger beschossen sie mit Pfeilen oder ritten dicht an einzelne Tiere heran, um sie mit der Lanze zu erlegen. Die Indianer töteten nur so viele Büffel, wie sie für die Ernährung brauchten.

Das Abhäuten und Zerlegen der getöteten Bisons war meist Sache der Frauen. Noch auf dem Schlachtplatz verzehrten die Jäger das Fleisch, das nicht ins Lager gebracht wurde. Sie schnitten den Bisons die Zungen heraus, um sie roh zu essen. Die Zunge und das Fleisch des Buckels galten als besondere Leckerbissen. Auch das Gehirn und die Leber wurden gleich verspeist.

Die Aufteilung der Beute

Das Fleisch und die Felle, die Hörner und die Klauen wurden auf Packtieren oder mit dem Travois ins Lager gebracht. Die Verteilung der Beute erfolgte nach einer bestimmten Regel. Zunächst erhielten die Jäger, die das Tier erlegt hatten, den größten Anteil. Manche Stammesmitglieder hatten ein Anrecht auf ein besonders gutes Stück. Niemand aber ging leer aus. Das Fleisch, das nicht gegessen wurde, schnitten die Frauen in Streifen und hängten es zum Dörren auf. Sie machten daraus den Pemmikan.

Mehr als Fleisch

Die Indianer verwendeten jeden Teil des Bisons. Das Fell diente als Schlafunterlage oder als Umhang. Aus Rohleder machten sie Parfleches und Riemen, aus der gegerbten Haut Kleider, Hemden, Mokassins, Leggings, Beutel und Zeltbahnen. Die dicke Nackenhaut lieferte Schilde. Der Bisonmagen diente als Wassergefäß oder Kochtopf, die Blase wurde mit Pemmikan oder Fett gefüllt. Aus den harten Knochen fertigten sie Hacken, Schaber, Messer und Nadeln, aus den faserigen Knochen Pinsel. Aus dem Bisonhorn schnitzten sie Löffel und Becher. Die Klauen verarbeiteten sie zu Rasseln oder kochten Leim daraus. Und sogar den Schwanz mit der Quaste verwendeten sie – als Fliegenklatsche.
Doch dann kamen die Weißen in die Prärie. Sie rotteten die Bisons wegen der begehrten Felle und aus purer Schießwut fast aus. Die letzten Büffelherden wurden schließlich vernichtet, um die Indianer in den Hungertod zu treiben.

Büffelgras Ein Süßgras, von dem die Prärien und die Plains bedeckt waren. Es ist etwa kniehoch und scharfkantig und kann längere Dürrezeiten überstehen. ➼ *Prärie*

Büffelhaut Die Haut des Bisons wurde von Fett befreit, enthaart und dann auf der Innenseite bemalt. Auf diesen rohen Bisonhäuten hat man Ereignisse aus dem Stammesleben, Jagd- oder Kampfszenen dargestellt. Auf fast allen Häuten sind Menschen und Pferde zu sehen. Auch die Bemalung der Zeltdecken war bei vielen Stämmen üblich. ➼ *Büffelrobe, Fellmalerei*

Büffeljagd Die Prärieindianer gingen spät im Frühjahr nach der Schneeschmelze auf Bisonjagd. Es war eine Gemeinschaftsjagd, bei der die berittenen Indianer eine kleine Herde einkreisten. Die eingekesselten Tiere versuchten, durch die einzig offene Stelle des Kreises zu fliehen. Dort standen die Jäger und erlegten die Tiere. Manchmal jagten auch einzelne Jäger den Bison, vor allem im Winter. Dann näherten sich die Jäger den Bisons auf Schneeschuhen. Da die schweren Tiere im Schnee einsanken, konnten sie nicht fliehen. ➼ *Büffel, Einzeljagd, Jagd*

Büffelpferd Büffelpferde waren eigens für die Bisonjagd abgerichtete, kleine und widerstandsfähige Pferde. Sie mussten sehr ausdauernd sein und eine größere Strecke im Galopp zurücklegen können. Pferde, die vor den großen Bisons scheuten, kamen dafür nicht infrage. Die Indianer ritten die Pferde meist ohne Zügel und nur mit Schenkeldruck. ➼ *Pferde*

Büffelpolizei Bei der Bisonjagd übernahmen einige Krieger die Aufsicht. Diese Büffelpolizisten sorgten dafür, dass bestimmte Regeln eingehalten wurden. Der Jagderfolg durfte nicht durch Einzelne gefährdet werden. ➼ *Jagd*

Büffelrobe Die Büffel- oder Bisonrobe war ein Umhang aus Bisonfell. Die Innenseite war meist mit Bildern und Zeichen bemalt. Die Malereien berichteten vom Leben des Stammes oder von den Heldentaten eines Häuptlings. Die Zeichen waren eine Art Stammeschronik. Die Roben haben fast immer Männer bemalt. Sie wurden bei feierlichen Anlässen von den Häuptlingen getragen, im Sommer mit der Fellseite nach außen. ➼ *Kunst, Schrift*

Büffeltanz Vor der Büffeljagd wurde der Büffeltanz aufgeführt. Die Indianer wollten so die Bisonherden herbeilocken. Die Tänzer trugen dabei einen Büffelkopf und ihre Waffen. Sie tanzten zum Klang von Trommeln, Rasseln und unter Gesängen so lange, bis die Kundschafter Büffel entdeckt hatten. Manchmal dauerte der Tanz mehrere Tage und Nächte. ➳ *Büffel, Tanz*

Bullboat Das Bullboat war eine besondere Kanuform der Mandan. Das schüsselförmige Boot bestand aus Weidengeflecht. Darüber war eine Bisonhaut gezogen, die abgedichtet wurde. Auch die Frauen verstanden es, mit den mannshohen Paddeln umzugehen. ➳ *Boote, Mandan*

Bullenbrüller Brett an einer Schnur, das mit raschen Bewegungen über den Kopf gewirbelt wurde. Dabei entstand durch den Luftzug ein dumpfes, prasselndes Geräusch. Es solllte das Rollen des Donners nachahmen. Die Indianer verwendeten nur ein Brett aus einer Pinie oder Fichte, in die der Blitz eingeschlagen hatte.

Bünde Bei fast allen Prärieindianern bildeten die Stammesmitglieder unterschiedliche Vereinigungen, die Bünde. Um Mitglied in einem Bund zu werden, musste man sich einkaufen. Der Preis war etwa ein Pferd oder eine Decke. Bei den Mandan durchlief ein Mann verschiedene Bünde, bis man ihn in den Kriegerbund aufnahm. Die Knaben waren zuerst Mitglied im „Bund der törichten Hunde". Eine große Ehre war es, dem „Bisonbund" anzugehören. Das erreichten nur verdiente Männer. Es gab auch Bünde für die Frauen und Geheimbünde. Diese befassten sich mit Zeremonien. ➳ *Geheimbund*

Bureau of Indian Affairs Das Büro für indianische Angelegenheiten (BIA) wurde 1824 in den USA gegründet. Die Agenten des BIA sollten sich um die Indianer in den Reservationen kümmern. Leider gab es in diesem Büro nur Weiße, die die Interessen der Indianer oft nicht vertraten. Die Erbitterung der Indianer darüber, wie sie von der US-Armee behandelt wurden, ohne dass das BIA eingriff, führte zu den Indianerkriegen. Heute wird das Büro von Indianern geleitet. ➳ *Indianeragent, Reservation*

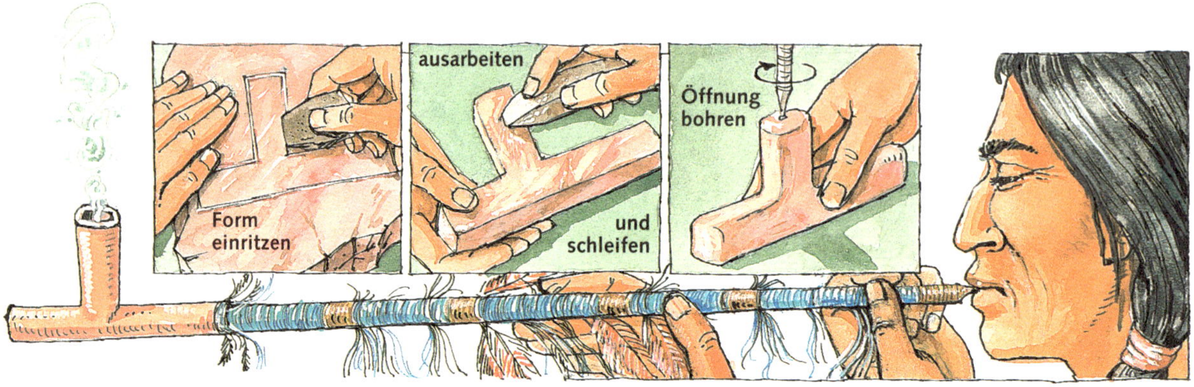

Calumet Die Franzosen nannten die langstielige Friedenspfeife der Indianer „calumet“. Der Pfeifenkopf bestand aus rotem Stein, dem Catlinit, und war meist L-förmig. Oft war der Kopf der Pfeife kunstvoll geschnitzt und zeigte eine Tierfigur. Die Friedenspfeife wurde nur bei besonderen Anlässen geraucht, etwa bei Verhandlungen oder wenn ein Vertrag geschlossen wurde. War mit einem Gast die Friedenspfeife geraucht worden, so konnte er vor Feindseligkeiten sicher sein. Das Rauchen war eine Zeremonie, bei der die Pfeife reihum ging. Danach wurde sie sofort wieder in einem Beutel verwahrt, denn sie durfte die Erde nicht berühren. Das Rohr war meist mit Federn oder Pferdehaaren geschmückt. Herrschte Krieg, dann waren die Federn rot. ➳ *Catlinit, Friedenspfeife, Tabak*

Canyon (*sprich:* känjen) Dieses Wort kommt vom spanischen Cañon und bedeutet „Röhre“. Man bezeichnet so eine tiefe Schlucht, die ein Fluss in die Erdoberfläche gegraben hat. Am gewaltigsten ist der Grand Canyon in Nordamerika, den der Coloradofluss ausgewaschen hat. Er ist bis zu 300 Meter breit, 1 800 Meter tief und über 350 Kilometer lang. Die Schlucht ist so tief, dass man dort fast alle Schichten der Erdgeschichte sehen kann. Die frühen Bewohner Amerikas haben die Büffel über die Klippen solcher Canyons getrieben, damit sie sich zu Tode stürzten. ➳ *Büffel, Jagd, Klippenjagd*

Grand Canyon

Catlin, George (1796–1871) Der amerikanische Maler erforschte das Leben der Indianer und reiste in viele, zu seiner Zeit für Weiße gefährliche Indianergebiete. Von 1832 bis 1840 besuchte er immer wieder Stämme der Prärieindianer, vor allem die Mandan, von denen er freundlich aufgenommen wurde. Catlin schilderte das Leben der Indianer und fertigte viele Bilder davon an. Er lernte auf seinen Reisen fast 50 Stämme kennen. Vieles, was wir von den Prärieindianern wissen, verdanken wir ihm. Auch einige Bilder in diesem Buch sind nach Vorlagen von Catlin gemalt. ➳ *Bodmer, Curtis*

Catlinit Roter Pfeifenstein, der nach George Catlin benannt wurde. Der amerikanische Indianermaler besuchte 1837 den heiligen Steinbruch im Gebiet der Dakota-Sioux. Er nahm einige Stücke dieses rötlichen Tongesteins mit und ließ es untersuchen. Catlinit ist härter als Gips, aber weicher als Kalk. Daraus schnitzen die Indianer heute noch die Köpfe ihrer Friedenspfeifen. ➳ *Calumet, Friedenspfeife*

Chan Chan Chan Chan (*sprich:* tschan tschan) war die Hauptstadt der Chimu. Dieses Indianervolk lebte an der Nordküste von Peru. Reste ihrer Siedlung, die vor über 1 000 Jahren entstanden war, wurden von Archäologen ausgegraben. ➳ *Chimu*

Chavin Das kleine indianische Dorf Chavin liegt in den Bergen von Peru. Archäologen fanden dort den ältesten Tempel Südamerikas, der etwa im Jahre 1000 v. Chr. entstand. Den gleichen Namen trägt auch ein Volk. Die Chavin verehrten den Jaguargott. Dieses Wesen war kein Mensch, sondern ein Jaguar mit gewaltigen Reißzähnen. Seine Haare hatten die Form von Schlangen. Die Chavin brachten dem Jaguargott auch Menschenopfer dar. Auf zahlreichen Tongefäßen, Steinfiguren und Geweben ist der Jaguargott abgebildet. Auch der Kondor wurde von ihnen verehrt. Man hat Gräber der Chavin im Hochland von Peru entdeckt. Sie haben ihre Toten mit reichen Gaben an Gold und Edelsteinen bestattet. Aus den Funden geht hervor, dass die Chavinmenschen bereits die Webkunst beherrschten und Lamas als Tragtiere hatten. ➳ *Götter, Jaguar, Kondor*

Jaguargott von Chavin

Cherokee (*sprich:* tscherokie) Indianervolk, das zur Sprachfamilie der Irokesen gehört. Die Cherokee siedelten im Appalachengebirge und an der Atlantikküste in den heutigen US-Staaten Nord- und Südkarolina. Sie waren Ackerbauern, hielten Vieh und bewohnten feste Siedlungen. Den Weißen passten sich die Cherokee rasch an. Sie gehörten zu den Fünf Zivilisierten Nationen.

Der Stamm umfasste etwa 20 000 Mitglieder. Die Cherokee hatten bereits eine Art Parlament, eine Schrift und eine eigene Zeitung. Sie gründeten Schulen, Krankenhäuser und sogar eine Universität. Als Erste arbeiteten sie mit den Engländern zusammen, und lange Zeit versuchten sie, ihr Siedlungsgebiet zu einem eigenen Bundesstaat zu machen. Doch auch die Anpassung an die Weißen half ihnen nichts. Sie standen den Siedlern nach Westen im Weg und mussten 1838 den „Pfad der Tränen“ in eine Reservation nach Oklahoma gehen. Bei dieser Zwangsumsiedlung fanden Tausende den Tod. Heute leben etwa 45 000 Cherokee meist als Farmer in Oklahoma, etwa 6 000 in North Carolina im Reservat. ➳ *Fünf Zivilisierte Nationen, Reservation, Sequoya*

Cherokee-Alphabet Die einzigen Prärieindianer, die eine Buchstabenschrift hatten, waren die Cherokee. Einer ihrer Häuptlinge, Sequoya, hatte Lesen und Schreiben gelernt. So kam er auf die Idee, eine so nützliche Zeichensprache wie die Schrift der Weißen auch für seinen Stamm zu entwickeln. Er schuf 1821 das Cherokee-Alphabet. ➳ *Cherokee, Schrift, Sequoya*

Cheyenne (*sprich:* schaijenn) Die Cheyenne oder „Tsistsistas“ waren ein Prärieindianerstamm aus der Algonkinfamilie. Sie gehörten zu den großen Reitervölkern. Es gab einen nördlichen und einen südlichen Zweig. Die nördlichen Cheyenne waren mit den Sioux-Dakota, die südlichen mit den Comanchen verbündet. Zusammen mit den Dakota zählten sie zu den bedeutendsten Stämmen in der Prärie.

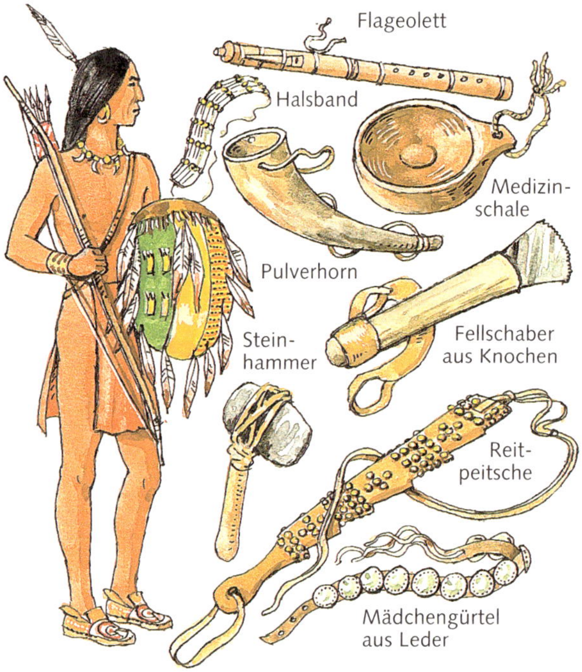

Die kriegerischen Cheyenne waren bei den Weißen gefürchtet. Sie leisteten beim Bau der Eisenbahn durch den Wilden Westen erbitterten Widerstand, da die Eisenbahnlinie mitten durch ihr Land ging und es zerstörte. Immer wieder überfielen sie die Bautrupps und unterbrachen so den Fortgang der Arbeiten. In der berühmten Custerschlacht besiegten sie zusammen mit anderen Stämmen die amerikanische Armee. Dennoch mussten die Cheyenne schließlich in die Reservation gehen. Heute leben etwa 6 000 Nachkommen der südlichen Cheyenne in Oklahoma und 4 000 der nördlichen in Montana.
➳ *Custerschlacht, Eisenbahn*

Chichén Itzá (*sprich:* tschitschen itsa) Chichén Itzá war eine der größten Tempelstädte der Maya. Die Siedlung lag auf der Halbinsel Yucatan in Mexiko. Hier siedelte ein Teil des Mayavolkes schon vor über 1 500 Jahren. Chichén Itzá besaß wie alle Mayastädte Pyramiden und ein Observatorium. Das höchste Gebäude ist der Castillo, eine Pyramide mit vier Treppen zu je 91 Stufen. Zusammen mit der Plattform sind es 365 Stufen, so viele, wie ein Jahr Tage hat.
➳ *Maya, Observatorium, Pyramiden*

Chickee (*sprich:* tschickie) Die Behausung der Seminolen in den sumpfigen Flussgebieten des Südostens, in Florida, war das Chickee. Es war ein Pfahlbau mit einer Plattform. Er war nach allen Seiten offen und nur mit Palmwedeln oder Schilf gedeckt. Einige Indianerstämme im Amazonasgebiet bewohnen noch heute ähnliche Häuser. Sie sind darin vor Hochwasser und wilden Tieren sicher. Auch die Kariben kennen solche Häuser. ➳ *Hausbau, Seminolen*

Chief (*sprich:* tschief) Die Engländer bezeichneten die Stammeshäuptlinge als Chiefs. Einer der letzten Häuptlinge der Nez Percé, Joseph, ist als „Chief" in die Geschichte eingegangen. Manche nordamerikanischen Indianer übernahmen später die Bezeichnung „Chief" für ihre Häuptlinge. Die Stellung der Häuptlinge war aber keineswegs die eines Chefs mit Befehlsgewalt. ➳ *Chief Joseph, Häuptling*

Chief Joseph (1840–1904) Joseph war ein Häuptling der Nez Percé. Auf Indianisch hieß er „Hinmut-too-yan-lat-kekht". Das bedeutet etwa „Donner, der in den Bergen grollt". Seinen Namen „Joseph" hatte er in der Missionsschule erhalten. Dort hatte er lesen und schreiben gelernt. Er selbst und auch sein Stamm waren den Weißen freundlich gesinnt. Chief Joseph hatte in Verhandlungen erwirkt, dass sein Volk in der angestammten Heimat im heutigen Oregon bleiben durfte. Trotzdem versuchten die Siedler, die Nez Percé aus ihrem Stammesgebiet auf den Great Plains zu vertreiben und in eine Reservation zu bringen. Daraufhin floh Chief Joseph mit seinen Kriegern nach Idaho und nahm von dort aus den Widerstand auf. Nach einer verlorenen Schlacht gegen die US-Armee im Jahr 1877 zog er mit 250 Kriegern sowie 450 Frauen, Kindern und Alten durch die Stellungen der Armee in Richtung Kanada. Erst kurz vor der kanadischen Grenze musste er sich der Übermacht der Soldaten ergeben. Chief Joseph kam schließlich mit dem Rest seines Stammes in eine Reservation im Staat Washington. ➳ *Nez Percé*

Chimu *siehe Seite 40*

Chippewa Die Chippewa (*sprich:* tschipewa) bewohnten das südliche Gebiet der Großen Seen in den USA. Die nördlich lebenden Stammesbrüder in Kanada heißen Ojibway. ➳ *Ojibway*

Christentum Als Kolumbus 1492 von seiner ersten Reise kein Gold, wohl aber Indianer mitbrachte, dachte die katholische Königin auch an die Seelen der Heiden, die für die Kirche gewonnen werden könnten. Deshalb versuchten Missionare nach der Entdeckung Amerikas, die Indianer zum Christentum zu bekehren. Die spanischen Mönche errichteten überall Missionsstationen. Englische und französische Missionare wollten die nordamerikanischen Indianer zu Christen machen, doch das gelang ihnen nur selten. Nur wenige Stämme Nordamerikas traten zum Christentum über. In Mittel- und Südamerika hingegen wurden die großen Völker der Maya, Azteken und Inka zum Christentum bekehrt. ➳ *Mission*

Missionskirche in Südamerika

Clan Dieses Wort ist keltisch und bedeutet so viel wie „Kinder". Man bezeichnet damit eine Sippe, die von einem gemeinsamen Vorfahren abstammt. Bei vielen Stämmen gibt es Clans. Frauen und Männer eines Clans dürfen untereinander nicht heiraten. Bei den Küstenindianern ist das Clanwesen besonders ausgeprägt. Ihre Clans leiteten ihre geistige Abstammung von Tierahnen ab. ➳ *Küstenindianer, Totem*

Chimu

In Südamerika erstreckt sich zwischen den Anden und dem Meer ein wüstenartiges Flachland, die Costa. Hier entstanden vor etwa 2 000 Jahren die ersten Königreiche. Etwa um 1000 n. Chr. besiedelten die Chimu die Costa. Der Gründer dieses geheimnisvollen Volkes soll einer Sage nach mit Balsaflößen an der Nordküste Perus gelandet sein. Er hieß Naymlap und kam mit einer großen Flotte aus Ecuador. Neben seinen Haupt- und Nebenfrauen brachte er auch seinen Hofstaat mit. Naymlap errichtete an der peruanischen Küste das Chimureich mit der Hauptstadt Chan Chan.

Die erste Hauptstadt Südamerikas

Die Chimu müssen schon bei ihrer Ankunft in Peru sehr reich gewesen sein, denn sie brachten ein Götterbild aus grünem Stein mit, vermutlich aus Jade. Chan Chan war bald die größte Stadt Südamerikas und umfasste mehr als 20 Quadratkilometer. Sie war von einer Stadtmauer umgeben. Innerhalb der Mauer gab es Pyramiden, Tempel, Paläste, Straßen und Kanäle.

Gold im Überfluss

Die Chimu verehrten den Mond als höchste Gottheit und die Tiere, die dem Mond geweiht waren, Hund, Wolf und Fuchs. Diese finden sich als Tonfiguren in den Gräbern, als Abbildungen auf Gefäßen oder als Goldarbeiten. Die Chimu besaßen große Mengen Gold und Silber, die sie von unterworfenen Stämmen erhielten oder aus dem Hochland holten. Sie waren mit fast allen Goldschmiedetechniken vertraut und konnten Gold schon gießen und löten. Viele ihrer Figuren sind aus massivem Gold gearbeitet. Der Reichtum der Chimu weckte den Neid der Hochlandindianer. So wurde ihr Königreich im 15. Jahrhundert von den Inka erobert. Reste ihrer Hauptstadt hat man später wieder ausgegraben.

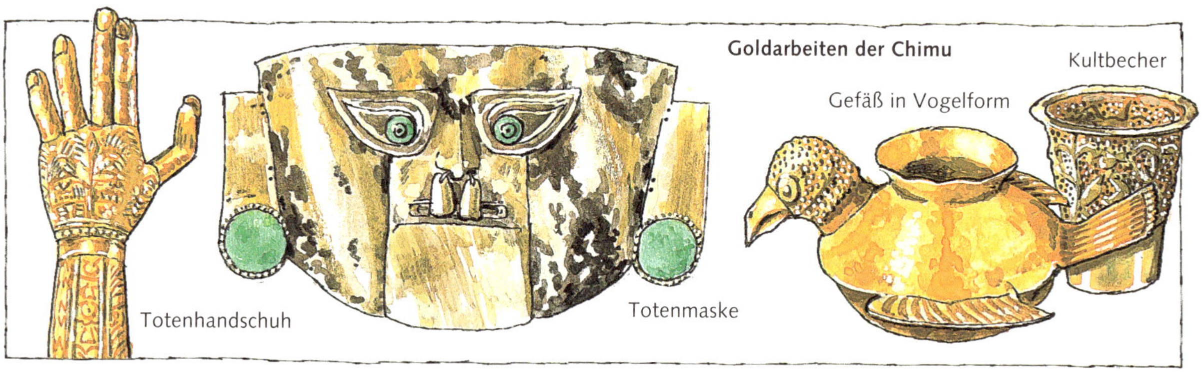

Goldarbeiten der Chimu

Cliff Dwelling Im Englischen bedeutet Cliff Dwelling „Felsenwohnung“ oder „Häuser in Felsspalten“. Die ersten Indianer, die ihre Wohnungen in Felsen bauten, bezeichnet man als Cliff Dwellers. Das waren die Basketmaker und Anasazi. Die berühmteste Felsenwohnung dieser frühen Indianer befindet sich in Mesa Verde. ➳ *Anasazi, Basketmaker, Mesa Verde*

Cochise (um 1815–1874, *sprich:* kotschies) war Häuptling der Chiricahua-Apachen in Arizona. Er schloss mit den Weißen ein Friedensabkommen und duldete Poststationen in seinem Land. Als ihn ein Leutnant der US-Armee zu Unrecht bezichtigte, einen Jungen entführt zu haben, und ihn in einen Hinterhalt lockte, griff Cochise zu den Waffen. Jahrelange erbitterte Kriege zwischen den Chiricahua-Apachen und der US-Armee folgten. Erst 1879 ergaben sich die letzten Krieger, und der Rest des Stammes ging in die Reservation. Cochise war fünf Jahre zuvor in einer Reservation gestorben. Bis zuletzt hatte er versucht, seinem Volk die Freiheit zu erhalten. ➳ *Apachen, Geronimo*

Colorado Der Colorado River ist ein Fluss im Südwesten der USA mit über 2 300 km Länge. Er entspringt in den Rocky Mountains und mündet in den Pazifik. Auf seinem Weg durchfließt er das Colorado-Plateau, eine Hochebene, in die er den Grand Canyon gegraben hat.
Die Colorados sind ein Indianerstamm in Ecuador. Ihren Namen „Die Farbigen“ haben sie daher, dass sie sich am ganzen Körper mit roter Farbe bemalen. Die Männer tragen ihre rot gefärbten Haare wie eine Kappe. Heute leben noch etwa 1 500 Colorados im Regenwald.

Comanchen *siehe Seite 42*

Cooper, James Fenimore (1789–1851) Der amerikanische Schriftsteller fuhr jahrelang zur See. Von 1826 bis 1833 bereiste er Europa. In dieser Zeit entstanden seine ersten Romane über das Leben der Indianer, die so genannten Lederstrumpferzählungen. Am bekanntesten sind „Der letzte der Mohikaner“ und „Der Wildtöter“. Er war einer der Ersten, der die Indianer so beschrieb, wie sie wirklich lebten. „Mohikaner“ hat es allerdings nie gegeben. Cooper hat diesen Stammesnamen erfunden. ➳ *Mohikaner*

Cortez, Hernando (1485–1547) Spanischer Eroberer. Cortez brach sein Studium der Rechtswissenschaft ab und ging nach Kuba, wo er ein reicher Mann wurde. Von dort brach er 1519 nach Mexiko auf. Mit einer Schar Soldaten und der Unterstützung von Indianern eroberte er 1521 das Aztekenreich. ➳ *Azteken, Entdecker*

Comanchen

Jeder kennt die Comanchen (*sprich:* komantschen) aus Indianerromanen oder aus Wildwestfilmen. Nach einem Ute-Wort bedeutete ihr Name so viel wie „Die uns ständig bekämpfen". Sie selbst nannten sich „Ne-me-ne" – „Volk". Die Cheyenne sprachen vom „Schlangenvolk".

Wilde Reiter

Die Comanchen bewohnten einst die Rocky Mountains und drangen später nach Süden in die Großen Ebenen vor. Das Volk umfasste rund ein Dutzend Stämme. Nachdem die Comanchen den Spaniern Pferde gestohlen hatten, wurden sie bald zum besten Reitervolk in der Prärie. Wegen ihrer Kühnheit und ihrer Reitkunst hießen die kleinwüchsigen Comanchen auch die „Herren der Steppe". Sie hatten die Lederschlinge erfunden. Damit hängten sie sich so am Hals ihrer Pferde ein, dass ihnen der Pferdeleib beim Angriff Deckung bot. Sie zogen hinter den Büffelherden her und schlugen in den besten Jagdgründen ihre Tipis auf. Ihr Lager erkannte man daran, dass die Zelte nicht kreisförmig um den Lagerplatz aufgestellt waren.

Furchtlose Krieger

Bei Weißen und Indianern waren die Comanchen gefürchtet. Die Apachen zählten zu ihren Todfeinden. Die Comanchen dehnten ihre Kriegs- und Beutezüge bald bis nach Texas und Mexiko aus. Um sich gegen ihre ständigen Überfälle zu schützen, wurden in Texas die Texas-Rangers aufgestellt. Dieser Elitetruppe gelang es allmählich, die Indianer zurückzudrängen. Dennoch blieben die Comanchen jahrzehntelang die gefährlichsten Gegner der US-Kavallerie. 1875 ergab sich ihr Oberhäuptling Quannah Parker. Doch erst zwei Jahre später zogen die letzten 1 500 Menschen des stolzen Comanchenvolkes in die Reservation nach Oklahoma.

Coup (*sprich:* kuh) Unter diesem französischen Wort, das Schlag bedeutet, verstanden die Indianer das Berühren des Feindes. Das geschah mit der bloßen Hand oder mit einem federgeschmückten Stab. Bei einem Coup wurde der Gegner nicht getötet. Das Berühren des Gegners wurde um so höher geschätzt, je bedeutender der feindliche Krieger war. Bei vielen Indianern galt ein Coup mehr als das Töten des Feindes. ➳ *Kriegspfad*

Coyote Bezeichnung für den Präriewolf. Der mit Schwanz etwa 1,40 Meter lange Wildhund wird bis zu 50 Zentimeter hoch. Er ähnelt eher dem Schakal als dem Wolf und gibt nachts ein lautes Geheul von sich. Coyoten jagen im Familienverband, paarweise oder allein. Im Rudel können sie auch größere Tiere angreifen. Die meisten Indianerstämme verehrten den Coyoten und jagten ihn nicht. Er gilt als listig und kommt in vielen Indianermärchen als „trickster" vor, der als Schwindler und Schalk die Menschen austrickst.

Crazy Horse (*sprich:* kräsi hors, um 1839–1877) Der Kriegshäuptling der Oglalla-Sioux hieß mit indianischem Namen „Tashunka Witko". Neben Sitting Bull zählte er zu den bekanntesten Häuptlingen der Prärieindianer. Wie er ausgesehen hat, weiß man nicht, da er sich nie fotografieren ließ. Er lieferte den US-Truppen viele Schlachten, bis er sich mit 1000 Kriegern ergeben musste. Man schickte seinen Stamm in die Reservation. Bei einem Fluchtversuch wurde Crazy Horse heimtückisch ermordet. 1876 hatte er mit Sitting Bull am Little Bighorn die amerikanische Armee vernichtend geschlagen. ➳ *Custer, Custerschlacht*

Cree (*sprich:* krie) Indianerstamm der Algonkin-Sprachfamilie. Die Cree lebten an der Hudsonbai in Kanada als Fischer und Jäger. Sie bewohnten Wigwams. Bei den Pelzhändlern tauschten sie Felle gegen Waren der Weißen ein. Einige Gruppen der Cree wanderten in die Plains ab, wo sie im Gebiet der Sioux jagten. Da sie durch den Handel Feuerwaffen besaßen, konnten sie sich gegen die Sioux behaupten. Heute leben noch 70000 Cree in dem Gebiet zwischen Quebec und den Rocky Mountains. ➳ *Handel*

Creek (*sprich:* kriek) Verband mehrerer Indianerstämme der Muskogee-Sprachfamilie. Die Creek lebten in den heutigen US-Staaten Georgia und Alabama bis an den Golf von Mexiko. Sie hatten eine sehr hohe Kultur. Als Ackerbauern bewohnten sie Fachwerkhäuser in befestigten Dörfern. Jede ihrer rund 50 Siedlungen wurde von einer Art gewähltem Gemeinderat verwaltet. Wichtige Entscheidungen konnten nur mit Zustimmung von Stammesvertretern getroffen werden. So besaßen die Creek bereits eine Form der Demokratie. Sie kämpften aufseiten der Engländer gegen die Spanier und die US-Truppen. Ab 1832 wurden sie von der US-Regierung über den Mississippi nach Westen in das 1 000 Kilometer entfernte Oklahoma vertrieben. Dort versuchten sie mit den anderen Stämmen der Fünf Zivilisierten Nationen einen eigenen Indianerstaat zu gründen. Das gelang nicht. Heute leben in Oklahoma etwa 40 000 Creek. ➳ *Fünf Zivilisierte Nationen, Reservation*

Crow (*sprich:* kroh) Die Krähenindianer waren Büffeljäger. Sie hatten von allen Stämmen der Plains die meisten Pferde. ➳ *Krähenindianer*

Curare Mit diesem Tupi-Wort wird ein Pfeilgift der südamerikanischen Urwaldindianer bezeichnet. Es ist eine Art Paste aus Teilen verschiedener, sehr giftiger Pflanzen. Wenn das Gift in die Blutbahn kommt, lähmt es die Muskeln und die Atmung in wenigen Minuten. Die Indianer bestrichen damit ihre Jagdpfeile. Da es im Magen erst in größeren Mengen gefährlich wird, konnten sie die durch das Pfeilgift getötete Beute essen. ➳ *Pfeilgift, Urwaldindianer*

Curtis, Edward Sheriff (1868–1952) Der Amerikaner Curtis war Fotograf. Ende des vorigen Jahrhunderts besuchte er über 80 Indianerstämme, um deren Leben und Häuptlinge zu fotografieren. Er machte über 40 000 Fotos, die neben den Bildern von Catlin zu den wichtigsten Quellen über die Indianer zählen. ➳ *Catlin*

Custer, George Armstrong (1839–1876) Der draufgängerische Offizier war mit 23 Jahren der jüngste Oberst der Freiwilligenarmee. Nach dem Bürgerkrieg wurde er Oberstleutnant der US-Armee unter General Sheridan. Bald war er als Indianerfeind berüchtigt. In der Schlacht am Little Bighorn wurde er getötet. ➳ *Custerschlacht, Sheridan*

Custerschlacht *siehe Seite 45*

Cuzco Cuzco liegt 3 400 Meter über dem Meer im Hochland von Peru. Es war die Hauptstadt der Inka. Aus allen vier Himmelsrichtungen führten die Königsstraßen in den Mittelpunkt des Inkareiches. Die spanischen Eroberer unter Pizarro machten die Stadt dem Erdboden gleich. Später haben die Spanier auf den Ruinen eine neue Stadt errichtet. ➳ *Inka, Pizarro*

Custerschlacht

Am 25. Juni 1876 fand am Little Bighorn die so genannte Custerschlacht statt. Der Little Bighorn ist ein kleiner Fluss im heutigen US-Staat Montana. Dort hatten die Sioux und ihre Verbündeten, die Arapaho und die Cheyenne, ein großes Lager errichtet. Die US-Armee hatte von der Ansammlung der Indianer erfahren und schickte George Armstrong Custer mit 29 Offizieren und 637 Soldaten voraus. Sie sollten die Indianer in die Enge treiben, bis die Hauptstreitmacht angerückt sei, um sie zu vernichten.

Der verhasste Custer

Um berühmt zu werden, wollte der ehrgeizige Custer den letzten indianischen Widerstand auf eigene Faust brechen. Schon mehrmals zuvor hatte er friedliche Indianer angegriffen und sie getötet. Deshalb war Custer bei den Prärieindianern verhasst und gefürchtet.

Crazy Horse wird berühmt

Etwa 3 000 Indianer lagerten am Little Bighorn und stellten sich auf Custer und die 7. US-Kavallerie ein. Unter ihren Anführern war auch Sitting Bull, der große Medizinmann der Hunkpapa-Sioux. Der Rat der Kriegshäuptlinge übertrug dem erst dreißigjährigen Crazy Horse von den Oglalla-Sioux die Führung.

Gegen Mittag erreichte Custer mit seinen Reitern den Fluss. Er teilte sie in drei Gruppen auf und griff selbst mit einer Reiterabteilung an. Nachdem die Cheyenne unter dem Siouxhäuptling Gall die eine Gruppe der Angreifer zurückgeschlagen hatten, zog sich die andere zurück. Nun führte Crazy Horse die gesamte indianische Übermacht gegen Custer ins Feld. Die Indianer griffen um 16 Uhr an. Eine Stunde später hatten sie Custer, seine 214 Soldaten und elf Offiziere getötet. Insgesamt fielen 268 Mann. Es war der größte Sieg der Indianer über die US-Armee – aber es war die letzte gewonnene Schlacht.

Dakota Die Dakota, die „Verbündeten“, bilden die größte Gruppe innerhalb der Sprachfamilie der Sioux. Diese bestand aus den „Sieben Ratsfeuern“, die drei Abteilungen verschiedener Sioux-Dialekte umfassten, die Dakota, die Lakota und die Nakota. Diese Gruppen waren noch in Unterstämme gegliedert und wurden später meist nur Dakota oder Sioux genannt. In ihrer Lebensweise unterschieden sie sich oft stark. Sie bewohnten die Plains und Prärien östlich vom Missouri. Fast alle waren Büffeljäger, obwohl einige Stämme im Süden auch von Wasserreis lebten und Mais und Bohnen anbauten. Von den sieben Unterstämmen der Lakota, die auch „Teton“ hießen, waren die Oglalla und die Hunkpapa die berühmtesten. Der einflussreichste Häuptling und zugleich Medizinmann der Hunkpapa war Sitting Bull. Der bekannteste Kriegshäuptling der Oglalla war Crazy Horse. Ende des vorigen Jahrhunderts wurden die Siouxindianer besiegt und in die Reservation nach Oklahoma gebracht. Heute leben etwa 50 000 Sioux in den USA und Kanada.
➳ *Crazy Horse, Custerschlacht, Sioux, Sitting Bull*

Chilkatdecke der Tlingit

Decken Die Plains- und Prärieindianer kannten die Webkunst zuerst nicht. Sie tauschten Decken bei den Pelzhändlern ein. Später webten sie selbst Decken aus Büffelhaar oder Schafwolle. Sie benutzten sie als Sonnenschutz, als Satteldecke und um Vorräte, Kinder, ihre Toten und Beute zu transportieren. Die Navajo fertigten seit jeher farbenprächtige Decken an. Die Frauen der Küstenindianer webten die berühmten Chilkatdecken aus Hundehaar oder Bergziegenwolle. Das Muster bestand aus den Totemtieren eines Clans und wurde von den Männern entworfen. Die Anfertigung einer solchen Decke dauerte Monate. Diese Chilkatdecken stellten für die Indianer einen sehr großen Wert dar.
➳ *Navajo, Tlingit, Weben*

Deganawidah Dieser legendäre Hurone ging als Friedensstifter in die Geschichte ein. Sein Name bedeutet „Zwei Flüsse fließen zusammen“. Deganawidah gilt als Seher und Prophet. Er hatte einen Traum von einer großen Kiefer mit fünf starken Wurzeln. Die Wurzeln dieses Baumes waren die fünf mächtigsten Irokesenstämme, die sich immer wieder bekriegten. Deganawidah gelang es lange vor Ankunft der Weißen zusammen mit dem Mohawk-Häuptling Hiawatha, die Stämme zu befrieden. Diese gründeten nun einen Bund, die „Irokesenliga“. Ihr gehörten zunächst die Stämme der Cayuga, Mohawk, Oneida, Onondaga und Seneca an. 1722 schlossen sich auch die Tuscarora diesem Staatenbund an. ➳ *Irokesen, Irokesenliga*

Delawaren Die Delawaren lebten ursprünglich südlich des heutigen Staates New York und waren ein Stamm der Algonkin-Sprachfamilie. In ihrer eigenen Sprache nannten sie sich „Lenni Lenape" – „Menschen unseres Volkes". Sie bewohnten kleine Dörfer aus viereckigen Hütten, aber auch Wigwams und Langhäuser. Die Männer gingen auf die Jagd, die Frauen pflanzten Mais, Bohnen und Kürbisse an. Die Delawaren zählten einst über 10 000 Menschen. Der Stamm war in Clans aus großen Familien gegliedert. Ihr oberster Häuptling wurde als Sachem bezeichnet. Im Laufe der Jahrhunderte wurden die Delawaren immer weiter nach Westen abgedrängt, doch nirgends konnten sie sich für länger niederlassen. Nach 150 Jahren des Umherziehens landeten sie in Kansas und Oklahoma. Ihr Volk zählte 1820 nicht einmal mehr 2 000 Menschen. ➳ *Clan, Sachem*

Dickhornschaf Das Dickhornschaf lebte einst in den Gebirgen des westlichen Nordamerika, von den Rocky Mountains bis Mexiko. Vor der Ankunft der Weißen bevölkerten viele Hunderttausende dieser Schafe die Berge. Dann wurde das Schaf fast ausgerottet. Die graubraunen, bis zu zwei Meter langen Bergschafe waren eine begehrte Jagdbeute, vor allem der Nordwestküstenindianer. Männer, Frauen und Kinder versuchten gemeinsam, die Schafe in Fallen oder über Abhänge zu treiben. Heute soll es in Schutzgebieten in Kanada wieder 100 000 dieser Wildschafe geben. ➳ *Jagd, Tlingit*

Dog Soldiers Die Cheyenne erhielten ihren Namen von französischen Trappern. Diese nannten die Indianer „Chiennes" nach dem französischen Wort „chien" für Hund, weil sie gerne Hunde verspeisten. Die Engländer nannten sie „dog soldiers", Hundesoldaten. Bei den Cheyenne und bei den Mandan gab es Männerbünde, die ebenfalls den Namen Dog Soldiers erhielten. Diese Bünde wurden von Kriegshäuptlingen angeführt und stellten eine Art Elitetruppe dar. ➳ *Bünde, Cheyenne, Mandan*

Donnervogel Fast alle Indianerstämme verehren den Donnervogel als himmlische Macht. Er fliegt in den Wolken und bekämpft die bösen Wassergeister. Der Donnervogel hat keine wirkliche Gestalt. Die Küstenindianer stellen ihn sich als großen Raben, die Prärieindianer als riesigen Adler, die Waldindianer als gewaltigen Truthahn vor. Er besitzt nur ein Auge. Die Indianer glauben, er würde durch Zwinkern mit diesem Auge die Blitze erzeugen und durch eine Bewegung der Schwingen den Donner auslösen. Nach ihrem Glauben ist der Donnervogel auch für den Regen verantwortlich. ➳ *Totempfahl*

Dorfgemeinschaft

Viele Menschen glauben, alle Indianer seien auf Pferden durch die Prärie geritten, hätten ihre Tipis aufgeschlagen und Büffel gejagt. Das trifft für zahlreiche Stämme der Plains und Prärie zu. Aber es gab auch viele Indianervölker in Nordamerika, die feste Siedlungen errichteten.

Jäger, Sammler, Ackerbauern

Bevor die Indianer Pferde hatten, war die Jagd ein schwieriges Unternehmen. Besonders die Büffeljagd war ohne Pferde wenig erfolgreich. Die meisten Stämme mussten sich zusätzlich Nahrung verschaffen. Die einen sammelten Wildfrüchte und Samen, andere begannen Nutzpflanzen anzubauen. Sie legten Gärten und Felder an. Um die Ernte abzuwarten, blieben sie am Ort und wohnten in festen Siedlungen. So entstanden die ersten Dörfer. Sie lagen fast immer in der Nähe von Wasser. Deshalb gab es die meisten Indianerdörfer in Nordamerika an den großen Flüssen und Seen.
Neben umherziehenden und sesshaften Stämmen gab es auch halb sesshafte. Diese bewohnten zwar feste Dörfer, gingen aber oft mehrere Monate auf die Jagd. Zu ihnen gehörten die Mandan und die Hidatsa am Missouri, die Erdhäuser in Hügelform errichteten. Auch die Irokesen östlich der Großen Seen hatten Dörfer.

Musterhafte Dörfer

Die Creek wohnten im Südosten. Sie hatten Fachwerkhäuser mit luftigen Sommerschlafplätzen und warmen Räumen für den Winter. Die Wände bestanden aus geflochtenen Zweigen, die sie mit Lehm verschmierten. Die Siedler, die nach Amerika kamen, hatten in Europa auch nicht anders gewohnt. Zu jedem größeren Creekdorf gehörte ein Rundhaus für die Ratsversammlung. Es fasste bis zu 500 Menschen. Im Winter diente es als Unterkunft für Obdachlose.

Ehe Wenn sich bei den Plains- und Prärieindianern zwei Menschen verliebten und einander heiraten wollten, wurde der Familienrat einberufen. Über die Brautwerbung entschied meist der Bruder der Braut. War er mit der Ehe einverstanden, dann musste der Bräutigam bei fast allen Stämmen einen Brautpreis bezahlen. Dieser bestand gewöhnlich aus Pferden. Manchmal wurden für eine Braut bis zu 40 Pferde verlangt. War der Bräutigam arm, dann konnte er auch zu den Eltern der Braut ziehen und den Preis für die Braut abarbeiten. Wenn sich herausstellte, dass die jung verheirateten Leute nicht zusammenpassten, konnten sie sich wieder trennen. In der Regel gab es aber wenige Scheidungen.

Hopimädchen vor der Ehe

Schickte ein Mann seine Frau zurück, weil sie ihm nicht mehr gefiel, so musste er auch die Aussteuer zurückgeben. Seinen Brautpreis erhielt er aber nicht zurück. Wohlhabende Häuptlinge heirateten oft zwei oder mehrere Frauen. Diese waren meistens Schwestern. Auch wenn seine Frau starb, heiratete ein Indianer in der Regel deren Schwester. Umgekehrt heiratete eine Witwe den Bruder ihres Mannes. Die Ehe hatte den Zweck, die Sippen zu verbinden. Die Frau war auch als Arbeitskraft unentbehrlich. Die Frauen heirateten meist mit fünfzehn Jahren. Eine Frau im heiratsfähigen Alter erkannte man bei den Hopi an der Frisur. Sie trug das Haar zu Schnecken eingerollt. Nach der Hochzeit flocht sie das Haar zu einem Zopf. Das ist heute noch so.

Hopifrau nach der Hochzeit

➸ *Frauen*

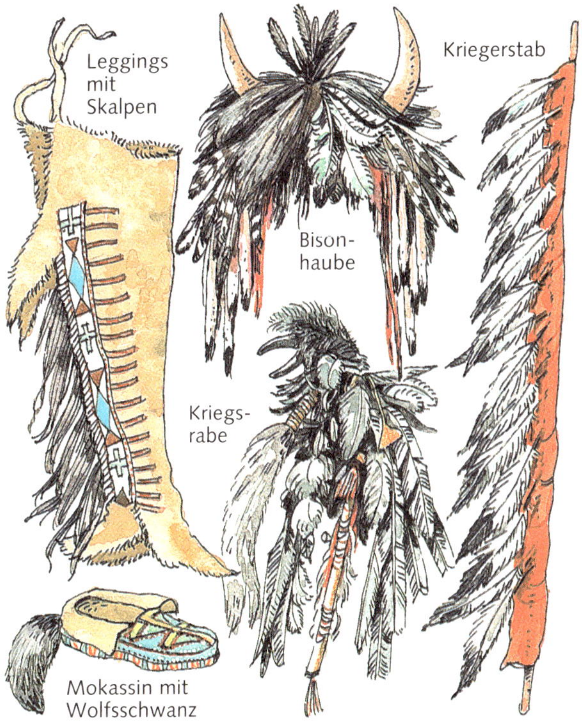

Ehrenzeichen Bei den Plains- und Prärieindianern hing das Ansehen eines Kriegers von seinen Auszeichnungen ab. Er stellte sie deshalb in der Öffentlichkeit gerne zur Schau. Als höchstes Ehrenzeichen galt die Adlerfederhaube. Sie wurde nur den tapfersten Kriegshäuptlingen verliehen. Andere mutige Krieger trugen eine Bisonhaube, die mit Adler- oder Elsternfedern geschmückt war. Die Anzahl der Federn, die sich ein Krieger ins Haar steckte, gab Auskunft über die vollbrachten Heldentaten. Auch die Art, wie die Federn getragen wurden, ob senkrecht stehend oder nach hinten zeigend, sagten etwas über den Rang ihres Trägers aus. Als besondere Zeichen von Tapferkeit galten Hemden und Leggings, die mit Skalphaar verziert waren. Krähenindianer, die einen Coup vollbracht hatten, schmückten ihre Mokassins mit Wolfsschwänzen. Und wer etwa die Waffe eines Gegners erobert hatte, durfte sich Hermelinfelle an die Kleidung nähen.

➸ *Abzeichen, Coup, Federhaube, Federn, Skalp*

Eicheln Vor allem die kalifornischen Indianer sammelten in den Wäldern die Früchte der Eiche. Sie schlugen sie mit Stangen von den Bäumen. Die Eicheln wurden geschält und getrocknet oder geröstet. Dann zermahlten sie die Frauen auf Reibsteinen zu Mehl. Da es bitter schmeckte, übergossen sie das Eichelmehl in Sandgruben mit heißem Wasser, bis die Bitterstoffe herausgelöst waren. Nun wurde es noch einmal getrocknet. Aus dem Mehl haben die Frauen Brot gebacken. Eichelbrot ist neben Fisch und Fleisch heute noch ein Nahrungsmittel der kalifornischen Indianer. ➳ *Nahrung*

Eigentum Alles, was ein Stamm zum Überleben benötigte, war gemeinsames Eigentum. Dazu zählten das Land, auf dem der Stamm lebte, aber auch die Tiere, die gejagt wurden, und die gemeinsame Jagdbeute. Die anderen Dinge waren persönliches Eigentum des Einzelnen, allen voran die Pferde. Auch die Behausung gehörte jeder Familie allein. Hinzu kam die Kriegsbeute, die der Einzelne im Kampf machte. In der Regel gehörte der Hausrat der Frau, der Mann hatte seine Waffen und vor allem den wertvollsten Besitz, seine Medizin. Ein wichtiges Eigentum des Mannes war auch das Feuerzeug. ➳ *Feuerzeug, Medizin*

Einbaum Viele Völker stellten schon in der Steinzeit Boote aus einem einzigen Baumstamm her. Dieses Einbaumkanu wurde meist mithilfe von Feuer innen ausgehöhlt und nachträglich mit Schabern aus Steinen oder Muscheln bearbeitet. Die Seminolen und andere Stämme im Südosten, die Indianer an der Nordwestküste und auch die Urwaldindianer Südamerikas benutzten Einbäume. ➳ *Boote, Kanu, Seminolen*

Einreiten Die Plains- und Prärieindianer verstanden es gut, die halb wilden Mustangs zu zähmen. Allerdings kam das nicht allzu oft vor. Viel einfacher war es, ein eingerittenes Pferd zu stehlen. Um einen Mustang zu fangen, sprengten sie mit einem schnellen Pferd mitten in die Herde hinein. Sie warfen dem Opfer die Schlinge um den Hals und zogen sie zu, bis es zu Boden stürzte. Dann fesselten sie seine Vorderbeine und legten ihm das Halfter um den Kopf. Sie versuchten mit Ausdauer und Geduld aus dem Mustang ein gutes Reitpferd zu machen. Die Indianerpferde besaßen noch viele natürliche Instinkte, die sonst nur Wildpferde aufweisen. Sie witterten Wasser von weitem und erkannten einen Präriebrand lange, bevor die Reiter ihn bemerkten. ➳ *Mustang, Pferde*

Einzeljagd Während der Hauptjagdzeit der Prärieindianer im Frühjahr und Sommer schlossen sich die Männer eines Stammes zu einer Jagdgruppe zusammen. Die Einzeljagd auf Büffel kam im Sommer nur vor, wenn die Männer uneins waren. Dann pirschten sich ein oder zwei Jäger an eine Bisonherde heran. Damit sie von den Büffeln nicht erkannt wurden, hatten sie sich Coyotenfelle übergestülpt. Die Büffel fürchteten die Coyoten nicht. Im Winter zogen einzelne Jäger Schneeschuhe an und konnten so einen schweren Bison, der im Schnee einbrach, leicht verfolgen. Auch Elche wurden auf diese Weise gejagt. ➵ *Coyote, Jagd*

Eisen Die Indianer konnten Eisen ursprünglich nicht schmelzen und nicht gießen. Dennoch kannten manche dieses Metall. Reines Eisen findet sich zum Beispiel in geringen Mengen als Meteoreisen auf der Erdoberfläche. Es war selten und sehr begehrt. Eisenerz bearbeitete man wie einen harten Stein und stellte daraus Pfeilspitzen, Messerklingen oder auch Schaber für die Felle her. Doch erst mit der Ankunft der Europäer lernten die Indianer die vielfältigen Verwendungsmöglichkeiten und den Namen dieses Metalls kennen. ➵ *Werkzeuge*

Eisenbahn *siehe Seite 52*

Elch Der Elch ist die größte Hirschart. Er lebt im Nordosten der USA und in Kanada, wird etwa zwei Meter hoch und fast drei Meter lang. Die Indianer jagten den Elch gern im Winter, wenn das schwere Tier im hohen Schnee einbrach. Im Sommer konnten nur mehrere Jäger gemeinsam einen Elch hetzen und in die Enge treiben. Der bis zu 500 Kilogramm schwere Elchbulle lieferte Fleisch für einen ganzen Stamm. Häufig erlegte man hingegen den Elk, den mit dem Elch verwandten Wapiti. ➵ *Jagd, Wapiti*

El Dorado *siehe Seite 53*

Entdecker *siehe Seite 54/55*

Epidemie Wenn sich eine ansteckende Krankheit wie eine Seuche ausbreitet, spricht man von einer Epidemie. Dazu zählten früher die Pocken. Viele solcher Krankheiten brachten die Europäer mit nach Amerika. Die Indianer hatten dagegen keine Abwehrkräfte. ➵ *Seuchen*

Eisenbahn

Im Jahr 1863 begann die Central-Pacific-Eisenbahngesellschaft von Sacramento/Kalifornien aus mit dem Bau einer Eisenbahnlinie in Richtung Osten. Zwei Jahre später nahm die Union-Pacific-Eisenbahngesellschaft den Bau der Strecke von Omaha/Nebraska aus nach Westen auf. Die beiden Gleise sollten sich in der Mitte der Prärie treffen. Das dauerte sechs Jahre.

Durch fremdes Land

Die Eisenbahnlinie führte mitten durch die Jagdgründe der Prärieindianer und teilte das Land in ein Gebiet jenseits und diesseits der Bahn. Viel schlimmer war, dass durch den Eisenbahnbau immer mehr Weiße in das Indianerland einfielen. Und noch viel mehr sollten kommen, nachdem die Bahn fertig gestellt war. Die US-Regierung wusste, dass sie mit dem Bau der Eisenbahn in die letzten Gebiete eindrang, die den Indianern geblieben waren. Um den Eisenbahngesellschaften einen Anreiz zu bieten, überschrieb ihnen die Regierung jeweils einen Streifen Land von 16 Kilometern Breite links und rechts des Schienenstrangs. Es war Land, das den Indianern gehörte.

Schlechte Medizin bringt tote Büffel

Die Indianer versuchten verzweifelt, den „Wagen der schlechten Medizin" von den Weidegründen der Bisons fern zu halten. Immer wieder überfielen sie die Gleisarbeiter. Sie griffen Bahnstationen an und setzten sie in Brand. Oder sie unterbrachen die fertigen Schienenstränge. Doch sie konnten das „Feuerross" nicht aufhalten. Die Bahngesellschaften hatten Büffeljäger angestellt, um die vielen Arbeiter mit Fleisch zu versorgen. Als die Eisenbahn fuhr, kamen Jagdgesellschaften, die die Büffel vom Zug aus zum Spaß abschossen. Innerhalb von 20 Jahren wurden so über 20 Millionen Büffel getötet.

El Dorado

Als die Eroberer nach Mittel- und Südamerika kamen, hatten sie vor allem eines im Sinn: Gold. Sie waren gierig nach Gold. Für die Indianer dagegen war Gold nichts anderes als ein Metall, das sie gut bearbeiten konnten. Einen so hohen Wert wie für die Weißen hatte es für sie nicht. Manche Indianervölker besaßen Gold im Überfluss. Sie lebten in den so genannten Goldländern Mittel- und Südamerikas, in Nicaragua, Costa Rica und Kolumbien. Hier wurde besonders viel Gold gefunden.

Eine uralte Sage

Ein Zauberwort für viele Goldsucher war „El Dorado". Es bedeutete „Der Vergoldete". Der Sage nach soll in Kolumbien nahe der heutigen Haupstadt Bogotá ein indianisches Reich bestanden haben. Dort herrschte ein Kazike am 3 000 Meter hoch gelegenen See Guatavita. Vor langer Zeit soll einer der Herrscher von Guatavita seine Frau im Zorn verstoßen haben. Sie ging daraufhin in den See und blieb verschwunden.

Voll Reue suchte der Herrscher einen Zauberer auf, der ihm seine Frau wiederbringen sollte. Doch dieser fand nur heraus, dass die Gemahlin des Fürsten in einem wunderschönen goldenen Palast am Grunde des Sees hauste.

Die Goldzeremonie

Der Fürst fuhr seither an hohen Festtagen mit dem Floß auf den See hinaus, um den Göttern zu opfern. Priester begleiteten ihn und brachten Rauchopfer dar. In der Mitte des Sees wurde der Kazike entkleidet und von Kopf bis Fuß mit Goldstaub bedeckt. Danach warf der Vergoldete Schmuck und Geräte aus purem Gold in die Fluten. Dann stieg er selbst in den See, um sich den Goldstaub abzuwaschen. Später sollen die Kaziken diese Zeremonie bei ihrer Amtseinführung jeweils wiederholt haben. Den Berichten zufolge soll der See schließlich voller Gold gewesen sein. Im 16. Jahrhundert brachen drei Expeditionen in die Hochebene von Bogotá auf, um das sagenhafte Reich des Vergoldeten zu suchen. Sie fanden zwar den See, aber goldene Schätze waren nicht darin.

Entdecker

Am 12. Oktober 1492 näherten sich drei spanische Schiffe der Insel Guanahani. Diese gehört zu den Bahamas und heißt heute Watlings-Insel. Der Kommandeur der Flotte war Christoph Kolumbus. Nach zwei Monaten, in denen die Seeleute nichts als Wasser gesehen hatten, war Kolumbus am Ziel seiner Träume. Für ihn stand fest, dass er Indien erreicht hatte. Wir wissen heute, dass er sich getäuscht hat. Kolumbus hatte einen neuen, den vierten Erdteil entdeckt: Amerika. Dass bereits 500 Jahre vor ihm ein Wikinger dort gelandet war, wusste damals niemand: Leif Eriksson war um das Jahr 1000 von Grönland aus vermutlich schon bis ins heutige Virginia gelangt.

Amerika heißt nicht Kolumbien

Kolumbus hat insgesamt vier Fahrten in die Neue Welt unternommen, aber nie das amerikanische Festland betreten. Der Kontinent trägt nicht einmal seinen Namen, sondern den Amerigo Vespuccis. Der Italiener war nach Kolumbus mehrmals nach Amerika gesegelt. Er hat die Küste Brasiliens bei Rio de Janeiro betreten und das Land beschrieben.

Auf Kolumbus' Spuren

Im 16. Jahrhundert folgten viele Entdecker, Eroberer und Abenteurer den Spuren von Kolumbus, unter ihnen Hernando Cortez. 1519 brach er mit elf Schiffen, 100 Mann Besatzung und 500 Soldaten von Kuba aus zum Festland auf und landete im heutigen Veracruz. Die dort lebenden Indianer halfen Cortez, die Azteken zu besiegen. Einige Tausend Tlaxcalanen begleiteten ihn bis nach Tenochtitlan, der aztekischen Hauptstadt. Der Aztekenherrscher Moctezuma nahm die Weißen freundlich auf, doch Cortez hielt ihn als Geisel fest. Nachdem Moctezuma bei einem Aufstand getötet worden war, zerstörte Cortez die Hauptstadt der Azteken und eroberte ihr riesiges Reich für Spanien.

Ein Riesenreich brachte auch Francisco Pizarro in seine Gewalt. 1531 gelangte er mit 180 Mann und 37 Pferden in das Hochland von Peru. Dort traf er auf den Inka Atahualpa, der mit einer Streitmacht von 30 000 Kriegern unterwegs war. Unter den Inka war ein Bruderkampf um die Macht ausgebrochen. Pizarro nutzte das geschickt aus. Er nahm Atahualpa gefangen, und nachdem dieser für seine Freilassung ein ganzes Zimmer voller Gold geliefert hatte, ließ er ihn ermorden. Die nun führerlosen Inka leisteten den Spaniern kaum noch Widerstand.

Von Feuerland bis Kalifornien

Mit der Eroberung der großen Indianerreiche waren die Spanier zur bedeutendsten Macht in Europa geworden. Doch auch die Engländer wollten am Reichtum Amerikas teilhaben. Die englische Königin Elisabeth I. schickte deshalb den Seeräuber Francis Drake in den Pazifischen Ozean. Er sollte neue Länder finden. 1578 durchsegelte Drake als erster Engländer die Magellanstraße und erforschte die amerikanische Küste von Feuerland bis Kalifornien.

Expeditionen in die Neue Welt

Mittel- und Südamerika wurden hauptsächlich von den Spaniern und Portugiesen erforscht. Die Engländer, Franzosen und Holländer drangen in das Innere Nordamerikas vor. Eine der größten Expeditionen in unbekanntes Indianerland unternahmen 1804 die Amerikaner Meriwether Lewis und William Clark. Vom Missouri aus legten sie auf abenteuerlichen Fußmärschen und Flussfahrten 6 000 Kilometer bis zum Pazifik zurück. Fast zur gleichen Zeit, 1799 bis 1804, erforschte der Deutsche Alexander von Humboldt das Urwaldgebiet des Orinoko, die Anden sowie das Hochland und die Küste von Peru. Er bestieg den 6 310 Meter hohen Chimborasso bis kurz unter den Gipfel und bereiste Kuba und Mexiko. Dabei legte er 20 000 Kilometer zurück. Die Entdeckungen auf seinen Reisen beschrieb Humboldt später in 30 Bänden.

NORDAMERIKA
Leif Eriksson
Flotte des Kolumbus
Drakes Schiff, die „Goldene Hirschkuh“
Tenoch-
titlan
Francisco Pizarro
Cuzco
Machu Picchu
SÜD-
AMERIKA
PAZIFISCHER
OZEAN
ATLANTISCHER
OZEAN
Eriksson
Kolumbus, 1. Reise
Kolumbus, 2. Reise
Kolumbus, 3. Reise
Kolumbus, 4. Reise
Cortez
Pizarro
Drake
Lewis und Clark
Humboldt, 1. Reise
Humboldt, 2. Reise

Erdherd Die Küstenindianer und andere Stämme garten Speisen in einer Art Ofen. Dieser bestand aus einer Grube in der Erde. Man legte das Kochgut in Körben in die Grube und gab im Feuer erhitzte Steine dazu. Dann deckte man die Grube mit Zweigen und Ästen zu. Die Apachen rösteten auf den heißen Steinen in den Öfen den Mescal, ein Gemüse aus den fleischigen Blättern einer Agave. ➳ *Agave, Mescal, Nahrung*

Erdhütte Einige Stämme am oberen Missouri bewohnten Erdhütten. Diese hatten einen Durchmesser von bis zu 20 Meter, waren drei bis vier Meter hoch und lagen einen Meter tief in der Erde. Sie waren aus Baumstämmen und Erde gebaut. Das Dach war mit Grasstücken gedeckt. Im Dach blieb ein Loch, durch das der Rauch abziehen konnte. Das Innere einer solchen Hütte bot einer Familie bequem Platz. Die Mandan und Pawnee bauten sogar noch größere Erdhäuser, in denen bis zu fünfzig Menschen unterkamen. ➳ *Mandan, Wohnen*

Eroberer Nach der Entdeckung Amerikas durch Kolumbus kamen die Spanier und später die Portugiesen als Eroberer in den neuen Erdteil. Pizarro und Cortez nahmen die Reiche der Inka und Azteken für die spanische Krone in Besitz. So kommt es, dass man heute in vielen Teilen Südamerikas und in Mexiko Spanisch, in Brasilien dagegen Portugiesisch spricht. Die Eroberer waren oft zugleich auch Entdecker, die in unbekannte Länder vordrangen und diese erforschten. ➳ *Cortez, Entdecker, Pizarro*

Eselhase In den nordamerikanischen Hochlandwüsten leben sehr viele Eselhasen. Sie sind von Südkanada bis Mexiko verbreitet und mit unseren Feldhasen verwandt, haben aber auffallend längere Ohren. Besonders der Kalifornische Eselhase bot den dort lebenden Indianern eine willkommene Jagdbeute. Die Tiere wurden in Netze aus Pflanzenfasern getrieben und mit dem Kaninchenstock erschlagen. Die Frauen fertigten aus dem Hasenfell Pelzroben. Dazu schnitten sie die Haut in Streifen und drehten sie zu Kordeln. ➳ *Jagd*

Eskimo *siehe Seite 57*

Ewige Jagdgründe Die Prärieindianer stellten sich vor, dass sie nach dem Tod in die glücklichen Jagdgründe eingingen. Die Weißen haben daraus den Begriff „ewige Jagdgründe" gemacht. Das Wort „ewig" kommt in indianischen Sprachen aber gar nicht vor. Die Indianer glaubten, dass die freien Seelen der Verstorbenen den Körper verlassen und in ein glücklicheres Land reisen. Dieses Land stellten sie sich ähnlich wie das Paradies vor, in dem es weder Hunger noch Gefahren und keine Krankheiten gibt. Das Klima ist dort mild, und das Wasser immer kühl. Und es fehlt dort nicht an Wild. Auch Kriege finden in den glücklichen Jagdgründen nicht statt. Für die meisten Prärieindianer lagen diese ersehnten Jagdgründe weit hinter dem Westen, wo die Sonne niemals untergeht. ➳ *Religion, Tod*

Eskimo

Die Eskimo nennen sich selbst „Inuit", das bedeutet „Menschen". Sie bewohnen die Eismeerküste im Norden Alaskas und Kanadas sowie den Süden Grönlands. Ihr Leben unterscheidet sich von dem der übrigen Indianer so sehr, dass man sie – zusammen mit anderen Völkern der Arktis – als eigene Völkergruppe betrachtet.

Jäger, Fischer und Walfänger

Wie die anderen Ureinwohner Amerikas kamen auch die Eskimo über die Beringstraße aus Asien nach Amerika. Sie ließen sich im eisigen Norden nieder und mussten sich an die harten Bedingungen der Natur anpassen. Weil kein Ackerbau möglich war, konnten sie nur als Jäger und Fischer überleben. Das ganze Jahr über jagten sie an der Küste Walrosse und Robben. Diese erlegten sie mit Harpunen von Eisschollen aus, oder sie fuhren mit dem Kajak dicht an die Beute heran. Zum Walfang benutzten sie den Umiak, ein großes Boot. Im Sommer zogen sie ins Landesinnere, um Karibus zu jagen. Diese lieferten nicht nur Fleisch, sondern auch Felle für die Kleidung.

Im Eishaus

Während der Winterjagd bauten die Eskimo kuppelförmige Iglus. Mit einem Messer wurden aus dem Schnee Blöcke geschnitten und spiralförmig aufeinander gelegt. Manche Stämme wohnten in Iglusiedlungen, die einige Monate bestanden. Diese Schneehäuser waren besonders sorgfältig errichtet. Im Inneren wurde gekocht. Licht lieferte eine Lampe mit Waltran oder Robbenöl. Es gab einen Tunnel mit Vorratskammern und Schlafplätzen für die Schlittenhunde. Der bis zu zehn Meter lange Kufenschlitten aus Walknochen war das wichtigste Transportmittel der Eskimo. Hundeschlitten gibt es zwar noch, doch sind sie häufig durch Motorschlitten ersetzt worden. Die meisten Eskimo wohnen heute in festen Häusern und haben Motorboote.

Falke Wie der Adler und andere Greifvögel gilt auch der Falke als verehrungswürdiger Vogel. Die Indianer bewundern es, wie er im Sturzflug seine Beute schlägt. Falkenfedern und ausgestopfte Falkenbälge spielen deshalb in der Medizin der Plains- und Prärieindianer heute noch eine Rolle. ➳ *Adler, Federn, Medizin*

Fallensteller Die Fallensteller heißen Trapper nach dem englischen Wort „trap“ für „Falle“. Die Trapper zogen früher überwiegend im östlichen Waldland umher und fingen dort Pelztiere, vor allem Biber. Dafür verwendeten sie Fallen, damit der wertvolle Pelz nicht durch ein Schussloch verletzt wurde. Die Biberfallen waren aus Eisen. Ein Trapper hatte davon vier bis sechs Stück, die er in Flüssen auslegte. Trapper waren meist Einzelgänger, die sich allein in das Indianergebiet wagten. Von den Indianern lernten sie auch den Bau kunstvoller Fallen mithilfe herabgebogener Bäume. Wenn der Baum hochschnellt, wird die Beute mitgerissen. Damit ließen sich zum Beispiel Waschbären leicht fangen. ➳ *Jagd, Handel, Trapper, Waldläufer*

Waschbärfalle

Falschgesicht Die Irokesen trugen bei Zeremonien Furcht erregende Holzmasken, die sie „Falschgesichter“ nannten. Die Masken wurden von den Schamanen bei der Heilung von Kranken benutzt. Andere dienten dazu, Feinden Krankheiten anzuhexen. Das Falschgesicht musste aber aus einem lebenden Baum geschnitzt sein. Die Irokesen glaubten nämlich,

dass die Masken nur dann lebten und Zauberkraft besäßen. Das Falschgesicht wurde bemalt, und die Augen wurden oft auch noch mit Kupfer eingefasst. Die Haare der Falschgesichter stammten von Pferdeschweifen. Häufig nahm man auch Menschenhaar. Neben den Falschgesichtern aus Holz fertigten die Irokesen auch Masken aus Maisstroh an. Heute noch spielen Falschgesichter in der Religion der Irokesen eine große Rolle. ➳ *Irokesen, Masken, Zeremonien*

Farben Die Indianer gewannen die Farben aus pflanzlichen oder mineralischen Stoffen. Aus Wurzeln, Moos oder Nüssen erhielt man Grün, Orange und Schwarz. Auch Holzkohle ergab schwarze Farbe. Der Rabbitbrush lieferte Gelb, eisenhaltige Erde Braun und Rot. Die Farbstoffe wurden im Mörser zerstampft, und das Pulver mit Fett vermischt. Mit den Farben bemalte man Gesicht, Körper, Kleidung und Zelte, ja sogar Waffen und Pferde. Manche Stämme färbten sich auch die Haare. Die Bedeutung der Farben war von Stamm zu Stamm verschieden. Jeder Himmelsrichtung ist eine Farbe zugeordnet.
➳ *Bemalung, Heilpflanzen, Körperbemalung*

Farmer Die ersten Weißen, die sich in das Indianerland wagten, waren Jäger und Fallensteller. Sie versuchten gut mit den Indianern auszukommen. Ihnen folgten die Siedler, die das Land bebauen und Farmen anlegen wollten. Als im Osten das Land immer knapper wurde, erließ die amerikanische Regierung ein Gesetz, wonach jeder US-Bürger Anspruch auf etwa 65 Hektar Ackerland haben sollte, wenn er es einzäunte und eine Zeit lang bebaute. Nun zogen viele Farmer in langen Wagenkolonnen in die Prärie. Die Ackerbauern und Viehzüchter töteten die Büffel und zäunten Land für ihr mitgebrachtes Vieh ein. Bald entstanden riesige Farmen und Ranches. Die Indianer verloren ihre Jagdgründe. Sie setzten sich zwar zur Wehr, aber den ungleichen Kampf gegen die Weißen konnten sie nicht gewinnen.
➳ *Ranch, Siedler*

Fasten Fast alle Indianerstämme kannten das Fasten zur Reinigung des Geistes. Die Stammesmitglieder verzichteten zu bestimmten jährlichen Festen auf das Essen. Die Fastenzeit dauerte oft drei bis vier Tage. Bei vielen Stämmen unterzogen sich auch die Krieger, die sich auf einen wichtigen Kampf vorbereiteten, einem kurzen Fasten. Bei den meisten Stämmen fastete ein Jüngling, der in den Kreis der Krieger eintreten wollte, vorher mehrere Tage. In dieser Zeit hatte er Visionen oder Träume. Die Gegenstände und Tiere, die ihm im Traum erschienen, wurden zu seinen Schutzgeistern und Teil seiner Medizin. ➳ *Medizin, Vision*

Federhaube Die lange Adlerfederhaube mit Schleppe war vor allem bei den Sioux bekannt. Sie wurde später auch von anderen Stämmen der Prärie übernommen. Die Haube aus den Federn des Gold- oder Steinadlers trugen aber nur hervorragende Stammesführer, zum Beispiel Sitting Bull. Sie bestand aus einer Leder- oder Stoffkappe mit einem Federkranz. Daran hing die lange Federschleppe und fiel über den Rücken herab fast bis zum Boden. Die Federn waren besonders gefärbt und zugeschnitten. Die lange Adlerhaube wurde nicht im Kampf getragen, sondern nur bei feierlichen Zeremonien angelegt.
➳ *Federn, Häuptling*

Federkrone Bei fast allen Indianervölkern in den tropischen Gebieten Mittel- und Südamerikas kannte man prachtvolle Federkronen. Im Regenwald leben bunte Papageien und andere Vögel, aus deren Federn man den Kopfschmuck fertigte. Es gab auch Federreifen, an denen man Flaumfedern mit Baumwollfäden befestigte.

Je seltener und schöner die Federn in der Krone waren, desto höher war das Ansehen ihres Trägers. Bei den Azteken hatte der Herrscher einen Goldhelm mit den langen Schwanzfedern des Quetzalvogels auf. Der Sapa Inka trug sogar Federn aus purem Gold. ➳ *Federn, Gold, Inka*

1 Mehrmals im Kampf verwundet **2** Hat einem Feind die Kehle durchgeschnitten **3** Hat als Erster den Feind entdeckt **4** Hat viele Wunden davongetragen **5** Einmal im Kampf verwundet **6** Hat den Feind berührt **7** Hat mit der Faust getötet

Federn Alle Indianervölker sammelten bunte Vogelfedern für den Kopfputz oder um ihre Gewänder damit zu schmücken. Die nordamerikanischen Indianer schätzten die Adlerfedern am höchsten. Nur hervorragende Krieger durften Adlerfedern tragen. Es wurden auch die Federn von Eulen, Truthähnen, Raben, Reihern, Elstern und anderen Vögeln aufgesteckt. Die Eskimo verwendeten die Federn der Möwe und des Eisvogels. Häufig färbte man die Federn oder schnitt sie besonders zu. An den Einkerbungen und an der Farbe ließen sich die Kriegstaten ihres Trägers ablesen. Eine besondere Rolle spielten die Federn am Pfeifenrohr des Calumets. Zur Ausrüstung mancher Medizinmänner gehörte auch die Schwinge eines Adlers oder ein Reifen mit Adlerfedern. Den Reifen schwenkte der Schamane beim Tanz über dem Kopf. Den schönsten Federschmuck haben die Urwaldindianer. Sie fertigen aus den bunten Federn tropischer Vögel ihre Federkronen.
➳ *Calumet, Federhaube, Federkrone, Medizinmann*

Fell Für die Weißen waren die Felle der Indianer ein wertvolles Handelsgut. Vor allem die Indianerstämme im Nordosten erlegten Tiere, deren Felle in Europa sehr geschätzt waren. Dazu zählten Biber, Fischotter, Wildkatze, Nerz und Vielfraß. Die Pelze wurden nach Gewicht gehandelt. Für ein Kilogramm Biberpelz zahlten die Kürschner den Trappern sieben Dollar. Die Indianer bekamen viel weniger. ➳ *Handel*

Fellbearbeitung Die Tierfelle wurden meist zu Leder verarbeitet. Die Frauen entfernten dazu die Fettreste mit dem Schaber. Von der getrockneten Haut wurden dann die Haare abgeschabt, und man hatte Rohleder. Zum Gerben wurde die Haut mit einer Mischung aus Hirn, Fett, Leber und Galle eingerieben. Dann wickelte man sie um ein nasses Grasbündel und ließ sie weichen.

Nach ein paar Tagen spannte man die Haut in einen Rahmen und ließ sie an der Sonne trocknen. Anschließend wurde das Leder gewalkt. Dazu rieben es die Frauen mit einem Knochenstück so lange, bis es gleichmäßig dick und geschmeidig war. Oder sie zogen es über einen Strick. Oft wurde das Leder noch mit einer Art Kreide aufgehellt oder im Rauch des Feuers nachgedunkelt. Aus gegerbtem Leder machte man Zeltdecken, Leggings, Hemden, Kindertragen und Kissensättel. Lederne Behälter, die Parfleches, waren aus Rohleder. Für Roben gerbte man nur die innere Seite. ➳ *Kleidung, Parfleche*

Fellmalerei Die Prärieindianer schmückten ihre Zelte und ihre Kleidung mit Mustern und Figuren. Die Zeichen wurden mit Farben ausgemalt. Vor allem die Männer versahen die Bisonroben, Schilde und Pfeilköcher mit Bildern. Die Farben trugen sie mit einem zerkauten Holz oder einem weich geklopften, zerfaserten Knochenstück auf. Die Malereien auf Bisonhäuten waren nicht nur Schmuck. Die Indianer zeichneten so auch die Verteilung der Beute oder Verträge auf. ➳ *Bisonrobe, Piktogramm, Schrift*

Felsbilder In der Steinzeit bemalten viele Völker die Felswände. Auch in Nordamerika finden sich in Höhlen und auf Felsen Zeichen

und Bilder. Die Indianer ritzten diese Petroglyphen entweder in den Fels oder malten farbige Bilder. Die Zeichen sollten Glück bei der Jagd bringen und böse Geister abhalten. Manche waren auch Hinweise für andere, nachfolgende Stämme. Die Felsbilder zählen zu den ältesten Darstellungen der Indianer und sind zum Teil über 7000 Jahre alt. ➳ *Kunst, Schrift*

Feuer Die Prärieindianer bemühten sich, das Feuer in der Mitte des Lagers nie ausgehen zu lassen. Verlöschte es zufällig, so galt das als Unglückszeichen. In den Männerbünden gab es Feuerbewahrer. Sie waren dafür verantwortlich, dass das Lagerfeuer ständig brannte. In den Tipis wurde über dem offenen Feuer gekocht. Feuerstellen gab es auch in den Behausungen anderer Indianervölker, in den Erdhütten und Wigwams, in den Hogans und in den Iglus der Eskimo. Das Feuer wärmte nicht nur, es war auch die einzige Beleuchtung. ➳ *Feuerbohrer, Feuerzeug*

Eskimo beim Feuerbohren

Feuerbohrer Im Feuermachen waren die Indianer sehr geschickt. Sie verwendeten den Feuerbohrer. Dabei drehten sie einen Hartholzstab wie einen Quirl auf weichem Holz, bis es zu glimmen anfing und der Zunder sich entfachte. Bei den Prärieindianern bestand der Zunder aus Büffelmist, bei den Waldindianern aus getrocknetem Moos. Die Eskimo benutzten den Bogenfeuerbohrer. Oder sie schlugen Stücke von Schwefelkies aneinander, um Funken zu erzeugen. ➳ *Feuerzeug*

Feuerjagd Wenn im Sommer das Präriegras sehr trocken war, zündeten die Indianer es manchmal halbkreisförmig an. Dabei wurde die Windrichtung genau beachtet. Das Wild geriet durch die Flammen in Panik und flüchtete. Die Jäger stellten sich an den Feuerschneisen auf und konnten die fliehenden Tiere dort leicht erlegen. ➳ *Jagd*

Feuerlandindianer *siehe Seite 63*

Feuerross Die Indianer sollen angeblich die Lokomotive als „Feuerross" bezeichnet haben. Dieser Begriff ist jedenfalls häufig in Indianerromanen zu finden. ➳ *Eisenbahn*

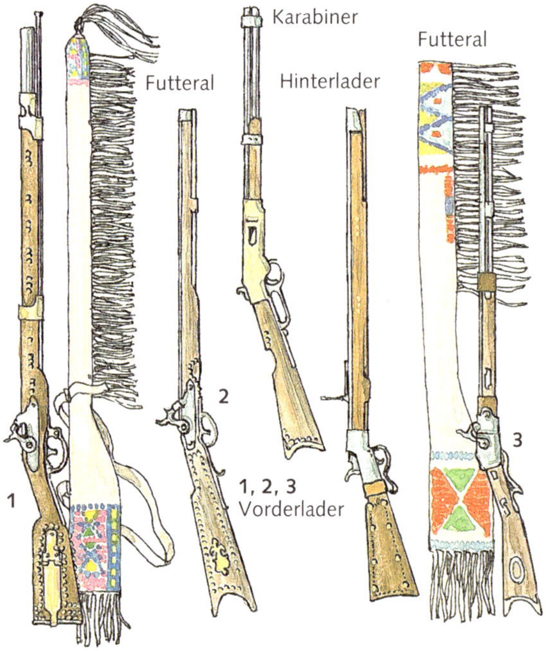

Feuerwaffen Mit den Weißen kamen auch Pistolen und Gewehre nach Amerika. Die Indianer fürchteten diese weit reichenden Waffen sehr. Die ersten Gewehre brachten Trapper in die indianischen Gebiete. Sie tauschten dafür Felle ein. Bald versuchten viele Indianerstämme in den Besitz von Feuerwaffen und Munition zu gelangen. Dafür zahlten sie hohe Preise. Nicht selten verkauften ihnen die Weißen alte Gewehre oder beschädigte Waffen. Als es zum Krieg zwischen den Engländern und Franzosen kam, gaben diese den verbündeten Stämmen Gewehre. Dennoch waren die Indianer mit Feuerwaffen viel schlechter ausgerüstet als die Weißen und ihnen deshalb weit unterlegen. Vor allem fehlte es an Pulver. Erst als die Indianer nach dem Bürgerkrieg moderne Gewehre hatten, wurden sie ein gefährlicher Gegner für die US-Armee. ➳ *Waffen, Wounded Knee*

Feuerwasser Die nordamerikanischen Indianer bezeichneten den Alkohol als Feuerwasser. Sie waren keinen Alkohol gewohnt und vertrugen ihn kaum. Die Weißen nutzten das aus, indem sie den Indianern immer wieder Schnaps anboten. Viele Indianer schlossen unter der Wirkung von Alkohol mit den Weißen schlechte Verträge und schlechte Geschäfte ab. Billiger Schnaps trug mit dazu bei, dass viele Stämme keinen Widerstand mehr leisteten. Auch heute noch ist die Alkoholsucht in den Reservationen ein Problem. ➳ *Alkohol, Reservation*

Feuerzeug Trapper und Cowboys verwendeten die Schlösser von Gewehren, um Feuer zu machen. Sie setzten auch mithilfe von Brenngläsern den Zunder in Brand. Zu Beginn des 19. Jahrhunderts wurde in Europa das Feuerzeug erfunden. Die Indianer kamen erst viel später in den Besitz solcher Feuerzeuge. Sie waren deshalb wie alle Naturvölker lange darauf angewiesen, das Feuer zu bohren oder mit Zündsteinen zu schlagen. ➳ *Feuerbohrer*

Feuerlandindianer

Als der portugiesische Seefahrer Magellan im Jahr 1520 um die Südspitze Südamerikas segelte, sah er auf der größten Insel Tag und Nacht die Feuer brennen. Er nannte die Insel Feuerland und die Menschen, die dort lebten, Feuerländer. Diese Indianer bewohnten eines der rauesten und kältesten Gebiete der Erde. Kein Land ist dem Südpol näher als ihre Insel.

Drei Stämme

Feuerland wurde von zwei Gruppen von Menschen bewohnt. An der Küste lebten die Yagan und Alakaluf, die nur etwa 1,40 Meter groß waren. Sie ernährten sich vom Fischfang, jagten aber auch Wale. Außerdem aßen sie alle Arten von Meerestieren und auch Seevögel wie Pinguine. Das Walöl bewahrten sie als Vorrat in den Bälgen von Pinguinen auf. Sie hatten Kanus aus Buchenrinde.

Das Innere von Feuerland bewohnten die hoch gewachsenen Ona und die Selk'nam. Sie bauten Hütten aus Knüppelholz, die sie mit Fellen oder Grasstücken gegen die pfeifenden Winde abdeckten. Die Ona ernährten sich überwiegend von der Jagd auf Guanakos. Die großen Herden dieser wilden Kleinkamele lieferten ihnen alles zum Leben – wie die Bisons den Prärieindianern.

Ein ausgestorbenes Volk

Seit etwa 1930 sind die Feuerländer ausgestorben. Als die Weißen in den unwirtlichen Gebieten mit der Schafzucht begannen, gab es für die Indianer bald nichts mehr zu jagen. Vor allem die Ona wehrten sich gegen die Eindringlinge, aber sie hatten gegen deren Gewehre keine Chance. Die meisten erlagen jedoch den Seuchen, die die Europäer eingeschleppt hatten. Und als man den Feuerländern europäische Kleidung aufzwang, erkälteten sich viele und starben an Lungenentzündung.

Fischfang

Es gab indianische Völker, die sich fast ausschließlich vom Fischfang ernährten. Dazu zählten die Eskimo sowie die Tlingit, Kwakiutl und Haida an der Nordwestküste Amerikas. Auch die Völker an Flüssen und Seen bereicherten ihren Speisezettel durch Fisch.

Fischen mit dem Speer

Fischen im Meer

Die Küstenbewohner konnten sich mit den Booten nicht allzu weit aufs offene Meer wagen. Dennoch jagten die Indianer an der nördlichen Pazifikküste und im Eismeer auch Wale. Eine besondere Art des Fischfangs kannten die Eskimo. Sie bauten Steinwälle und Labyrinthe in den Küstensand. Bei Flut wurden die Fische hineingespült. Wenn bei Ebbe das Wasser abfloss, waren die Fische gefangen. Sie konnten jetzt mit Fischspeeren aufgespießt werden. Die Speerzinken waren aus Walknochen oder aus Rentiergeweih.

Fischzaun und Labyrinth in einem Fluss

Fischen in Flüssen und Seen

Ein wichtiger Fisch im Norden war der Lachs. Er stieg im Frühjahr von der Meeresküste die Flüsse hinauf, um im Quellgebiet zu laichen. Die Küstenindianer ehrten den ersten gefangenen Lachs jedes Jahr mit Gebeten und mit Zeremonien. In die Flüsse hatten sie Lachsfallen gebaut. Viele Fische konnten das Hindernis nicht überspringen, und die Indianer machten reiche Beute. Manche fingen die Fische auch von einer Plattform aus mit dem Stülpnetz. Oder man baute Fischzäune in die Flüsse und trieb die Fische in die Absperrungen. Weit verbreitet war die Jagd mit Pfeil und Bogen, oft vom Kanu aus. Vor allem die Urwaldindianer gehen so auf Fischjagd. Sie fangen Fische aber auch, indem sie giftige Lianen in ein Gewässer werfen. Die Fische werden davon leicht betäubt und treiben an die Oberfläche. Dann kann man sie mit der Hand einsammeln.

Fischen mit dem Stülpnetz

Fischen mit Pfeil und Bogen

Lachsfalle

Fischotter Die nordamerikanischen Indianer jagten den Fischotter vor allem wegen seines Fells. Er galt aber auch als Glücksbringer, und manche Stämme machten deshalb aus Otterhaut den Köcher für ihre Pfeile. Bei den Pelzhändlern waren Otterfelle begehrt. Die Indianer im Gebiet der Großen Seen und in Kanada stellten dem Otter bald so sehr nach, dass sie ihn fast ausrotteten. ➳ *Handel, Jagd, Köcher*

Flechten Fast alle Indianerstämme beherrschten die Kunst des Flechtens. Sie verwendeten dazu Weidenruten, Schilf, aber auch Holzspäne und andere Materialien. Daraus stellten sie nicht nur Körbe, sondern auch Matten und Wände sowie Dächer für den Hausbau her. In tropischen Gegenden verwendete man für die Hütten geflochtene Palmblätter. Die Indianer Kaliforniens und der Nordwestküste beherrschten die Technik des Flechtens so meisterhaft, dass sie sich Hüte und sogar Kleider flochten. Und die Eskimo trugen Socken und Schuhe aus geflochtenem Gras. ➳ *Hausbau, Kunst, Weben*

Fort *siehe Seite 67*

Frauen *siehe Seite 68/69*

Friedenshäuptling Manche nordamerikanischen Stämme unterschieden zwischen Häuptlingen, die den Stamm in Kriegszeiten anführten, und solchen, die ihm in Friedenszeiten vorstanden. Die Kriegshäuptlinge wurden jeweils gewählt. Friedenshäuptlinge vererbten ihr Amt meist vom Vater auf den Sohn. ➳ *Häuptling*

Friedenspfeife Fast alle nordamerikanischen Indianer kannten die Friedenspfeife. Sie ging aus den Friedensstäben hervor, die bei Friedensverhandlungen und Vertragsabschlüssen ausgetauscht wurden. Später erhielten diese Stäbe einen Pfeifenkopf, und die Indianer bliesen den heiligen Rauch in alle vier Himmelsrichtungen. Die Friedenspfeife war auch eine Art Diplomatenpass: Sie galt als Ausweis für friedliche Gesandte. ➳ *Calumet, Kinnikinnik*

Fünf Zivilisierte Nationen Die Cherokee, Creek, Choctaw, Chickasaw und Seminolen galten bei den Weißen als die „Fünf Zivilisierten Nationen“. Diese Stämme lebten im Südosten der USA in festen Siedlungen. Bis auf die Seminolen, die in die Everglades flohen, wurden alle in das Indianerterritorium Oklahoma umgesiedelt. Doch 1889 wurde auch dieses Land für Weiße freigegeben und 1907 dem Staat Oklahoma einverleibt. ➳ *Cherokee, Creek, Seminolen*

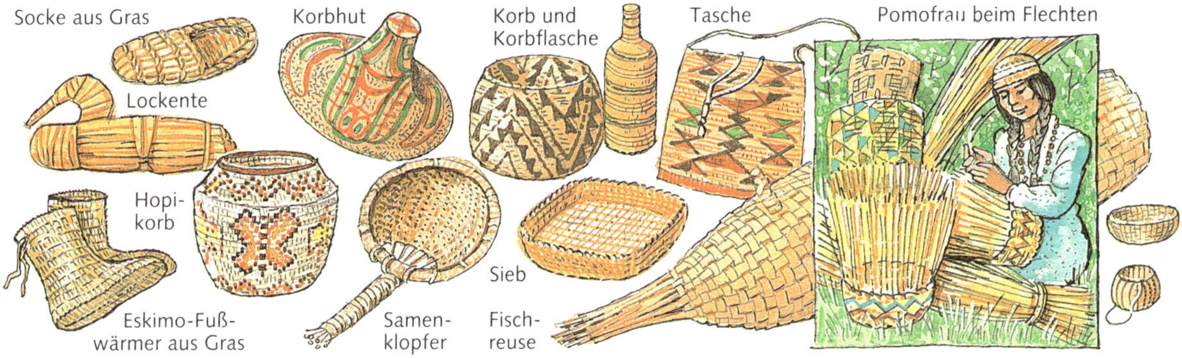

Mach es selbst: Mokassins

Die Indianer trugen Schuhe aus Büffel- oder Hirschleder. Bei den Waldindianern bestanden die Mokassins aus einem Stück, bei den Prärieindianern aus dem weichen Oberteil und der harten Rohledersohle. Solche Indianerschuhe sind sehr bequem.

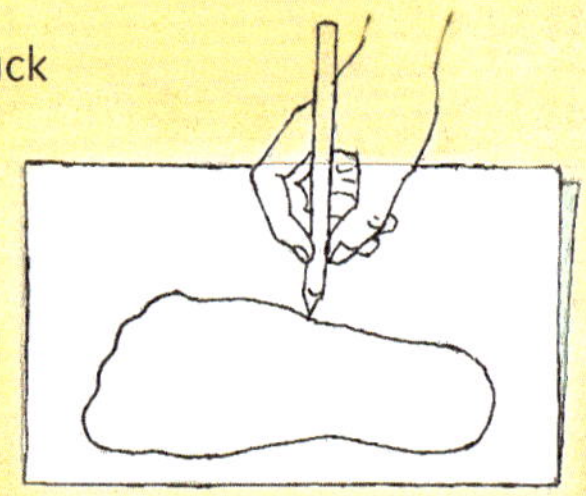

1. Falte ein Stück Papier in der Mitte zusammen. Stell einen Fuß darauf, mit 1 cm Abstand nach unten und 2,5 cm nach hinten. Zeichne den Umriss des Fußes auf das Papier.

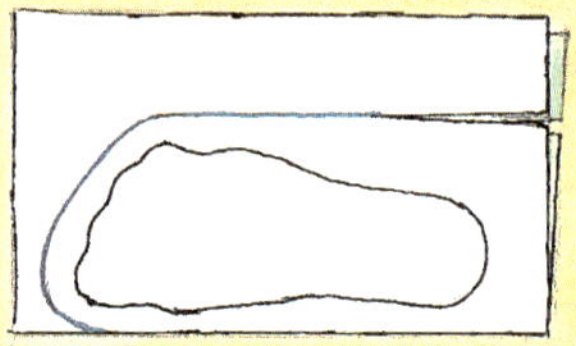

2. Zeichne das Schnittmuster nach dem Umriss des Fußes wie auf dem Bild. Nach vorn 1 cm Abstand lassen. Nun an der Linie entlang ausschneiden.

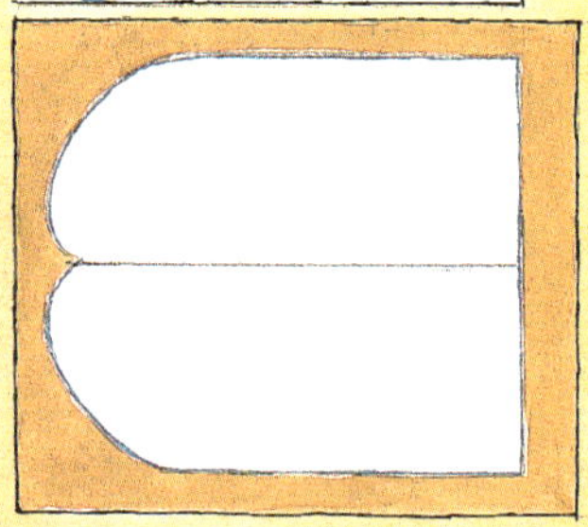

3. Klappe das Schnittmuster auf. Befestige es auf Filz oder weichem Leder (Fensterleder) und schneide an der Linie entlang.
Das Ganze noch einmal für den zweiten Mokassin.

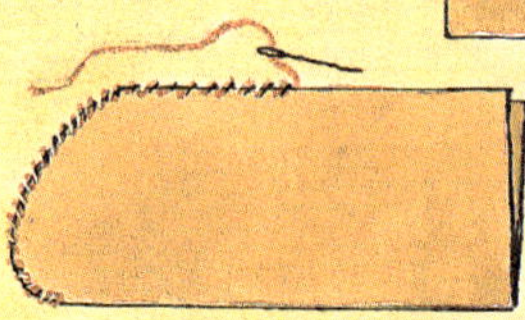

4. Die ausgeschnittenen Teile in der Mitte zusammenfalten und mit Nadel und Faden zusammennähen.

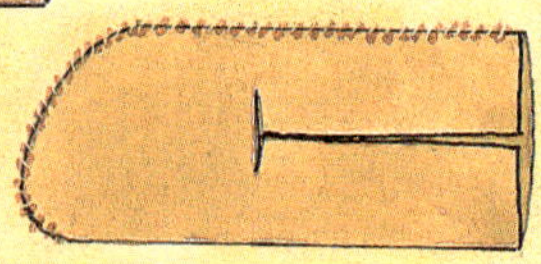

5. Den Mokassin wenden und wie abgebildet T-förmig einschneiden.

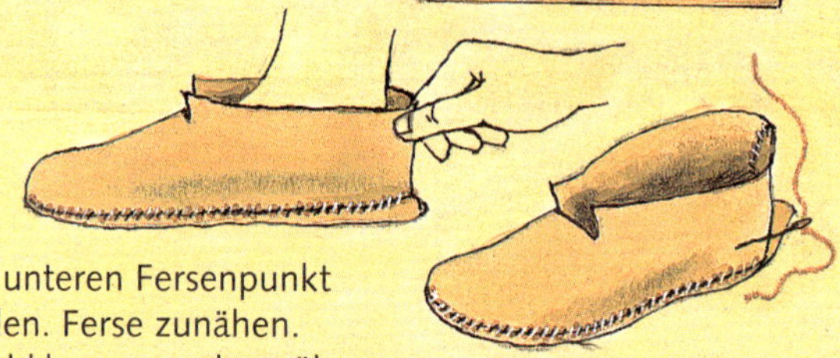

6. Anprobieren:
Ferse abstecken. Am unteren Fersenpunkt 2 cm quer einschneiden. Ferse zunähen. Kappe abrunden, hochklappen und annähen.

7. Die fertigen Mokassins zum Schluss noch mit aufgenähten Perlen verzieren.

Fort

Viele Stämme in Nordamerika waren untereinander verfeindet. Die Engländer und Franzosen nutzten das geschickt aus. Jeder versuchte möglichst viele Indianer auf seine Seite zu ziehen, um die Vorherrschaft zu erringen. So kam es, dass die Indianer zum Vorteil der Weißen gegeneinander kämpften. Als diese aber immer weiter nach Westen drängten, begruben viele verfeindete Stämme das Kriegsbeil, um sich gegen den gemeinsamen Feind zu verteidigen. Die Indianerkriege begannen.

Kämpfe

Als die Vereinigten Staaten von Amerika gegründet waren, schickte die Regierung immer mehr Soldaten gegen die Indianer. Dennoch hatten die Weißen durch die meist überraschend angreifenden Indianer am Anfang große Verluste. Häufig überfielen diese die Trecks der Siedler, brannten Dörfer nieder oder griffen die Arbeiter der Eisenbahn an, die durch das Indianerland gebaut wurde.

Bollwerke im Indianerland

Die US-Regierung begann nun entlang der ständig nach Westen wandernden Siedlungsgrenze, der Frontier, Außenposten anzulegen und dort Soldaten zu stationieren. Die Soldaten sollten die Siedler schützen. Die Forts (*sprich:* fohrs) waren zuerst nur Lagerplätze in der Wildnis mit ein paar roh zusammengezimmerten Blockhütten. Später entstanden größere Festungen mit einem Palisadenzaun, der Schutz vor den Indianerüberfällen bieten sollte.
Rund 250 Forts wurden im Laufe der Zeit im Indianerland errichtet. Sie lagen meist ein paar Tagesritte voneinander entfernt. In den Forts waren die Soldaten einigermaßen sicher. Davor aber lag Feindesland, und die Soldaten mussten dort ständig mit einem Hinterhalt rechnen.

Frauen

Wir lesen oft, dass eine Indianerfrau „Squaw“ heißt. Doch dieses Irokesenwort ist ein Schimpfwort für eine Indianerin. Einen Weißen, der eine Indianerin geheiratet hatte, nannte man verächtlich einen „Squaw-Mann“. Vor allem Waldläufer heirateten Indianerinnen.

Eine, zwei oder mehrere Frauen

Wenn ein Prärieindianer eine Frau heiraten wollte, musste er deren Eltern gewöhnlich den Brautpreis zahlen. Das waren meist Pferde. Deren Anzahl richtete sich nach den Fähigkeiten und der Schönheit der Frau. Im Allgemeinen zog der Mann nach der Hochzeit zu den Schwiegereltern. Es gab aber auch Stämme, bei denen die Frau in die Sippe des Mannes aufgenommen wurde. Die Frau war meist die Besitzerin des Zeltes und des Hausrats. Der Mann hatte für die Nahrung zu sorgen. Ein Indianer konnte so viele Frauen heiraten, wie er wollte, er musste sie nur ernähren können. Dazu musste er aber ein guter Jäger sein. Wenn eine Indianerin starb, heiratete ihr Mann oft deren Schwester. Bei den meisten Stämmen gab es viel mehr Frauen als Männer. Denn bei fast jedem Kampf wurden Krieger getötet.

Pflichten und Rechte der Indianerfrau

Bei den meisten Indianervölkern verrichteten Frauen die schwersten Arbeiten. Sie schleppten mit der Stirnbinde große Lasten wie das Brennholz. Sie gruben mit dem Grabstock nach essbaren Wurzeln. Sie zerlegten die geschossenen Bisons, gerbten die Felle und bauten die Tipis auf und ab. Und sie sorgten für die Kinder und dafür, dass im Winter genug Vorräte vorhanden waren. Indianerinnen waren für das Töpfern, Weben und Flechten zuständig. Bei manchen Puebloindianern, wie den Hopi, war das Weben aber Männerarbeit.

Vereinzelt gab es Frauen, die großen Einfluss hatten. So war etwa die Indianerin „Woman Chief" ein angesehener Häuptling der Crow. Sie war eine tapfere Kriegerin und bei Feinden gefürchtet. Bei vielen Stämmen waren weise Frauen als Medizinfrauen tätig. Bei den Irokesen ernannten Frauen die Häuptlinge. Es gab auch Stämme, bei denen Frauen getrennt von den Männern wohnten. Bei den kalifornischen Pomo zum Beispiel hatten Männer und Frauen im Winter eigene Häuser. Die Frauen durften die Männerhäuser nicht betreten.

Frauen bei Azteken und Inka

Bei den Azteken waren die Mädchen ganz vom Vater abhängig, der auch die Wahl des Ehemannes für sie traf. Reiche Bräute wurden mit der Sänfte zum Bräutigam gebracht, arme von einer Frau auf dem Rücken dorthin getragen. Als Ehefrauen hatten sie sich dem Mann zu unterwerfen und ihm zu dienen. Die Männer halfen aber bei der schweren Arbeit mit.

Bei den Inka waren Männer und Frauen zwar gleichberechtigt, aber sie unterstanden beide dem Staat. Um die Hochzeit wurde wenig Aufhebens gemacht. Einmal im Jahr kam ein Beamter ins Dorf. Dann mussten sich die heiratsfähigen Männer und Frauen gegenüberstellen und wurden einander zugeteilt. Natürlich verstanden es die Pärchen, die sich vorher gefunden hatten, sich so geschickt aufzustellen, dass sie einander auch bekamen.

Die Mayafrauen

Bei den Maya war das Heiraten umständlich. Die jungen Männer lebten bis zum zwanzigsten Lebensjahr in einem Männerhaus. Wollten sie heiraten, dann besprachen sie dies mit dem Vater. Dieser bestellte nun einen Brautwerber, der den Preis für die Frau aushandeln musste. Neben Geschenken wie Tabak, Baumwolle und Kakaobohnen musste der Bräutigam ein paar Jahre bei seinem Schwiegervater arbeiten. Die Hochzeitsfeier dauerte oft eine ganze Woche.

Gartenbau Viele Stämme legten entlang der Flüsse kleine Felder an. Dort war der Boden weich und gut zu bearbeiten. War das Land gerodet, pflanzten die Irokesenfrauen Mais, Bohnen und Kürbisse, die „drei Schwestern", an. Auch Tabak wurde angebaut. Die Felder waren oft von Sonnenblumen eingegrenzt. Die Zuni im Südwesten legten waffelförmige Beete mit Stegen aus Lehm an, die das Wasser zurückhielten. ➵ *Ackerbau, Irokesen, Zuni*

Gastfreundschaft Ein Gast stand bei den Prärieindianern in hohem Ansehen. Stammesangehörige konnten untereinander ihre Tipis oder Wigwams besuchen, auch wenn der Bewohner nicht zu Hause war. Sie durften sich auch zu essen nehmen. Persönliche Gegenstände wie Kleidung und Waffen durfte der Gast aber nicht anrühren. Kam ein Fremder, so wurde er durch ein Handzeichen begrüßt oder umarmt. Dann rauchte man mit ihm die Friedenspfeife. Nach dieser Zeremonie wurde er wie ein Freund behandelt. ➵ *Friedenspfeife, Tipi*

Gebet Wenn Prärieindianer beteten, nahmen sie Verbindung zum „Großen Geist" auf. Dieser hatte bei den Algonkin einen anderen Namen als etwa bei den Sioux. Die Indianer sprachen vor allem bei der Visionssuche Gebete. Sie beteten zur Sonne oder zu Tiergeistern, zu einem Fluss, einem Fels oder dem Wind. Besondere Gebete richteten sie an „Mutter Erde", mit der sie sich verbunden fühlten. ➵ *Religion, Vision*

Gefangene Ein mutiger Prärieindianer erlitt lieber den Tod, als in Gefangenschaft zu geraten. Dennoch wurden neben Frauen und Kindern auch Männer gefangen genommen. Die Gefangenen wurden oft in den Stamm aufgenommen. Hatte ein Stamm viele Mitglieder verloren, so hatte er es oft sogar auf Gefangene abgesehen. An den Marterpfahl kamen nur wenige. Bei den Küstenindianern wurden Gefangene zu Sklaven und zuweilen beim Potlatch getötet. Die Azteken und Maya opferten ihren Göttern häufig Kriegsgefangene. Ein Wandgemälde in einem Maya-Tempel zeigt, wie Gefangene geopfert werden. ➵ *Adoption, Marterpfahl, Potlatch, Sklaven*

Geheimbund Viele Indianerstämme der Prärie hatten Geheimbünde, die es zum Teil heute noch gibt. Diesen gehörten in der Regel nur Männer an, doch es gab auch Frauenbünde. Die Mitglieder widmeten sich bei Krankheiten der Vertreibung von Dämonen wie der „Bund der Falschgesichter“ der Irokesen. Der „Bund der Schlangentänzer“ bei den Puebloindianern war für Regen und Fruchtbarkeit zuständig. Bei den Mandan gab es die meisten Bünde. Der „Gänsebund“ der Frauen führte Tänze auf, um das Wachstum des Maises zu fördern. Ein Geheimbund war auch der „Kannibalenbund“ der Kwakiutl, in den nur Häuptlinge und Schamanen aufgenommen wurden. ➳ *Bünde, Mandan, Tanz*

Geister Der Geisterglaube war bei allen Indianervölkern weit verbreitet. Für sie gab es gute Geister, die den Menschen helfen, und böse, die ihnen schaden. Die Geister besaßen übernatürliche Kräfte und konnten sowohl in menschlicher als auch in tierischer Gestalt erscheinen. Der große Geist, der „Herr der glücklichen Jagdgründe“, war Manitou oder Wakan Tanka. Die Verstorbenen wanderten auf dem Geisterpfad, um Manitou zu erreichen. Diesen Pfad stellten sich manche Indianerstämme als die Milchstraße vor. ➳ *Manitou, Religion*

Geistertanz Gegen Ende des vorigen Jahrhunderts entstand bei den Prärieindianern der Geistertanz. Die Tänzer trugen dabei Geisterhemden, die sie gegen Kugeln unverwundbar machen sollten. Gesichter und Hemden bemalten sie mit besonderen Zeichen und Tiersymbolen. Die Geistertänzer fassten sich bei den Händen und tanzten bis zur völligen Erschöpfung. Man glaubte durch solche Tänze die Herrschaft der Weißen brechen zu können. Es traten Propheten auf, die den Geistertänzern Zustände wie vor Ankunft der Weißen prophezeiten. Im Zusammenhang mit einem Geistertanz war es 1890 in Wounded Knee zum Massaker an über 300 Siouxindianern gekommen.

Da die Regierung weitere Aufstände befürchtete, wurde der Geistertanz verboten. Er wird heute wieder gepflegt. ➳ *Tanz, Wounded Knee*

Gerben Die Indianer mussten die Tierhäute, aus denen sie ihre Zelte, Kleidung und Transportgeräte herstellten, haltbar machen und gerben. Die Eskimo nahmen zum Gerben gekaute Rinde bestimmter Bäume. Die Prärieindianer mischten die Galle und das Hirn von Bisons mit Fett als Gerbstoff. Andere Stämme kannten die Gerbwirkung verschiedener Pflanzen. Auch Kalk und Knochenmehl wurden verwendet. Das Gerben einer Bisonhaut war Sache der Frauen und konnte eine Woche dauern. ➳ *Fellbearbeitung*

Geronimo (1829–1909, *sprich:* dschieronimo) war ein berühmter Medizinmann und Kriegshäuptling der Apachen. Nachdem seine Familie von Mexikanern getötet worden war, schwor er ihnen ewige Rache. Mit einem Teil seiner Chiricahua-Apachen zog Geronimo zwischen Arizona und Mexiko umher. Ständig überfiel er mit seinen Kriegern die Siedler. Danach kehrte er immer wieder nach Arizona zurück. Auch der US-Kavallerie gelang es nicht, den aufsässigen Apachen zu fassen und seine Krieger zu töten. Erst nach 15 Jahren konnten 5 000 US-Soldaten die kleine Schar Apachen besiegen. Geronimo ergab sich mit noch 24 Kriegern und 14 Frauen. Man brachte ihn 1886 ins Gefängnis nach Florida. Nach drei Jahren durfte er mit den Überlebenden seines Stammes in die Reservation nach Oklahoma übersiedeln. Dort starb Geronimo 1909 im Alter von 80 Jahren.

➳ *Apachen, Cochise, Reservation*

Gerstäcker, Friedrich (1816–1872) stammte aus Hamburg und war gelernter Kaufmann und Landwirt. 1837 wanderte er nach Nordamerika aus. Dort führte er ein abenteuerliches Leben als Matrose, Holzfäller, Farmer, Jäger, Fabrikant und Hotelier. Sechs Jahre später kehrte er nach Deutschland zurück und begann, seine spannenden Reise- und Abenteuerromane zu schreiben. Zu seinen berühmtesten Büchern gehören „Die Regulatoren in Arkansas“, „Die Flusspiraten des Mississippi“ und „Gold“. Er beschrieb das Leben der Indianer im 19. Jahrhundert sehr wirklichkeitsgetreu. ➳ *May*

Gesichtsbemalung Viele Indianerstämme der Prärie bemalten sich das Gesicht, wenn sie auf dem Kriegspfad waren. Damit sollte für jeden gleich sichtbar sein, dass sie sich im Krieg befanden. Meist war Rot die Kriegsfarbe. Bei den Comanchen galt Schwarz als Farbe des Krieges. Auch die Krieger der Algonkinstämme schwärzten ihr Gesicht. Die Apachen dagegen verwendeten weiße und blaue oder schwarze Streifen als Kriegsbemalung. In Friedenszeiten konnte man an der Bemalung die Stammeszugehörigkeit ablesen. Die Gesichtsbemalung diente auch der Verschönerung. Das Gesicht wurde auch zum Zeichen der Trauer oder zur Feier eines Festes bemalt. Bei den Urwaldindianern ist es heute noch üblich, Gesicht und Körper mit Farbe zu bemalen und sich auch zu tätowieren. ➳ *Bemalung, Tätowierung*

Gewehr Nachdem die Indianer die Feuerwaffen der Weißen kennen gelernt hatten, waren Gewehre für sie ein besonders begehrenswertes Gut. Sie konnten sie zwar selbst nicht herstellen und auch nicht reparieren. Aber sie waren hervorragende Schützen. Allerdings war es bald streng verboten, Indianern Gewehre und Munition zu liefern. So mussten sie die Waffen meist erbeuten. Das berühmteste Indianergewehr, die Silberbüchse des Apachenhäuptlings Winnetou, hat es nie gegeben. Ähnliche Gewehre waren aber seit Ende des vorigen Jahrhunderts in Gebrauch. Sie hatten zwei Läufe, einen für Schrot und einen für Kugeln.

➳ *Feuerwaffen, Waffen, Winchesterbüchse, Winnetou*

Gift Die Indianervölker gewannen Gifte überwiegend aus Pflanzen. Sie setzten das Gift hauptsächlich bei der Jagd ein, um ihre Beute zu erlegen oder zu betäuben. Vor allem vergifteten sie damit Pfeile und Speere. Die Apachen und Dakota verwendeten das Gift der Klapperschlange. Die Urwaldindianer nehmen als Pfeilgift meist Curare, das sie aus einer Liane gewinnen. Auch der Hautschleim des Färberfrosches liefert ihnen ein wirksames Pfeilgift. Die vergifteten Pfeile schießen die Indianer mit dem Blasrohr oder dem Bogen ab. Getroffene größere Tiere werden durch das Gift gelähmt, kleinere Tiere getötet. Auch beim Fischfang wird oft Gift eingesetzt. ➳ *Curare, Fischfang, Jagd, Pfeilgift*

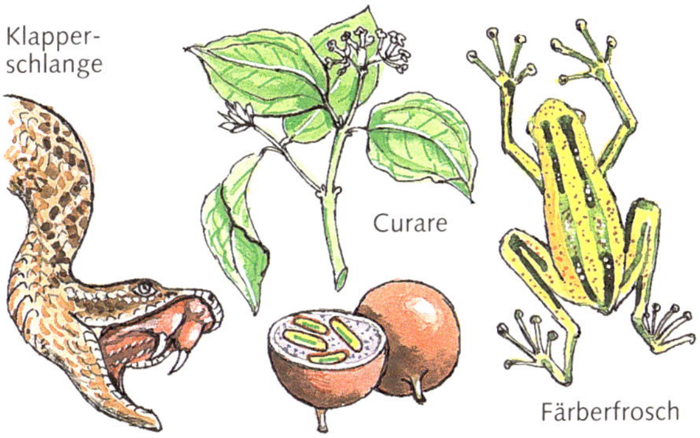

Glasperlen Die Weißen boten den Indianern als Tauschmittel auch Glasperlen an. Da die Indianer Glas nicht kannten, hielten sie die Perlen für sehr wertvoll. Diese kamen anfänglich aus Venedig und waren kostbarer als die späteren billigen Glasperlen aus den Fabriken. Die Indianer tauschten Felle, Gold und sogar Land gegen Glasperlen. ➳ *Handel, Tauschhandel*

Gold *siehe Seite 74*

Goldadler Der Steinadler wird auch als Goldadler bezeichnet. Seine Federn schmückten Krieger und Häuptlinge. Bedeutende Häuptlinge trugen Hauben aus den Federn des Goldadlers. Adlerfedern dürfen in den USA heute nur Indianer besitzen. ➳ *Adlerfalle, Federhaube*

Goldrausch Als Mitte des vorigen Jahrhunderts in Kalifornien und später auch in Alaska Gold gefunden wurde, brach ein gewaltiger Goldrausch aus. Goldgräber und Abenteurer drängten zu Zehntausenden von Osten nach Westen. In ihrer Gier nach Gold vertrieben sie die Indianer aus ihren angestammten Wohngebieten. Wenn die Indianer Widerstand leisteten, wurden sie von den Goldgräbern, die gut bewaffnet waren, getötet. ➳ *Entdecker, Gold*

Götter *siehe Seite 76/77*

Grabbeigabe Viele Indianervölker glaubten, ihre Toten würden in ein Reich eingehen, in dem es keinen Hunger und keine Sorgen gäbe. War ein Angehöriger gestorben, so begruben sie ihn in einer Felshöhle oder errichteten ein Erdgrab. Manche nordamerikanischen Indianerstämme begruben ihre Toten auch auf Bäumen oder bauten ein Totengerüst. Oft gaben sie den Verstorbenen Gegenstände mit ins Grab. Es waren meist persönliche Dinge wie die Waffen des Kriegers oder die Hausgeräte der Frau.

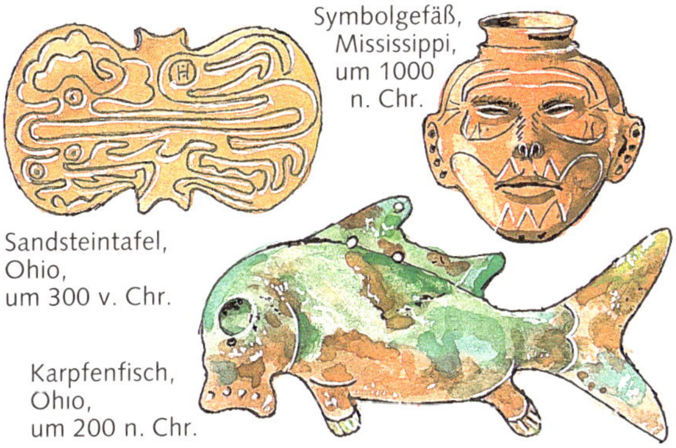

Die ältesten Grabbeigaben Nordamerikas stammen aus den Mounds und sind über 2 500 Jahre alt. Die Grabbeigaben der Indianer Mexikos und Perus sind viel älter. Die Inka und Azteken gaben ihren Toten oft goldene Gegenstände mit, etwa einen Becher, einen Helm oder eine Goldmaske. Auch Tonfiguren wurden in die Gräber gelegt. ➳ *Gold, Kunst, Mound Builder, Tod*

Gold

Die Inka nannten das Gold „Schweißperlen der Sonne“. Sie hatten es im Überfluss und verwendeten es nur zum Schmuck. Die Indianer maßen dem Gold längst keinen so großen Wert bei wie die Europäer.

Gold und Geld

Die nordamerikanischen Indianer hatten kaum Gold. Für sie waren der Türkis und der heilige Pfeifenstein, der Catlinit, die höchsten Güter. Die Maya und andere mittelamerikanische Völker schätzten die Jade höher als das Edelmetall. Gold war für sie zuallererst ein Werkmetall, das sich gut bearbeiten ließ. Sie benutzten es auch als Tauschmittel. Die Azteken verarbeiteten das meiste Gold zu Schmuck. Es war für sie aber auch so etwas wie Geld. Auf dem Markt in Tenochtitlan konnte man mit Federkielen bezahlen, die mit Goldstaub gefüllt waren.

Gold, Kunst und Goldgier

Die bedeutendsten Goldländer lagen im heutigen Kolumbien. Die Völker wuschen dort das Gold aus dem Sand der Flüsse und gruben es mit Stöcken aus der Erde. Sie konnten es schmelzen und Legierungen aus Gold und Kupfer oder Gold und Silber herstellen. Die zum Schmelzen nötige Temperatur erreichten sie, indem sie durch Rohre aus Ton oder Schilf Luft wie mit einem Blasebalg ins Feuer bliesen. Sie gossen flüssiges Gold in Lehmformen zu Figuren. Die Indianer Mittel- und Südamerikas fertigten aus Gold auch Becher, Schalen und Gefäße, Helme und Totenmasken. Die meisten dieser Kunstgegenstände haben die goldgierigen Eroberer eingeschmolzen und zerstört. Es kam ihnen nur auf den Materialwert des Goldes an. Die Goldbarren brachten sie mit Schiffen nach Europa, und die Könige ließen aus dem indianischen Gold Münzen schlagen, um ihren Hofstaat zu bezahlen und Kriege zu führen.

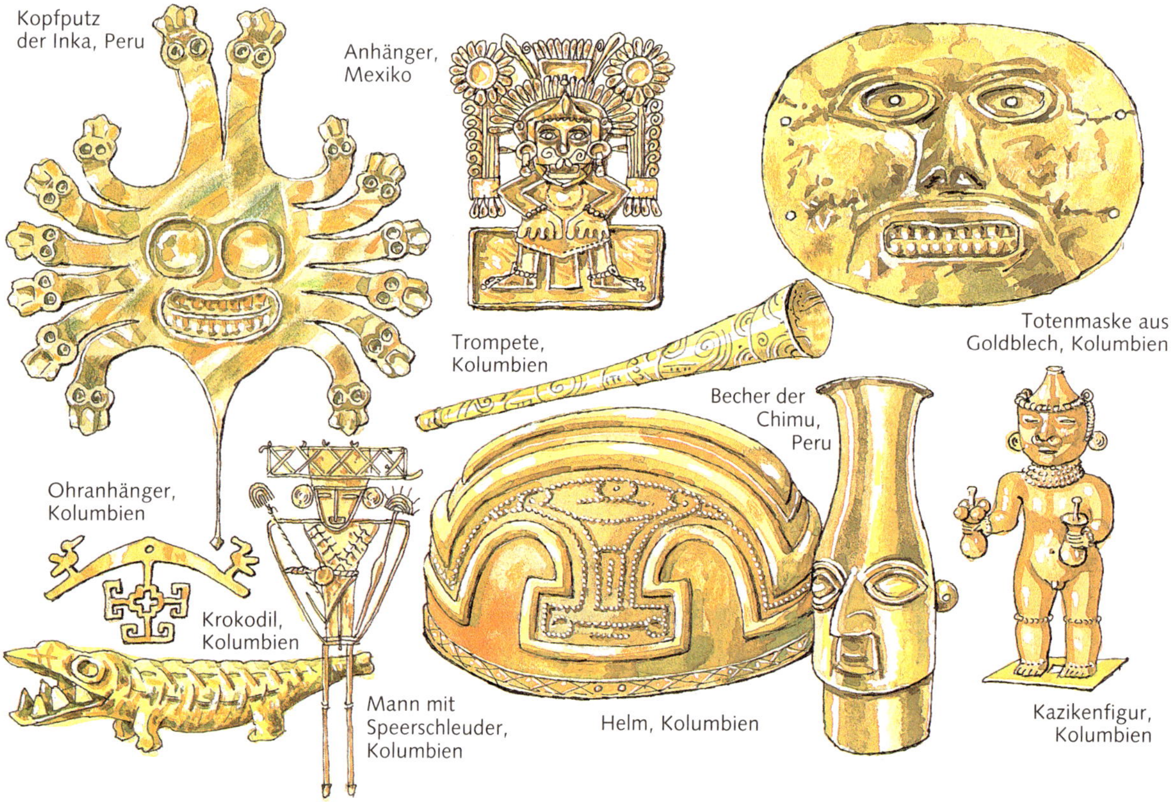

Grashütte Die Caddo in Louisiana und Texas errichteten kegelförmige Häuser aus Gras. Diese Hütten waren sehr geräumig. Manche Seminolen in Florida bauen heute noch so. Zum Bau der Hütte werden senkrechte Stangen tief in die Erde gerammt und an der Spitze verbunden. Darüber legt man waagerechte Stangen so, dass ein festes Gerüst entsteht. Darauf kommen dann abgestochene Grasstücke, die das Dach bilden. ➼ *Chickee, Hausbau*

Grastanz Fast alle Plains- und Prärieindianer kannten den Grastanz. Die Tänzer waren nur Männer. Zum Rhythmus von Trommeln und Rasseln führten sie diesen Tanz auf. Sie stampften das Gras nieder und trugen Grasbüschel als Sinnbild für die Skalplocken der Feinde. Der Grastanz wird heute noch getanzt. ➼ *Tanz*

Great Plains (*sprich:* gräit pläins) Die Great Plains sind das halbtrockene, ebene Land vor den Rocky Mountains. Östlich davon beginnt die Langgrasprärie. Übersetzt bedeutet „Great Plains" „Große Ebenen". In diesem Gebiet lebten so berühmte Indianervölker wie die Comanchen, die Cheyenne oder die Stämme der Sioux. Die Plains- und Prärieindianer waren Nomaden, die auf Büffeljagd gingen. ➼ *Prärie*

Grenzer Die Grenzer waren die ersten Siedler, die sich nach Westen bis an das Indianergebiet vorwagten. Sie lebten an der Grenze zum Indianerland, der Frontier. Die meisten von ihnen wurden von den Indianern geduldet. Je weiter die Grenzer jedoch vorrückten, desto mehr Widerstand leisteten die Indianer. Die Grenzer bereiteten schließlich das Land für die nachfolgenden Siedler vor. ➼ *Fort*

Grisli Der Grisli ist der nordamerikanische Graubär. Er wird bis zu vier Meter lang und kann über 400 Kilogramm wiegen. Grislis sind so stark, dass sie mit einer Umarmung einem Menschen das Rückgrat brechen können. Deshalb gilt es als besonders mutig, einen Grisli zu erlegen. Der Bär wurde meist von einer kleinen Gruppe oder von einzelnen Jägern gejagt.

Grislimaske

Als Beute war er nicht nur wegen seines Fells beliebt. Besonders begehrt waren die Krallen und Zähne des Grislis. Die Krieger trugen sie als Halskette. Da nur die Krallen der Vordertatzen verwendet wurden, musste ein Jäger für eine Halskette mehrere Grislis erlegen. Zur Vorbereitung auf die gefährliche Jagd wurde der Bärentanz aufgeführt. Die Tänzer ahmten dabei die Bewegungen des Bären nach und trugen Bärenmasken. ➼ *Bären, Bärenjagd*

Götter

Die Indianer Nordamerikas hatten keine Götter wie die Maya, die Azteken oder die Inka. Sie glaubten an einen Schöpfer der Welt, an Geister und Dämonen und an eine enge Verbundenheit mit der Natur. Nur bei den Ackerbau treibenden Völkern, den Mound Builder und Puebloindianern, gab es eine Art Tempel. Aber Götter in Menschengestalt wie die Völker Mittel- und Südamerikas hatten sie nicht.

Quetzalcoatl oder „Die gefiederte Schlange", der aztekische Schöpfergott

Maisgöttin der Azteken

Götterfiguren

Die Azteken verehrten so viele Götter, dass sie wohl selbst nicht wussten, wie viele es waren. Sie bauten ihnen große Tempel und Pyramiden und stellten ihre Statuen auf. Die Inka verehrten neben der Sonne und dem Mond auch den Gott des Windes, die Erdgöttin und den Regengott. Als höchstes Wesen galt ihnen der Schöpfer des Weltalls. Die Geschicke der Menschen lenkte der Sonnengott. Die Inka hatten sogar einen lebenden Gott, ihren jeweiligen Herrscher, den Sapa Inka. Sie hielten ihn und seine Frau für Kinder des Sonnengottes Inti. Wenn er starb, wurde sein Leichnam mumifiziert, indem man ihn kunstvoll einbalsamierte. Die Priester wollten seinen Körper erhalten, damit er nach dem Tod auf die Erde zurückkehren konnte.

Chalchiuhtlicue, aztekische Wassergöttin

toltekischer Regengott Chac Mool

Coyolxauhqui, Mondgöttin der Azteken

Tlazoltéotl, aztekische Göttin der Erde und Geburt

Coatlicue, aztekische Fruchtbarkeitsgöttin

aztekischer Maisgott Xochipilli

aztekischer Regengott Tlaloc

Tempel für die Götter

In jeder Stadt und jedem Dorf in Peru waren der Sonne Tempel errichtet. Nur die Priester hatten Zutritt. Vor den Tempeln brachten die Inka ihre Rauchopfer dar. Diese bestanden aus Tieren oder aus Mais, die mit duftenden Harzen verbrannt wurden. Der schönste Sonnentempel stand in der Hauptstadt Cuzco. Das Bauwerk hieß auch „Goldort". Auf einer Wand in der großen Halle sah man die riesige Sonne. Das Bildnis war aus purem Gold und mit Edelsteinen besetzt.

Sonne, Mond und Sterne

In den Nebenkapellen des Sonnentempels in Cuzco waren die nächsthöheren Gottheiten dargestellt: der silberne Mond als Mutter der Inka, die Sterne als Schwestern der Sonne. Es gab auch Räume für Blitz und Donner und den Regenbogen. Den Tempeldienst besorgten tausend Sonnenjungfrauen. Nach der Eroberung des Inkareiches haben die Spanier alle Schätze geraubt und den Tempel zerstört.

Der Gott des Regens

Den Regengott verehrten alle Indianervölker Mittelamerikas. Bei den Maya hieß er Chac und galt als wichtigste Gottheit. Sie glaubten, Chac befördere das Wasser aus Flüssen und Seen in den Himmel und lasse es von dort wieder auf die Erde fallen. Bei den Tolteken hieß der Regengott Chac Mool, bei den Azteken Tlaloc. Er galt als Gott der Fruchtbarkeit, der den lebenswichtigen Mais wachsen ließ.

Menschenopfer

Allen Göttern wurden ständig Opfer dargebracht, um sie günstig zu stimmen. Geopfert wurden Mais und Feldfrüchte, aber auch Vögel, Hunde und Meerschweinchen, ja sogar Alligatoren und Jaguare. Es gab aber auch Menschenopfer, vor allem bei den Azteken. Huitzilopochtli, dem Gott des Krieges in Gestalt eines Kolibris, opferte man Tausende von Kriegsgefangenen im Jahr. Das Opfer wurde auf den Opferstein gelegt. Dann schnitt ihm der Oberpriester mit einem Messer aus Obsidian das Herz aus der Brust und hielt es zur Sonne empor.

Hunderte von Göttern

Wie viele Götter es im alten Mexiko tatsächlich gab, weiß niemand genau. Die Azteken besaßen ein Dutzend Hauptgötter und über 200 Nebengötter. In der riesigen Pyramide von Tajin bei den Totonaken gab es 365 Nischen, und in jeder stand einst ein Götterbild – eines für jeden Tag.

Opfermesser aus Obsidian

Großer Geist Der Große Geist ist die Kraft, die alles Leben hervorgebracht hat. Für die Algonkin ist es Manitou, der Schöpfer, für die Sioux ist es Wakan Tanka, das Große Geheimnis oder die heilige Lebenskraft. Die Medizinmänner nehmen Verbindung zu den Seelen der Welt der Geister auf. Diese sind aber keine „Gespenster", sondern körperlose Wesen, die das Universum bevölkern. Die persönlichen Schutzgeister jedes Einzelnen stammen aus der Tierwelt. ➳ *Manitou, Religion, Vision*

Großer Vater Name, den die Indianer dem amerikanischen Präsidenten gaben. Viele Indianer verehrten ihn wie einen großen Häuptling. Diese Verehrung wurde ihnen aber nicht gedankt. Manche US-Präsidenten betrieben eine Politik, die auf die Vernichtung der Indianer gerichtet war. Auch haben sie immer wieder Verträge mit den Indianern gebrochen.

Großes Becken Eine riesige Hochebene inmitten der Rocky Mountains. Das Große Becken oder Great Basin ist größer als Deutschland und besteht hauptsächlich aus wüsten- und steppenartigen Gebieten. Die Indianer, die hier lebten, wie ursprünglich die Ute oder die Schoschonen, hatten ein schweres Leben. Sie ernährten sich von Wildpflanzen, sammelten Grassamen, jagten Kaninchen und Schlangen. Ihr wichtigstes Arbeitsgerät war der Grabstock, mit dem sie auch Termitenbauten aufstöberten, um die Insekten zu essen. Von allen nordamerikanischen Indianerstämmen kannten sich die Bewohner des Great Basin mit Wildpflanzen am besten aus. Sie bewohnten einfache Hütten, die Wickiups. ➳ *Hausbau, Schoschonen, Ute*

Gros Ventre (*sprich:* groh wontr) Indianerstamm der Algonkin-Sprachfamilie. Ihren Namen „Gros Ventre" – „Großbäuche" haben sie nach dem Big Belly River in Kanada, einem Fluss, an dem sie zuerst siedelten. Sie selbst nennen sich „Atsina" – „Mutiges Volk". Die Gros Ventre lebten einst in den nördlichen Plains, wurden aber von anderen Indianerstämmen immer weiter nach Süden abgedrängt. Zu den Weißen waren sie im Allgemeinen freundlich. Sie galten als „gute Indianer". Mancher Trapper und Pelzhändler hat eine Gros Ventre zur Frau genommen. Nur noch wenige Nachfahren dieses einst bedeutenden Stammes leben heute in einer Reservation im US-Bundesstaat Montana. ➳ *Plains, Reservation*

Guarani Die Guarani lebten ursprünglich im Süden Brasiliens und in Paraguay an den Flüssen und in den Pampas. Sie waren ein großes, kriegerisches Volk, das sogar die Inka angriff. Die sesshaften Guarani pflanzten Mais, Maniok und Süßkartoffeln an. Andere zogen als Jäger und Fischer umher. Die meisten Guarani verschmolzen mit den Spaniern und bilden heute den größten Teil der Bevölkerung Paraguays. Einige Stämme haben sich vor den Weißen in die Wälder am Rio de la Plata zurückgezogen. Dort leben heute etwa 15 000 Guarani nach Art ihrer Vorfahren. ➳ *Maniok, Südamerika*

Haartracht Fast alle Indianer legten besonderen Wert auf ihr Haar. Deshalb spielten bei ihnen auch die Frisuren eine große Rolle. Am auffälligsten war die Haartracht der Irokesen. Sie rasierten sich den Schädel kahl und ließen nur in der Mitte einen Haarkamm stehen. Das war die so genannte Skalplocke. Diese färbten sie meist rot und fetteten sie stark ein. Andere nordamerikanische Stämme trugen ebenfalls einen roten Kamm. Er bestand aus einer Art Perücke aus Stachelschweinborsten. Die Männer der Hopi und Navajo flechten ihr Haar heute meist zu einem Nackenknoten. Bevor ein Hopimädchen heiratete, trug es die Haare zu Schnecken zusammengedreht. Nach der Hochzeit wurden die Haare zu einem Zopf geflochten. Oft trugen die Männer auffälligere Frisuren als die Frauen. Die Prärieindianer bürsteten ihr Haar mit der rauen Oberseite einer Bisonzunge oder dem Schwanz eines Stachelschweins. Heute tragen die meisten Indianer Zöpfe oder einen Pferdeschwanz. Die südamerikanischen Indianer halten die Haare mit einem Stoffband zusammen. Die Frauen der Mapuche tragen einen Zopf, um den sie ein Tuch schlingen. Viele Urwaldindianer scheren sich eine Art Bubikopf. Die Colorados schmieren sich eine rote Paste ins Haar. ➳ *Colorado, Ehe, Mapuche, Skalp*

Haida *siehe Seite 80*

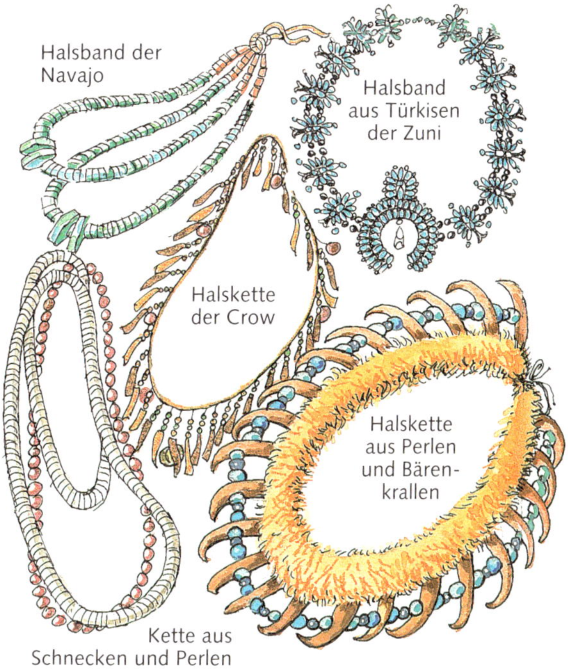

Halsschmuck Alle Indianerstämme liebten es, sich zu schmücken. Vor allem die Männer trugen Halsketten aus aufgereihten Knochenscheiben, Tierzähnen, Vogelschnäbeln oder Schneckenhäusern. Als die Weißen kamen, wurde dieser schöne Schmuck oft durch Glasperlen ersetzt. Bei den Prärieindianern waren Ketten mit den Krallen des Grislibären sehr begehrt. Die Urwaldindianer hatten Halsketten aus Muscheln, den bunten Samen von Pflanzen oder aus schillernden Käferflügeln. Die Azteken und Maya fertigten auch Perlen aus Jade. Besonders die aztekischen Juweliere machten wunderschöne Halsketten aus Gold, Türkisen und Perlen. ➳ *Gold, Jade, Schmuck*

Haida

Die Nordwestküste Amerikas grenzt an den Pazifik. Trotz rauer Winde und häufiger Niederschläge sind die Bedingungen an der Küste günstig. Das Klima ist ausgeglichen und mild. Hier leben die Haida.

Die Clans

Die Haida sind berühmt für ihre Totempfähle, ihre Kanus und ihren Potlatch. Das wichtigste Baumaterial dieser Küstenindianer war das Zedernholz. Daraus bauten die geschickten Handwerker nicht nur ihre Häuser und Boote, sondern auch Kisten und Truhen. Vor den Häusern der Haida stehen bis zu fünfzehn Meter hohe Baumstämme, die Totempfähle. Diese Pfähle zeigen die Wappentiere ihrer Besitzer. Sie wurden beim Bau eines Hauses, bei einem Begräbnis oder zum Gedenken an einen verstorbenen Häuptling aufgestellt. In die Stämme sind übereinander verschiedene Tiere, Dämonen und Wächterfiguren geschnitzt. Jeder Wappenpfahl erzählt die Geschichte eines Clans.

Der Potlatch

Die Haida machten Jagd auf Wale und Robben. Sie hatten riesige Kanus von zwanzig Meter Länge, die zwei Dutzend Männern Platz boten. Die Flüsse und das Meer lieferten den Haida solchen Überfluss an Nahrung, dass sie im Winter ständig Feste feierten. Dann veranstalteten sie einen Potlatch (*sprich:* potlatsch). Dabei bewirteten die Clans viele Gäste und überhäuften sie mit Geschenken. Ein Potlatch konnte tagelang dauern, und es vergingen Monate, bis die Geschenke beisammen waren. Oft versuchten zwei Häuptlinge sich gegenseitig im Schenken zu übertrumpfen. Bei diesem Wettkampf wurden am Ende die Güter zerschlagen oder ins Meer geworfen. Wer am meisten gegeben und verloren hatte, genoss das höchste Ansehen.

Handel

Die Indianer hatten kein Geld. Deshalb waren sie beim Handel auf das Tauschen angewiesen. Auch auf dem Markt der Azteken in Tenochtitlan wurden meist Waren gegen Waren getauscht. Man „bezahlte" allerdings auch mit Goldstaub.

Indianische Märkte

Bei vielen Völkern zählten Kürbissamen, Jadeperlen oder Äxte aus Kupfer wie Geld. Mancher Azteke zahlte statt mit Goldstaub mit den prächtigen Federn des Quetzalvogels. Kakaobohnen dienten den Maya als Zahlungsmittel. Neben Jade und Obsidian waren Räucherharz und Cochenilleläuse, aus denen man einen roten Farbstoff gewann, ein begehrtes Handelsgut. Bei den Inka war alles, auch der Handel, unter staatlicher Kontrolle. Jeder musste Abgaben in Form von Waren leisten. Der Staat überwachte den Markt und auch die Preise.

Schlechte und gute Geschäfte

In Nordamerika begann nach der Ankunft der Weißen ein reger Tauschhandel. Die Engländer und Franzosen stießen im Nordosten Amerikas auf die Waldindianer, die ihnen als Handelspartner sehr willkommen waren. Die Indianer staunten über die Waren aus Europa. Begehrt waren Werkzeuge aus Eisen, das die Indianer als Metall nicht kannten – Hämmer, Äxte, Messer – sowie Kochtöpfe und Bratpfannen. Besonders hoch im Kurs standen Gewehre, Pulver und Blei sowie „Feuerwasser". Die Indianer „zahlten" mit Fellen. Bald kamen die weißen Händler dahinter, dass die Indianer den Wert der eingetauschten Güter weit überschätzten. Für Glasperlen, Spiegel und bunte Stoffe bekamen die Weißen Pelze von Bibern, Fischottern und Nerzen und sogar ganze Bisonhäute. Damit konnten sie in Europa ein Vermögen verdienen. Die Händler errichteten deshalb von Nordosten her eine Kette von Handelsstationen bis tief in die Prärie.

Mach es selbst: ein Tipi

Die Prärieindianer wohnten in Tipis. Sie bestanden aus 20 bis 30 Stangen und Bisonhaut. Die Zeltdecke war oft sehr schön bemalt, besonders bei den Blackfoot. Das Aufstellen des Tipis war Sache der Frauen und dauerte etwa eine halbe Stunde.

Das benötigen wir:
Schere, Papier oder Stoff, 3 bis 5 Stützstangen (Mikadostäbchen oder Schaschlikspieße), Schnur, Klebstoff (Nadel und Faden), Farben (Buntstifte oder Filzstifte)

1. Stangen unterhalb der oberen Enden fest zusammenbinden. Dann unten auseinander spreizen und kreisförmig aufstellen.

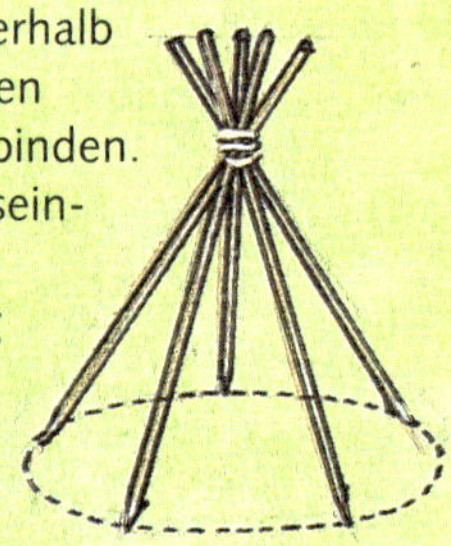

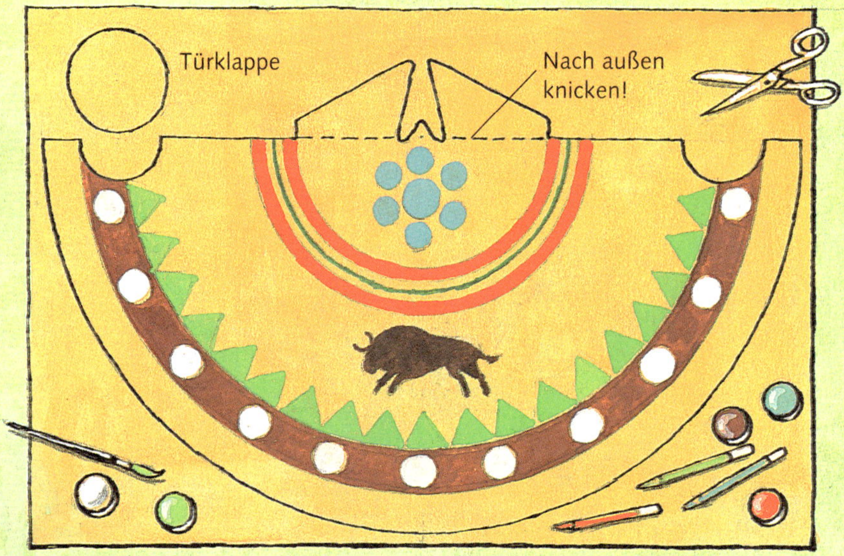

3. Zeltbahn um das Gerüst legen. Bis auf die Öffnung verkleben oder zunähen. Zum Schluss die Türklappe befestigen.

2. Zeltbahn nach dem Muster in der gewünschten Größe ausschneiden. Das Papier oder den Stoff beliebig mit Indianermotiven bemalen.

Handwerk Trotz ihrer einfachen Werkzeuge waren die Indianer sehr geschickte Handwerker. Das Spinnen und Weben, das Töpfern und Korbflechten waren weit verbreitet. Noch heute gelten die Hopi als die besten Silberschmiede, und die Navajo sind berühmt für ihre Webkunst. Die Maya stellten Tonfiguren von Tieren, Frauen, Männern und Kindern her. Die Mochica fertigten Tonfiguren, die als Gefäße dienten. Die Azteken und die Inka verarbeiteten Gold mit Edelsteinen. Häufig verwendeten sie auch Obsidian, ein hartes Gestein, aus dem Werkzeuge, aber auch Figuren hergestellt wurden. Im Hochland von Peru webt man herrliche Textilien. Und die Eskimo sind berühmt für ihre Holzarbeiten und für Schnitzereien aus Walrosselfenbein. ➳ *Flechten, Töpfern, Weben, Werkzeuge*

Hängematte Die Hängematte ist eine indianische Erfindung. Schon bei seiner zweiten Reise stieß Kolumbus auf die „hamaca", wie die Indianer sie nannten. Hängematten werden meist aus Lianen oder Binsen geflochten und dienen als Bett und Stuhl. Heute ist die Hängematte in ganz Südamerika verbreitet. Die Maya fertigten sie aus Baumwolle und benutzten sie auch wie Sänften für Würdenträger. Die Spanier erkannten rasch die Vorzüge der Hängematte. Sie wurde für Jahrhunderte das Bett der Seeleute.

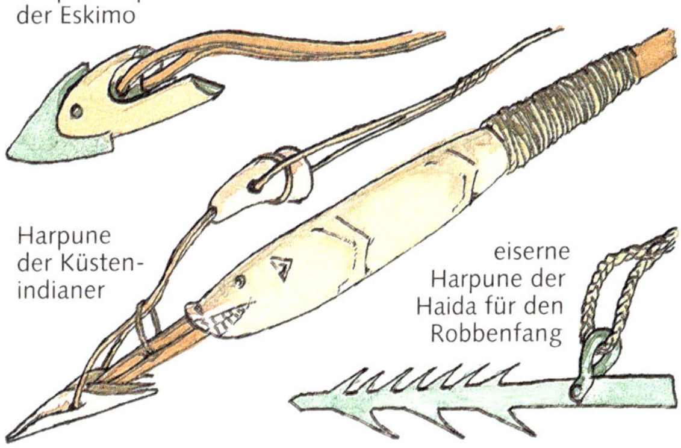

Harpune Bei den Eskimo ist die Harpune schon seit Jahrtausenden in Gebrauch. Dieser mit Widerhaken versehene Wurfspeer wurde in der Eiszeit auch bei der Jagd auf Karibus eingesetzt. Die Eskimo jagen damit heute Wale und Robben. Ursprünglich bestand die Harpune aus einem hölzernen Schaft und dem Harpunenkopf aus Stein, später aus Eisen. Der Harpunenkopf war mit einer etwa 100 Meter langen Leine verbunden. Der Speerschaft brach meist ab, wenn der Wal getroffen war. Die Beute konnte mit der Leine ans Boot herangezogen werden.
➳ *Eskimo, Speerschleuder, Walfang*

Häuptling

Bei einem Indianerhäuptling denkt fast jeder an Winnetou, den Häuptling der Apachen. Doch Winnetou hat gar nicht gelebt. Er ist nur eine Romanfigur des Schriftstellers Karl May.

Berühmte Häuptlinge

Einer der berühmtesten Häuptlinge war Sitting Bull. Ihn gab es wirklich. Sitting Bull lebte von 1831 bis 1890. Er war Oberhäuptling der Hunkpapa-Sioux und zugleich deren Medizinmann. In die Geschichte ging er als einer der Führer des indianischen Freiheitskampfes ein. Er war 1876 bei der Schlacht am Little Bighorn dabei. Sitting Bull saß abseits und machte „gute Medizin" für die kämpfenden Indianer. Sie wurden von Crazy Horse geführt, einem Häuptling der Oglalla-Sioux. Crazy Horse ist heute noch in seinem Volk lebendig. Die Oglalla behaupten, dass sein Gesicht an einer Felswand des Mount Rushmore in den Black Hills zu sehen sei.

Hohe Anforderungen

Wer Häuptling werden wollte, musste viele vortreffliche Eigenschaften besitzen. Zuallererst musste er gut, lange und überzeugend reden können. Nur dann konnte er die Stammesmitglieder dazu bringen, seinen Vorschlägen zu folgen. Macht oder Befehlsgewalt, wie ein Herrscher der Inka sie besaß, hatten Häuptlinge kaum. Sie konnten sich nur durch ihr gutes Beispiel, durch Mut im Kampf, Weisheit und Tüchtigkeit Achtung verschaffen. Manche Stämme wählten einen Medizinmann zum Häuptling. Wer Kranke heilte und das Wetter richtig vorhersagte, genoss bei den Stammesmitgliedern höchste Achtung. Die Puebloindianer hatten manchmal auch Frauen als Häuptlinge. Bei den Küstenindianern wie den Kwakiutl, Haida und Tlingit erwartete man von einem Häuptling, dass er wohlhabend war. Denn nur wer einen gewissen Reichtum besaß, konnte nach Meinung dieser Stämme tüchtig sein.

Stammesrat und Oberhäuptling

Bei den Prärieindianern hatte der Stammesrat die Macht, Entscheidungen für den ganzen Stamm zu treffen: Er bestimmte zum Beispiel, wann die Bisonjagd beginnen oder ob der Stamm auf Kriegspfad gehen sollte. Der Stammesrat bestand aus erfahrenen Kriegern und älteren, weisen Männern, manchmal auch Frauen. Er wählte ein besonders fähiges Mitglied zum Häuptling. Wenn dieser die Erwartungen nicht erfüllte, wurde er durch jemand anderen ersetzt. War ein Häuptling zugleich auch Medizinmann und wirkte dessen Zauber nicht, dann wandten sich alle von ihm ab. Nur in Kriegszeiten hatte ein Häuptling eine gewisse Befehlsgewalt. Bei manchen Stämmen gab es einen Friedenshäuptling und einen Kriegshäuptling. In den Indianerkriegen gegen die Weißen schlossen sich oft mehrere Stämme zusammen. Im Häuptlingsrat saß je ein Häuptling der verbündeten Stämme. Diese Häuptlinge wählten dann einen Oberhäuptling.

Die Sachems

Die Häuptlinge der Delawaren und einiger anderer Algonkinstämme nannte man Sachems. Ein Sachem war der Friedenshäuptling eines Dorfes. Er genoss hohes Ansehen, und sein Amt vererbte sich auf den Sohn. Als sich die Irokesenstämme zusammenschlossen, gründeten sie einen Bundesrat aus fünfzig Friedenshäuptlingen. Diese nannten die Weißen auch Sachems.

Kaziken und Götter

Bei den Indianervölkern Mittel- und Südamerikas hießen die Häuptlinge Kaziken. Sie waren eine Art Bürgermeister, die sich um alle Angelegenheiten des Stammes kümmerten und bei Streitigkeiten auch Recht sprachen. Die großen Indianervölker, die Azteken, Maya und Inka, bildeten Staaten mit Millionen von Menschen. Ihre obersten Herrscher kann man mit Fürsten, Kaisern und Königen vergleichen. Der Inkaherrscher wurde von seinem Volk als Gott verehrt.

Häuptling
der Sioux

Häuptling
der Mandan

Häuptling
der Hidatsa

Hausbau

Wenn wir uns ein Indianerhaus vorstellen, fällt uns meist zuerst das Tipi ein. So heißt die bekannteste Behausung der Prärieindianer. Doch nicht alle Indianer lebten in einem Zelt aus Büffelhaut. Die Formen der Indianerhäuser waren fast so verschieden wie die Indianer selbst.

Tempel und Paläste
Bei den Azteken, Maya und Inka gab es Tempel und Paläste aus Stein. In den Palästen wohnten die Priesterfürsten und Herrscher. Die aztekischen Bauern hatten kleine Lehmhütten. Deren Dächer waren mit Maisstroh gedeckt. Ein solches Haus bestand meist nur aus einem einzigen Raum. Darin wurde gearbeitet, gegessen und geschlafen. In der Mitte des Raumes stand der Herd. Es war eine Platte aus Ton, unter der ein Feuer brannte. Zum Schlafen legte man sich auf eine Strohmatte auf den Boden. Bei den Maya und den Inka sahen die Häuser ähnlich aus. Betten und Möbel wie wir hatten die Indianer nicht. Auch vornehme Leute schliefen auf einem Lager aus Matten oder Lamafellen.

Ein Haus für alle
Die Puebloindianer bauen ihre Pueblos aus luftgetrockneten Ziegeln, den Adobes. Das Wort „Pueblo" ist spanisch und bedeutet „Dorf". Oft lebten die Bewohner eines ganzen Dorfes in einem einzigen Haus, eben einem Pueblo. Das größte dieser terrassenförmigen Häuser hatte fünf Stockwerke. In der Regel sind die Pueblos aber ein- oder zweistöckige Häuser. Die einzelnen Räume sind wie Bienenwaben an- und übereinander gebaut.

Feste Häuser
Feste Häuser finden sich fast nur bei Indianern, die als Ackerbauern wegen der Ernte an ein und derselben Stelle blieben und dort siedelten. Die Häuser der Seminolen, die Chickees, sind Pfahlbauten in den Sumpfgebieten des Mississippi und in Florida. Sie sind nach allen Seiten offen und nur mit Palmwedeln gedeckt. Ähnliche Pfahlbauten finden sich im Amazonasgebiet. Man ist darin vor Hochwasser sicher und vor wilden Tieren geschützt. In der Hitze der Nacht bringt die offene Bauweise genügend Kühlung.

Tipi oder Wigwam?
Wer über die Indianer ein wenig Bescheid weiß, kennt den Unterschied zwischen einem Tipi und einem Wigwam. Ein Tipi ist ein Zelt, ein Wigwam eine kuppelförmige Hütte. Die Prärieindianer hatten Tipis, die sie schnell auf- und abbauen konnten. Kuppelförmige feste Hütten bauten zum Beispiel die Algonkin. Sie waren halb sesshaft und lebten vom Anbau von Feldfrüchten und von der Jagd. Ihre Wigwams deckten sie mit Birkenrinde. Auch Waldindianer wie die Micmacs hatten Birkenrindenwigwams. Die Form ihrer Behausungen erinnert aber stark an ein Tipi. Daher kommt vielleicht die häufige Verwechslung.

Häuser unter der Erde
Manche Indianerstämme wie die Mandan oder die Navajo bauten Erdhütten. Die Häuser der Mandan sahen in der Landschaft wie Hügel aus. Die Mandan hoben die Erde aus, rammten Pfosten ein und legten ein Geflecht darüber. Dieses bedeckten sie dann mit Erde und Grasstücken. Ein vorgebauter Gang führte in das Innere des Raums, in dem sogar die Pferde Platz fanden. Das achteckige Erdhaus der Navajo, der Hogan, war eine Mischung aus dem Erdgrubenhaus der Mandan und einem Tipi. Man richtete Pfähle auf und bedeckte das Gerüst mit Erde.

Ein Haus aus Schnee
Eine ähnliche Form wie ein Wigwam der Algonkin hat auch das Iglu der Eskimo. Es ist kuppelförmig. Das Baumaterial schnitten die Eskimo aus dem fest gefrorenen Schnee. Die Schneeblöcke setzten sie spiralförmig aufeinander. Ein Eisblock diente als Fenster.

Iglu
Hogan
Tipi
Erdgrubenhaus
Binsen-
hütte
Chickee
Windschirm
Pueblo
Wigwam
in Tipiform

Haustiere Die Indianer kannten nur wenige Haustiere, und diese waren auch nur bei den Ackerbauvölkern verbreitet. Die umherziehenden Prärieindianer hatten zuerst nur Hunde, später auch Pferde. Die Hunde zogen das Travois, wurden gelegentlich aber auch verspeist. Die Azteken hielten Hunde, um sie zu essen. Die Maya züchteten Truthühner und Hunde, vielleicht auch Kaninchen. Das Meerschweinchen ist bei den Indianern Südamerikas heute noch ein Haustier, das den Speisezettel bereichert. Die Inka in Peru hielten Herden von Lamas als Tragtiere und Wolllieferanten. Erst die Spanier brachten Pferde, Esel, Rinder und Schweine nach Amerika. ➳ *Lama, Pferde, Travois*

Heilige Pfeifen Bei einigen Stämmen der Prärie- und Plainsindianer gab es Pfeifen, die als Stammesheiligtum galten. Sie waren meist als Paar vorhanden und wurden mit anderen heiligen Gegenständen im heiligen Bündel aufbewahrt. Bei vielen Stämmen galten die Farben Rot und Blau als heilig. Rot war auch der Catlinit, aus dem die heiligen Pfeifen geschnitten wurden. Es war die Farbe der Erde, aber auch des Krieges. Blau bedeutete Himmel. Aus den heiligen Pfeifen wurde nicht geraucht.
➳ *Calumet, Heiliges Bündel*

heiliges Pfeifenpaar

Heiliges Bündel Fast jeder Stamm der nordamerikanischen Indianer besaß Gegenstände, die als heilig verehrt wurden. Diese Dinge waren die Medizin des Stammes. Sie bestanden zum Beispiel aus den heiligen Pfeifen, einem Bisonschwanz, einem Vogelbalg, Fellstücken, Tabak, Pfeilspitzen und Kräutern und waren in eine Decke oder in ein Fell eingeschnürt. Das heilige Bündel wurde in einem eigenen Zelt aufgehängt und durfte die Erde niemals berühren. Die Bündel wurden nur bei besonderen Anlässen geöffnet, etwa wenn der Stamm in Not war. Das Öffnen der heiligen Bündel war jedes Mal mit einer Zeremonie verbunden. ➳ *Medizin, Religion*

Heilpflanzen Die Indianer kannten über 200 Heilpflanzen. Bei Kopfschmerzen tranken sie einen Sud aus Blättern des Sagebrush, dem wilden Beifuß. Gekochte Weidenblätter enthielten Salicylsäure, wie heute unsere Aspirintabletten. Andere Stämme zerrieben die Wurzel der Indianerrübe für ein Kopfschmerzmittel. Bei Lungenkrankheit half die Tollkirsche, bei Husten Rabbitbrush, eine gelb blühende Asternart. Umschläge mit Bovisten linderten Entzündungen. Die Heilkräuter wurden getrocknet und zu Pulver zerrieben. Häufig mischte man sie unter den Tabak und rauchte sie in der Pfeife. Die Indianer bauten sogar Heilpflanzen an, etwa den Chininstrauch, dessen Rinde gegen Fieber half. Die Urwaldindianer kennen eine Reihe von Pflanzen, deren Wirkstoffe heute in Arzneimitteln enthalten sind. ➳ *Medizinmann, Seuchen*

Hidatsa Stamm der Sioux-Sprachfamilie. Die Hidatsa waren am oberen Missouri sesshaft und bewohnten wie die Mandan Erdhäuser.
➳ *Häuptling, Mandan*

Hirsch Sowohl in Nord- als auch in Südamerika gibt es Hirsche. Sie wurden von allen Stämmen gejagt. Die Jäger pirschten sich mit Pfeil und Bogen an das Wild heran oder lauerten ihm an Wildwechseln auf. Gejagt wurden vor allem der Wapiti und der Weißwedelhirsch. Auch die nordamerikanischen Karibus und die Elche zählen zu den Hirschen. Da Hirschleder sehr anschmiegsam und weich ist, fertigten die Prärieindianer daraus vor allem Kleidung. Im Hochland von Peru, wo es keine Büffel gab, waren Hirsche das größte Wild. Sie durften nur von den Häuptlingen erlegt werden. Treiber jagten die Hirsche in aufgespannte Netze oder Gräben, wo die Jäger mit Keulen und Speeren bereitstanden, um sie zu töten.
➽ *Elch, Jagd, Kleidung*

Hochlandindianer In Peru und Bolivien leben heute noch etwa acht Millionen Hochlandindianer. Sie sind Nachfahren der von den Inka beherrschten Völker und sprechen Quechua. Sie bewohnen die Hochebenen der Anden bis in etwa 4 000 m Höhe. Die Luft ist dort sehr dünn, und Kälte und scharfe Winde machen das Leben schwer. Die Menschen sind arme Bauern, denn es wächst hier nicht viel. Sie bauen fast nur Kartoffeln an. Wo künstliche Bewässerung möglich ist, haben sie an den Abhängen terrassenförmige Felder angelegt. Viele Hochlandindianer ziehen noch als Hirten mit ihren Lama- und Alpakaherden umher. Im Hochland weiden heute auch Schafe. ➽ *Inka, Quechua*

Hogan Die Navajo lebten in achteckigen Hogans. Beim Bau eines Hogans wurden Pfähle in die Erde gerammt und ein Gestell aus Stangen aufgerichtet. Das Gestell wurde mit Erde und Grasstücken bedeckt. Der Hogan hatte einen kleinen Vorraum als Eingang und in der Mitte ein Loch, damit der Rauch abziehen konnte. Auch heute noch bewohnen die Navajo in den Reservationen Hogans, doch sind die Wände meist aus Holzstämmen. ➽ *Hausbau, Navajo*

Hohokam *siehe Seite 90*

Hopi Die „Hopitu" – die „Friedlichen", sind ein großes Indianervolk in Arizona und Neumexiko. Sie zählen zu den Puebloindianern und sind sprachlich mit den Azteken verwandt. Schon sehr früh hatten sie feste Siedlungen. Die Hopi waren Ackerbauern und hatten in der Wüste von Arizona Felder und ein Bewässerungssystem angelegt. Das Land gehörte den Frauen, die auch die Häuser selbst errichteten. Seit dem 17. Jahrhundert gab es zwölf Pueblos aus mehrstöckigen Häusern in Arizona, die teilweise heute noch bewohnt sind. Den Spaniern gelang es nur zum Teil, die Hopi zum Christentum zu bekehren. Diese behielten daneben bis heute ihre alte Religion bei. Dazu gehört auch der Kult der Kachinas. Heute leben etwa 8 000 Hopi inmitten einer Reservation der Navajo, die sie jahrhundertelang bekämpften. Berühmt sind die Hopi für ihre Töpferwaren und ihren Silberschmuck. ➽ *Kachina, Navajo, Pueblo*

Hohokam

Vor über 3 000 Jahren gab es im Südwesten von Nordamerika erste Versuche, Mais anzupflanzen. Die Maispflanze war aber noch sehr klein. Der Maiskolben war höchstens daumenlang und trug nur wenige Körner. Es dauerte noch sehr lange, bis die Menschen dort vom Maisanbau leben konnten.

Frühe Maisbauern

Um 200 n. Chr. entwickelte sich in den Flusstälern der Gilawüste und der Sonorawüste im südlichen Arizona eine Ackerbaukultur. Hier lebten die Hohokam, die Nachbarn der Anasazi. Es war sehr schwierig, in diesen trockenen Sandgebieten Mais anzubauen. Aber die beiden wichtigsten Flüsse, der Gila River und der Salt River, brachten viel Schlamm aus den Bergen mit. Wenn die Flüsse über ihre Ufer traten, lagerte sich der Schlamm als fruchtbarer Boden ab. Die Hohokam bauten zuerst kleine Dämme, um das Flusswasser bei Überschwemmungen auf ihre Felder nahe am Ufer zu leiten.

Hundert Kilometer Kanäle

Bald gelang es den Hohokam, auch weiter entfernte Felder zu bewässern. Dazu legten sie Gräben an, in denen das Wasser aus den Flüssen abgezogen wurde. Das Ausheben der Gräben war mühselig, denn die Hohokam hatten dafür keine geeigneten Werkzeuge. Mit dem Grabstock lockerten sie den Boden. Die Erde wurde in Körben weggetragen und für den Dammbau verwendet. Auf diese Weise gruben die Hohokam bis zu drei Meter tiefe und zehn Meter breite Kanäle. Von diesen führten schmale Seitenkanäle auf die Felder. Ihre Hauptsiedlung war Snaketown in der Nähe von Phoenix, der heutigen Hauptstadt von Arizona. Hier errichteten sie auch pyramidenförmige Mounds und Ballspielplätze, ähnlich wie die Indianer in Mexiko.

How In fast jedem Indianerbuch liest man diesen Ausruf. Er wird manchmal auch „Hugh" geschrieben und „Hau" gesprochen. Die Indianer begrüßten damit Weiße, da sie glaubten, dass diese das Wort verstünden. Sie hatten es von Trappern gehört, die wohl selbst nicht wussten, was es bedeutet. Vielleicht kommt es von dem englischen „How do you do?" – „Wie geht es dir?". How wurde auch als Bekräftigung oder zustimmendes Wort gebraucht.

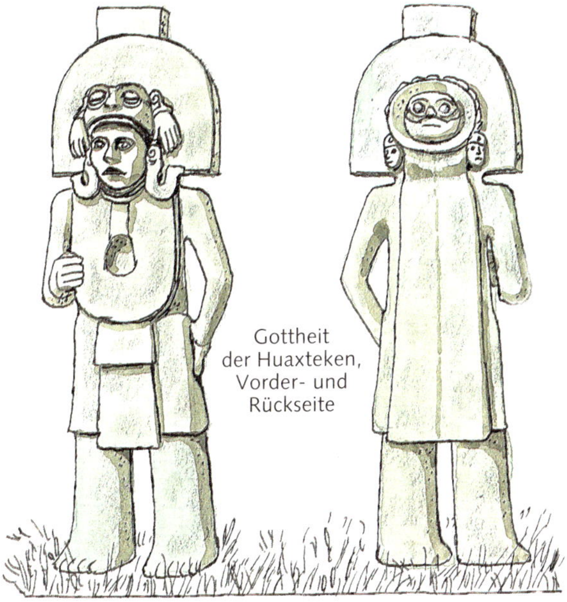

Gottheit der Huaxteken, Vorder- und Rückseite

Huaxteken Die Huaxteken zählen zu den ältesten Indianervölkern. Sie lebten schon vor rund 4 000 Jahren in Mexiko. Ursprünglich gehörten sie zu den Maya, hatten sich aber von diesen getrennt. Als die Entdecker nach Mittelamerika kamen, bewohnten die Huaxteken den Norden Mexikos und Veracruz. Das wilde Kriegervolk wurde von den Azteken nie unterjocht, und auch Cortez konnte sie nicht besiegen. Sie sahen Furcht erregend aus, denn sie feilten ihre Zähne spitz zu und färbten diese schwarz. Sie verformten auch die Köpfe ihrer Kinder. Als Schmuck trugen sie goldene Ohren- und Lippenpflöcke. Die Huaxteken errichteten im Urwald große Heiligtümer, die meist Quetzalcoatl geweiht waren, ihrem Gott der Winde. Die meisten huaxtekischen Bauwerke waren rund oder hatten abgerundete Ecken. Die Kultur dieses Indianervolkes ging im 16. Jahrhundert unter. ➳ *Götter, Maya*

Hunde Schon die ersten Einwanderer in Nordamerika hatten Wölfe gezähmt. Von solchen zahmen Wölfen stammt der Hund ab. Die arktischen Indianer spannten die Hunde vor ihre Schlitten. Noch heute haben die Eskimo Schlittenhunde. Die Prärieindianer verwendeten Hunde als Trag- und Zugtiere bevor sie Pferde hatten. Ein Hund konnte etwa 10 Kilogramm schwere Parfleches tragen. Auf einem vom Hund gezogenen Travois konnte man doppelt so viel laden. Das Schleppgerüst wurde mit ledernen Riemen an Brust und Nacken des Hundes befestigt. Einige Stämme setzten die Hunde auch bei der Bärenjagd ein. Lange Zeit waren sie die einzigen Haustiere. In der Not verspeisten die Indianer ihre Hunde. Bei den Cheyenne und den Sioux galt Hundefleisch als Delikatesse.
➳ *Bärenjagd, Cheyenne, Eskimo, Parfleche, Travois*

Hundetravois

Hunkpapa Die Hunkpapa waren ein Unterstamm der Dakota. Sie gehörten zu den letzten Prärieindianern, die den Weißen Widerstand leisteten. Ihr berühmtester Häuptling und Medizinmann war Sitting Bull. Nach der gewonnenen Schlacht gegen General Custer wurden die Hunkpapa grausam verfolgt. 1881 mussten sie aufgeben und in die Reservation ziehen. Beim Massaker von Wounded Knee fanden fast alle den Tod. ➳ *Custerschlacht, Dakota, Wounded Knee*

Huronen

Die Huronen waren ein Indianervolk aus vier Stämmen, das zur Sprachfamilie der Irokesen zählte. Sie lebten im Gebiet der Großen Seen und am St.-Lorenz-Strom. Sie selbst nannten sich „Wyandot" – „Jene, die auf der Halbinsel leben", der Halbinsel zwischen Huron- und Ontariosee. Sie war die ursprüngliche Heimat der Huronen. Bei den Franzosen hießen sie wegen ihrer Haartracht „Langschädel".

Feldwirtschaft, Jagd und Fischfang

Die Huronen betrieben wie die Irokesen eine Art Gartenbau. Auf umzäunten Feldern pflanzten sie Mais, Bohnen, Kürbisse und Tabak an. Sie sammelten Nüsse, essbare Wurzeln, Blätter und Pilze. In den Seen und Flüssen fingen sie Fische mit der Angel, dem Fischspeer und verschiedenen Netzen. Auch Reusen und Fischzäune wurden beim Fischfang benutzt.

Mehrfamilienhaus

Das typische Wohnhaus der Huronen war das Langhaus. Es bestand aus einem Grundgerüst von Pfosten. Am oberen Ende band man gebogene Äste darüber und erhielt so eine Tonne. Nun wurden Rindenstücke von Ulmen darüber gelegt und mit Streifen von Hickorybast befestigt. Das Haus konnte über fünfzig Meter lang sein. Im Inneren bewohnte jede Familie einen abgeteilten Raum auf einer Seite des Ganges.

Huronen und Irokesen

Als die Franzosen nach Kanada kamen, begannen sie mit den Huronen zu handeln und schlossen bald ein Bündnis mit ihnen. Die Huronen lieferten Felle und erhielten dafür Waffen. Die Irokesen waren aufseiten der Engländer. Sie bekämpften die Huronen aus alter Feindschaft mit großer Grausamkeit. Die einst 20 000 Huronen wurden bis zum Jahr 1650 fast völlig vernichtet, und es gibt nur wenige Nachfahren.

Indianer Als Kolumbus 1492 auf seine erste Entdeckungsreise ging, segelte er geradewegs nach Westen. Er wollte auf diese Weise Indien erreichen, landete aber auf einer Insel in der Karibik. Dabei entdeckte er einen in Europa unbekannten Kontinent: Amerika. Da er glaubte, in Indien zu sein, nannte er die Einwohner dort auf Spanisch „Indios". Dieser Name blieb den südamerikanischen Indianern bis heute. Die nordamerikanischen Ureinwohner wurden auf Deutsch später „Indianer" genannt. ➳ *Entdecker*

Indianeragent Nachdem in Nordamerika viele Stämme in Reservationen gebracht worden waren, schickte die Regierung in Washington Weiße als so genannte Indianeragenten dorthin. Es waren Beamte des Indianerbüros. Sie sollten die Indianer zivilisieren und in die Gesellschaft der Weißen eingliedern. Diese Leute hatten aber meist ihre eigenen Interessen im Sinn und verursachten oft zusätzliche Aufstände der Indianer, bei denen viele ihr Leben verloren. ➳ *Agent, Indianerbüro, Reservation*

Indianerbüro Das Büro für indianische Angelegenheiten wurde 1824 gegründet. Es war für die Indianer Nordamerikas zuständig und sollte zwischen Indianern und Weißen vermitteln. Oft wurden die Interessen der Indianer von den weißen Beamten nicht gut vertreten. Das Büro gibt es heute noch. Doch die meisten Indianer trauen dieser Behörde nicht.
➳ *Bureau of Indian Affairs, Indianeragent*

Indianerkorn Andere Bezeichnung für das indianische Getreide, den Mais. ➳ *Mais*

Indianerkriege Nachdem die Weißen nach Amerika gekommen waren, begannen schon bald die Auseinandersetzungen mit den Ureinwohnern des neu entdeckten Kontinents. Die Neuankömmlinge vertrieben die Indianer aus ihren Jagd- und Siedlungsgebieten. Diese setzten sich dagegen zur Wehr. Besonders in Nordamerika kam es zu vielen Kämpfen zwischen den Weißen und den Indianern. Die Indianer haben diesen langen Krieg am Ende verloren. In Südamerika haben die Spanier in kurzer Zeit die großen Reiche der Maya, Azteken und Inka zerstört. Viele kleinere Völker sind untergegangen. Selbst in unserer Zeit fanden in den Regenwäldern am Amazonas noch Überfälle auf kleine Indianerstämme statt. Die Indianer sind bedroht, weil man ihr Land ungestört ausbeuten und den Regenwald roden will.
➳ *Reservation*

Indianerpolizei Um in den Reservationen die Ordnung aufrechtzuerhalten, wurden aus den dort wohnenden Stämmen Ordnungshüter ausgewählt. Seit Beginn unseres Jahrhunderts gibt es in den Reservationen solche Indianerpolizisten. Sie haben fast die gleichen Befugnisse wie Sheriffs bei den Weißen. ➳ *Reservation*

Indianerschutzgesetze In Südamerika, vor allem in Brasilien, hat man Gesetze zum Schutz der dort lebenden Indianer erlassen. Einige dieser Schutzgesetze besagen, dass man einen Indianer nicht von seinem Wohngebiet vertreiben und ihm kein Land wegnehmen darf. Erst nach dem Tod eines Indianers kann dessen Landbesitz von Weißen erworben werden. Diese Gesetze haben den Indianern mehr geschadet als genützt. Denn um an das Indianerland zu kommen, haben weiße Siedler immer wieder Indianer getötet und ganze Stämme vernichtet.
➳ *Reservation*

Inka

Im Jahr 1531 verließen drei Schiffe unter dem Kommando des spanischen Eroberers Francisco Pizarro den Hafen von Panama. An Bord waren 180 Männer und 37 Pferde. Die kleine Flotte erreichte die Bucht von Mateo, und die Männer machten sich auf die Suche nach dem sagenhaften Goldland Biru, dem heutigen Peru. Dort fanden sie das größte indianische Reich und eines der größten Reiche der Welt.

Ein riesiges Reich

Die Inka waren Anfang des 15. Jahrhunderts nur einer von mehreren Stämmen der Quechuaindianer. Von ihrem Stammsitz Cuzco aus unterwarfen sie im Lauf von hundert Jahren die Völker von Ecuador bis nach Chile. Das Inkareich umfasste schließlich ein Gebiet von 4 000 Kilometer Länge und bis zu 700 Kilometer Breite und war halb so groß wie Europa. Dieses riesige Reich wurde vom Sapa Inka regiert. Der Sage nach war Manco Capac der erste Inkaherrscher. Er war ein Sohn des Sonnengottes Inti. Dieser schickte ihn mit seiner Schwesterfrau Mama Occlo zur Erde, um das Volk der Inka zu begründen. Alle Inkaherrscher wurden fortan wie Götter verehrt.

Alle für einen

Das Inkareich war wie eine Pyramide aufgebaut. An der Spitze der Pyramide stand der Sapa Inka, der alle Macht in Händen hielt. Er trug als Zeichen seiner Würde die Federkrone, eine rote Kopfbinde aus Lamawolle mit Federn aus purem Gold. Unter dem Inka standen die Adelsschichten als Staatsbeamte. Sie waren für Verwaltung und Krieg zuständig. Die Bauern bildeten das Volk am Fuß der Pyramide. Für sie bestand Arbeitspflicht. Sie mussten die Felder bestellen, im Heer dienen, in den Steinbrüchen und Bergwerken arbeiten und Straßen bauen.

Alles unter Kontrolle

Alles im Inkareich unterlag einer strengen Kontrolle. Die Beamten reisten durch das Land und überwachten die Arbeit und die Ernte. Sie zählten die Lebenden, die Neugeborenen und die Toten, die Menge der Kartoffeln, die Maiskolben, die Lamas, die Waffen ... Es gab nichts, wovon der Sapa Inka nichts wusste. Die Inka kannten zwar keine Schrift, aber sie verstanden sich auf das Zählen. Dafür benutzten sie die Quipus, farbige Knotenschnüre.

Tausende von Kilometern schnurgerader Straßen durchzogen das Reich. Sie führten bis in höchste Höhen und bis hinunter zur Küste am Pazifik. Die Schluchten im Gebirge wurden von Hängebrücken überquert. Bei großen Steigungen schlugen die Inka Treppen in den Fels. Alle Lasten wurden von Lamas oder Menschen getragen, da die Inka keine Wagen hatten. Sie kannten wohl das Rad, benutzten es aber nicht. Der Sapa Inka reiste mit großem Hofstaat in Sänften.

Cuzco, die Hauptstadt der Inka, war der Mittelpunkt des Reiches und für die Untertanen der Nabel der Welt. Von hier aus führten vier Königsstraßen quer durch das Reich, die längste erstreckte sich über 5 000 Kilometer. Auf diesen Straßen brachten Stafettenläufer in Windeseile alle Befehle des Sapa Inka in die Provinzen und Nachrichten in die Hauptstadt. Die Paläste und Häuser dort waren aus gewaltigen Steinblöcken errichtet. Mitten in der Stadt lag der Sonnentempel.

Wie David gegen Goliath

Man fragt sich, wie Pizarro mit seiner kleinen Streitmacht dieses gewaltige Reich erobern konnte. Alle Menschen im Inkareich lebten nur für ihren Herrscher und befolgten blindlings dessen Befehle. Als Pizarro den Sapa Inka gefangen nahm, verlor das Reich seinen Kopf, und die Menschen wussten nicht, was sie tun sollten. Sie leisteten den Spaniern kaum Widerstand.

Indianerterritorium Die nordamerikanischen Indianer hatten zu Beginn des 19. Jahrhunderts im Osten schon die größten Teile ihres Landes verloren. Die verbliebenen Stämme im Gebiet der Großen Seen und im Südosten wurden durch ein Gesetz von 1830 umgesiedelt. Die US-Regierung errichtete 1837 westlich des Mississippi das Indianerterritorium, das etwa der Größe des heutigen Staates Oklahoma entsprach. Dieses Gebiet sollte den Indianern vorbehalten bleiben. Zunächst wurden die Stämme der Fünf Zivilisierten Nationen hierher umgesiedelt. Fünfzig Jahre später war das Indianerterritorium überfüllt, da die Regierung immer mehr Stämme dorthin vertrieb. 1906 wurden der US-Staat Oklahoma gegründet, und die Indianer wurden in neu eingerichtete Reservationen in schlechteren Gebieten gebracht. ➳ *Fünf Zivilisierte Nationen, Reservation*

Indio Die Spanier und Portugiesen nannten die Indianer Indios. So wird heute noch in allen romanisch sprechenden Ländern die Urbevölkerung Amerikas bezeichnet. Die Indianer empfinden diesen Namen als Schimpfwort.

Inka *siehe Seite 94/95*

Inuit Die Eskimo nennen sich selbst „Inuit“, was „Menschen“ bedeutet. Die Bezeichnung „Eskimo“ stammt aus der Sprache der Cree und heißt so viel wie „Rohfleischesser“. Diesen Namen erhielten die Völker am Eismeer wohl, weil sie Fische und Robbenfleisch roh verzehrten. Eigentlich zählen die Inuit nicht zu den Indianern, doch sind sie eng mit ihnen verwandt. Zusammen mit anderen Völkern bewohnen sie das Gebiet von Alaska bis zu den Küsten Grönlands. ➳ *Eskimo*

Iowa *(sprich:* eijowa) Die Iowa sind ein kleiner Stamm der Sioux-Sprachfamilie. Ihr Name bedeutet so viel wie „Die Ausgeschlafenen“. Sie wohnten in Erdhäusern am Missouri und lebten von der Büffeljagd und dem Maisanbau. Im Gegensatz zu den reinen Jagdvölkern der Sioux waren die Iowa halb sesshaft. Berühmt waren sie für ihre Web-und Flechtarbeiten und für ihre Pfeifenköpfe aus rotem Ton. Damit trieben die Iowa einen schwunghaften Handel. Um 1800 zählte der Stamm rund 1 200 Mitglieder. Heute leben noch etwa 600 Iowa in Reservationen in Kansas und Oklahoma. ➳ *Reservation*

Iowakrieger

Irokesen *siehe Seite 97*

Irokesenliga Bezeichnung für die Irokesenstämme, die sich schon vor Kolumbus zum Irokesenbund zusammengeschlossen haben. Es waren zunächst fünf Stämme, 1722 kamen die Tuscarora als sechste Nation hinzu. Sie bildeten eine Art Indianerstaat und hatten einen Bundesrat mit 50 Häuptlingen. Diese wurden von den ältesten Frauen der jeweiligen Stämme ausgewählt und in den Bundesrat als Abgeordnete geschickt. Als Berater kamen noch Frauen und Männer hinzu, die sich durch Klugheit oder Tapferkeit auszeichneten. Die Ratssitzung wurde vom Tahodaho eröffnet. Das war immer ein Häuptling der Onondaga. ➳ *Irokesen*

Irokesen

Die Algonkin und die Huronen waren die Feinde der Irokesen und hatten ihnen auch den Namen „Irinakhoiw“ gegeben. Das bedeutet „Echte Nattern“. Sie selbst nennen sich „Haudenosaunee“ – „Menschen des Langen Hauses“. Die Irokesen waren Waldindianer, die am Ontariosee und südlich davon lebten. Ihre Reservationen liegen heute in Kanada in den Staaten Ontario und Quebec und im US-Bundesstaat New York.

Grausame Feinde

Bei ihren Feinden waren die Irokesen wegen ihrer grausamen Martern gefürchtet. Sie übten auch den Brauch des Skalpierens. Nach dem Glauben der Irokesen konnte ein skalpierter Feind nicht in die ewigen Jagdgründe eingehen. Eine besonders gefährliche Waffe war die Irokesenkeule aus Hartholz. Sie trug eine Kugel aus Holz oder Stein. Damit konnte man einem Feind leicht den Schädel einschlagen. Das kriegerische Irokesenvolk bekämpfte nicht nur seine Nachbarn, sondern die Stämme fochten auch erbittert untereinander. Schon bevor die Weißen ins Land kamen, suchte der Friedensstifter Deganawidah die Seneca, Cayuga, Onondaga, Oneida und Mohawk miteinander zu versöhnen. Das gelang schließlich dem Häuptling Hiawathan. Die Stämme bildeten seither einen Bund, die Irokesenliga. Im Großen Rat saßen 50 Häuptlinge, die von den ältesten Frauen ernannt wurden.

Dörfer hinter Zäunen

Obwohl die Irokesen als Krieger galten, waren sie doch hervorragende Ackerbauern. Sie lebten in Dörfern aus Langhäusern, in denen stets mehrere Familien wohnten. Die Dörfer umgaben sie mit Palisaden. Innerhalb der Umzäunung lagen Gärten. Hier pflanzten die Irokesen Mais, Bohnen und Kürbisse an. Sie nannten diese Feldfrüchte „Die drei Schwestern“.

Jagd

Die meisten Indianer mit Ausnahme der großen Ackerbauvölker waren auf die Jagd als Lebensgrundlage angewiesen. Die Plains- und Prärieindianer waren sogar ausschließlich Jäger. Am begehrtesten war in Nordamerika der Bison, der auch Büffel genannt wird. Neben dem Bison wurden an Großwild der Elch, der Moschusochse, das Karibu und der Wapiti gejagt. Diese Tiere sind heute noch Jagdbeute der subarktischen Indianer und der Eskimo.

Großwildjagd

Bei der Bisonjagd gab es verschiedene Methoden. Als die Indianer noch keine Pferde hatten, mussten sie sich langsam an die Tiere anschleichen, um sie nicht vorzeitig in die Flucht zu schlagen. Einzelne Jäger verkleideten sich dabei oft mit Wolfsfellen, um die Büffel zu täuschen. Diese fürchteten in der Herde die Wölfe nämlich nicht. Erfolgreicher war die gemeinsame Jagd. Manchmal bildeten die Prärieindianer eine Jagdgemeinschaft aus mehreren Stämmen. Sie wählte einen Jagdhäuptling oder Waton. Hatten die Späher eine Bisonherde gesichtet, dann brachen alle Jäger auf, um sie einzukreisen. Eine verbreitete frühe Jagdmethode war es, die Büffel in Panik zu versetzen und in eine enge Schlucht zu treiben. Am Ausgang der Schlucht standen Jäger, die die Tiere mit Pfeil und Bogen oder auch mit Speeren erlegten. Es gab auch die Klippenjagd, bei der die Bisons über den Rand einer Schlucht getrieben wurden und sich zu Tode stürzten. Ein begehrtes Wild war auch der Wapiti, der amerikanische Hirsch. Er lieferte sehr feines Leder für Hemden, Kleider und Leggings. Auch die Inka jagten Hirsche. Dies war jedoch ein Vorrecht der Häuptlinge. Die Hirsche wurden in aufgespannte Netze getrieben und mit Keulen oder Speeren getötet.
Viel schwieriger war die Jagd auf das wilde Guanako im südamerikanischen Grasland. Die Indianer jagten dort mit der Bola. Diese Waffe schleuderten sie um die Beine des Wildes und brachten es dadurch zu Fall.

Allerlei Beute

An den Abhängen der Rocky Mountains jagten die Indianer das Dickhornschaf. In den wüstenartigen Ebenen des Südwestens und im Großen Becken war die Kaninchenjagd verbreitet. Dazu spannte man Netze auf und trieb die Tiere hinein, um sie mit dem Kaninchenstock zu erschlagen. Kleinere Tiere wie Stachelschweine, Schlangen und Vögel erlegten die Indianer mit der Schleuder. Sie legten auch Schlingen aus. Sogar Alligatoren wurden mit Schlingen gefangen. An den Flüssen und Seen war die Entenjagd besonders beliebt. Die Jäger banden sich Lockenten auf den Kopf und tauchten so unbemerkt in die Nähe der Beute, um sie dann plötzlich mit den Händen zu greifen.

Jagd im Regenwald

Ein reichhaltiges Angebot an Beute fanden die Jäger im Regenwald vor. Mit dem Blasrohr oder dem etwa mannshohen Langbogen verschossen sie vergiftete Pfeile. Getroffene Tiere wurden vom Gift betäubt und lebendig gefangen. Die Urwaldindianer jagten so Affen, Ozelots, Tapire, Pekaris und Wasserschweine. Auf Kleintiere und Vögel schossen sie mit Tonkugeln.

Die Jagdzeremonien

Die Indianer gingen nicht zum Vergnügen auf die Jagd, sondern sie war für sie lebensnotwendig. In manchen Gegenden streiften sie oft wochenlang umher, ohne ein größeres Tier zu erlegen. Dann mussten sie sich von Wurzeln und Beeren ernähren. Das Töten der Tiere machte ihnen keinen Spaß, denn sie hielten sie für dem Menschen gleichgestellte Lebewesen. Um das Jagdglück zu fördern, aber auch um die Tiere zu versöhnen, führten sie den Jagdzauber auf und bereiteten sich durch besondere Zeremonien auf die Jagd vor. Dazu gehörten auch Tänze.
Sie glaubten, dass sie dadurch das Wild und damit die Nahrung anlocken könnten.

Jade Jade ist ein grünlicher, sehr harter Edelstein. Die Indianer Mittelamerikas verwendeten Jade für Schmuck- und Zeremonialgegenstände. Schon die Olmeken haben aus Jade Figuren gearbeitet. Sie nahmen am liebsten blaugrüne Jade. Die Maya schätzten apfelgrüne Jade über alles. Sie war für sie wertvoller als Gold. Sie machten daraus Figuren und Schmuck. Bei den Azteken diente Jade auch für Zahnfüllungen. Einige Urwaldindianer schliffen Perlen aus Jade.
➳ *Babyface, Olmeken, Schmuck*

Olmekenfigur mit Kind

Jagd *siehe Seite 98/99*

Jagdgründe Bezeichnung für das Jagd- und Wohngebiet eines Stammes in der Prärie.

Jagdhäuptling Wenn die Prärieindianer eine Jagdgemeinschaft aus verschiedenen Stämmen bildeten, dann wurde ein Jagdhäuptling oder Waton gewählt. Er entschied, in welche Richtung die Jäger aufbrechen sollten und wo das Lager zu errichten war. Um das Wild aufzuspüren, schickte er Späher aus. Der Waton leitete auch den Jagdzauber. ➳ *Jagd*

Jagdzauber Vor einer Jagd versuchten die Indianer durch Gebete, Fasten, Reinigen in der Schwitzhütte und Tänze die Schutzgeister der Beutetiere im Voraus gnädig zu stimmen. Da die Indianer jedes Tier als eine Art Person betrachteten, hofften sie, durch die Zeremonie das Einverständnis zu seinem Tod zu erlangen. Bei den Jagdtänzen trugen sie meist Felle oder Köpfe jener Tiere, die sie erlegen wollten. Die verkleideten Tänzer stellten dabei die Tiere, die anderen die Jäger dar. Manchmal warfen sie Knochen ins Feuer, und der Schamane deutete aus den zersprungenen Teilen den Ausgang der Jagd. Die Nootka an der Nordwestküste zogen sich in eine Hütte zurück, bevor sie auf Walfang gingen. Zwischen Totenschädeln und Holzfiguren hielten sie dort Zwiesprache mit den Walen, die sie erlegen wollten.
➳ *Jagd, Religion, Schamane*

Jaguar Der Jaguar ist die größte Raubkatze in Mittel- und Südamerika. Er kommt hauptsächlich in den Regenwäldern vor, lebt aber auch in Flussniederungen. Die Indianer fürchteten und bewunderten die Kraft und Stärke dieses Raubtiers. Einen Jaguar zu erlegen galt als besonders mutig. Viele Indianervölker Südamerikas verehrten den Jaguar als Gott. ➳ *Götter, Olmeken*

Jivaro

Der Ostabhang der Anden in Ecuador und Peru ist mit tropischem Regenwald bedeckt. In dem bergigen Gelände leben die Jivaro (*sprich:* chibaro). Sie sind teilweise Ackerbauern, die in Familienverbänden in einem großen Haus wohnen.

Bauern und Jäger

Die Jivaro roden ein Stück Land im Urwald, indem sie die Bäume niederbrennen. Durch die Asche wird der wenig fruchtbare Boden eine Zeit lang fruchtbar. Die einzelnen Familien bauen nun Mais, Maniok, Bohnen und Süßkartoffeln an. Sie essen auch tropische Früchte wie Bananen, Mangos oder Papayas und kennen Pfeffer, Kakao und Tabak. Wenn der Boden erschöpft ist, ziehen die Jivaro weiter. Neben dem Feldbau liefert ihnen die Jagd mit dem Blasrohr und Giftpfeilen Nahrung. Sie jagen alles, vom kleinen Vogel bis zu Affen und Pekaris. Fische fangen sie oft mit Gift, das sie aus einer Liane gewinnen. Sie streuen es in einen See oder einen aufgestauten Fluss. Die vom Gift betäubten Fische schwimmen an die Oberfläche und können leicht gefangen werden.

Die Schrumpfköpfe

Die Jivaro stellten früher aus den Köpfen ihrer Feinde Schrumpfköpfe her. Sie heißen deshalb auch Kopfjäger. Da sich die Stämme untereinander ständig bekämpften, hatten sie viele Opfer. Sobald ein Jivaro einen Feind geköpft hatte, zog er sich zurück und begann mit dem Präparieren des Kopfes. Dabei kam es darauf an, das Haar nicht zu zerstören. Die Jivaro nennen den Schrumpfkopf „tsantsa". Sie glauben, sie könnten die rächende Seele ihres Feindes in dessen Kopf einschließen, indem sie ihn schrumpfen lassen. Heute sind die Kopfjagden bei den rund 20 000 noch lebenden Jivaro streng verboten.

Kachina Die Kachinas (*sprich:* katschinas) sind geschnitzte Puppen der Puebloindianer. Damit werden die Kinder von den Erwachsenen auf das zeremonielle Leben vorbereitet. Die Puppen sind Nachbildungen der Kachinatänzer der Hopi und Zuni. Die Kachinatänzer verkörpern die Ahnen, aber auch übernatürliche Geistwesen. Sie werden von Männern mit Masken dargestellt. Der Kachinakult ist schwer zu verstehen. Während der Zeremonien tanzen maskierte Männer, um von den Geistern und Ahnen Fruchtbarkeit, Regen oder eine reiche Ernte zu erflehen. Die Hopi kennen über 300 verschiedene Kachinafiguren. Nur die Mitglieder der Kachinabünde dürfen die Tänze aufführen. ➳ *Geheimbund, Hopi, Zeremonien, Zuni*

Kajak Den einsitzigen Kajak verwenden die Eskimo für die Robbenjagd. Er wird mit einem Doppelpaddel gefahren. Die Spanten des Bootes stellten die Eskimo früher aus Walrippen her. Heute nehmen sie dafür meist Treibholz. Das Gerüst überziehen sie mit Seehundshaut. Die Öffnung in der Mitte wird zugebunden, sodass kein Wasser ins Boot eindringt. ➳ *Boote, Eskimo*

Kakao Das Wort Kakao stammt von dem aztekischen „cacauatl". Die Heimat des Kakaobaumes ist Süd- und Mittelamerika. Die Maya bauten Kakao auf der Halbinsel Yucatan an. Von dort gelangte er nach Mexiko, und die Azteken bereiteten aus den Kakaobohnen ein warmes, schäumendes Getränk. Kakaobohnen dienten auch als Zahlungsmittel. ➳ *Azteken, Handel*

Kalender Die Maya hatten eine Zeiteinteilung, die genauer war als alle anderen Kalender der damaligen Welt. Sie rechneten bereits mit der Ziffer Null, als diese in Europa noch nicht bekannt war. Um die Genauigkeit ihres Kalenders zu sichern, beobachteten die Maya in ihren Observatorien den Lauf der Gestirne.

Kalenderstein der Azteken

Auch die Azteken in Mexiko besaßen einen Kalender. Die Kalenderzeichen sind auf dem Kalenderstein eingemeißelt, einer über 20 Tonnen schweren Basaltscheibe von 3,60 Meter Durchmesser. Für jeden Tag gab es ein Zeichen, zum Beispiel Krokodil, Schlange, Affe, Wind oder Regen. Dazu kamen noch Ziffern. Ein bestimmter Tag war dann etwa „5 Schlange" oder „11 Affe". Der Kalender der Zapoteken war noch komplizierter. Sie benutzten 20 Zeichen für die Tage und verbanden diese mit den Ziffern 1 bis 13. Die Inka hatten noch keinen Kalender. ➳ *Azteken, Maya-Kalender, Zapoteken*

Kalumet Indianische Friedenspfeife. Das Wort kommt aus dem Französischen. ➳ *Calumet*

Kanu Die nordamerikanischen Indianer kannten zwei Arten von Kanus: Die Küstenindianer bauten schwere Boote aus einem Baumstamm. Die leichten Kanus der Waldindianer hingegen konnte ein Mann von einem Fluss zum anderen bequem tragen. Sie bestanden aus einem Holzgerippe, das mit Birken- oder Ulmenrinde überzogen war. Alle Boote wurden mit Paddeln vorwärts bewegt. ➳ *Boote*

Kariben *siehe Seite 104*

Karibu Karibus sind wilde Rentiere, die im Norden Amerikas in Herden vorkommen. Sie werden vor allem von den Eskimo gejagt. Von einem erlegten Tier wird fast alles verwendet. Aus den Sehnen drehen die Eskimo Stricke, das Geweih und die Knochen verarbeiten sie zu Messern, Löffeln, allerlei Hausgeräten sowie Pfeil- und Speerspitzen. ➳ *Jagd, Werkzeuge*

Kartoffel Die Knollen dieser indianischen Pflanze haben mehr Reichtum nach Europa gebracht als alles Gold. Im vorigen Jahrhundert verhinderte die Kartoffel große Hungersnöte. Die Indianer kennen über 600 Kartoffelsorten. Vor allem im Hochland von Peru werden Kartoffeln angebaut. Viele dieser Sorten schmecken süß und sind bei uns nicht bekannt. In Mittelamerika wird auch die Jamswurzel gegessen. Sie enthält wie die Kartoffel viel Stärke. ➳ *Nutzpflanzen*

Kaugummi Die Maya und andere Indianervölker kannten bereits Kaugummi. Am Golf von Mexiko wuchsen viele Kautschukbäume. Die Azteken nannten dieses Land deshalb Gummiland. Hier lebten vor 3 000 Jahren die Olmeken, die vermutlich schon den festgewordenen Milchsaft einer Kautschukart kauten. ➳ *Kautschuk*

Kautschuk Der milchige Saft der tropischen Kautschukbäume liefert Latex oder Naturgummi. Die Indianer zapften die Kautschukmilch ab und ließen sie an der Luft gerinnen. Aus dem Latex machten sie Vollgummibälle. Sie tränkten auch Baumwolltücher mit dem Milchsaft der Bäume. Wenn er getrocknet war, bildete er eine Wasser abweisende Schicht, und die Indianer hatten so einen Regenschutz. Im 19. Jahrhundert kam man in Europa auf die Idee, Räder mit Gummi zu belegen. Jetzt wurde Kautschuk ein wichtiger Rohstoff. 1870 schmuggelte der Engländer Wickham 70 000 Pflanzen des Kautschukbaumes aus dem brasilianischen Urwald, was streng verboten war. Mit den gestohlenen Pflanzen wurden Kautschukplantagen in Südostasien angelegt. Heute wird Gummi chemisch aus Erdöl hergestellt. ➳ *Nutzpflanzen*

Kariben

Als Kolumbus auf seiner zweiten Reise im Jahr 1493 die Kleinen Antillen erreichte, stieß er auf Indianer. Sie wurden später Kariben genannt. Nach ihnen heißt auch der Teil des Atlantiks, in dem diese Inseln liegen, Karibisches Meer.

Kariben und Piraten
Das Volk der Kariben bestand einst aus vielen, ganz unterschiedlichen Stämmen. Manche von ihnen waren sehr wild und kriegerisch. Diese haben wohl mit dazu beigetragen, dass die Indianer in Europa lange Zeit als „Wilde“ galten. Einige Stämme sind von Venezuela und Guyana aus mit Kanus auf die Westindischen Inseln gelangt. Diese Inselkariben entwickelten sich später zu gefährlichen Piraten. Sie griffen auch spanische und englische Niederlassungen an. Deshalb hat man sie verfolgt und getötet.

Die Kariben an der Küste
Kleine Stämme der Küstenkariben leben heute noch in Guayana und Surinam. Ihre strohgedeckten Hütten errichten sie oft auf Pfählen am Wasser. Sie ernähren sich überwiegend von Fisch. Meist jagen sie von ihren Kanus aus und erlegen die Fische mit dem Speer oder mit Pfeil und Bogen. Sie fischen auch mit giftigen Lianen, Angeln und Netzen und bauen Fischzäune.
Im Hinterland pflanzen die Kariben vor allem Maniok an. Die Männer roden dazu das Land. Die Ernte der Knollen und die umständliche Verarbeitung ist Aufgabe der Frauen. Die Knollen werden wie Kartoffeln geschält, gerieben und in einen Schlauch gefüllt. Dann presst man den Brei in der Maniokpresse durch das eigene Körpergewicht aus. Auf diese Weise fließt der giftige Saft ab. Der Maniokbrei wird getrocknet. Aus dem Stärkemehl backen die Kariben auf heißen Steinplatten ihr Brot.

Kazike In Mittel- und Südamerika wird der Häuptling eines Dorfes Kazike genannt. Die Häuptlingswürde wird meist vom Vater auf den Sohn vererbt. Es gab Indianervölker, bei denen die Kaziken viel Macht und Einfluss besaßen. Die Kaziken in den Pampas in Argentinien hatten oft sehr viel Vieh und zahlreiche Pferde. Bei den Mapuche gab es Kaziken, die 15 000 Stück Vieh und 8 000 Pferde ihr Eigen nannten. Sie waren wohlhabender als die aus Spanien eingewanderten Viehzüchter. ➳ *Häuptling, Mapuche*

Kindererziehung *siehe Seite 106/107*

Kinnikinnik Dieses Algonkinwort bedeutet „Gemischtes". Damit wurde das bezeichnet, was die Indianer in der Friedenspfeife rauchten. Die Mischung bestand zu etwa zwei Dritteln aus Tabak. Der wild wachsende Indianertabak war sehr stark. Um immer genügend Tabak zu haben, bauten die Indianer ihn auch an. Unter den Tabak mischten sie Blätter des Giftsumachs, die einen Rauschzustand bewirkten. Hinzu kam noch die Rinde verschiedener Baumarten, vor allem Weidenrinde. Der Kinnikinnik schmeckte von Stamm zu Stamm verschieden, denn jeder hatte sein eigenes Rezept für die Mischung. ➳ *Calumet, Rauchen, Tabak*

Kiowa (*sprich:* kaiowa) Indianerstamm der südlichen Plains. Die Kiowa gehörten zur Sprachfamilie der Uto-Azteken und wurden von den Sioux und anderen Prärieindianern immer weiter südwärts getrieben. Schließlich bewohnten die Kiowa um 1800 Oklahoma, das nördliche Texas und Neumexiko. Sie verbündeten sich mit den Kiowa-Apachen und den Comanchen. Als sie auf die ersten Weißen trafen, besaßen die Kiowa bereits Pferde. Sie jagten Büffel und fingen Mustangs. Später verlegten sie sich auf den Pferdediebstahl und den Pferdehandel. Zunächst waren die Kiowa den Weißen freundlich gesinnt. Der Indianermaler George Catlin, der die Kiowa besucht hatte, beschrieb sie als große, schlanke Menschen mit edlen Gesichtszügen und langen Haaren. Berühmt waren sie für ihre Chronik auf Büffelhaut, die als Kalender geführt wurde. Der Kiowa Poolwa hat diese Stammeschronik bis 1939 fortgesetzt. Als die Weißen immer weiter in die Jagdgründe der Kiowa eindrangen, setzten sich diese zur Wehr. Sie überfielen besonders die texanischen Siedler, von denen sie heftig bekämpft wurden. Immer wieder verließen sie ihre Reservation in Oklahoma und machten zusammen mit den Comanchen Texas und die mexikanische Grenze unsicher. Erst 1875 ergaben sie sich und blieben von nun an in der Reservation, wo noch 4 000 Kiowa leben. ➳ *Apachen, Comanchen, Reservation*

Kiva In den Pueblodörfern Arizonas und Neumexikos gibt es unterirdische Räume für religiöse Zeremonien, die Kivas. Sie können nur durch eine schmale Öffnung über eine Leiter erreicht werden. Hier finden die Rituale der Puebloindianer statt. Auch die Kachinatänzer feiern ihre Zeremonien in den Kivas. Zugleich dient dieser unterirdische Raum auch als Versammlungsort. Die ersten Kivas hatten die Anasazi. ➳ *Anasazi, Kachina, Pueblo*

Kindererziehung

Wenn bei den Prärieindianern ein Kind auf die Welt kam, erhielt es von den „Vaterschwestern“ eine Wiege geschenkt. Vaterschwestern waren nicht nur die leiblichen Schwestern des Vaters, sondern auch seine Kusinen und Schwägerinnen sowie die Schwestern, Kusinen und Schwägerinnen der Mutter. Von den Großmüttern erhielt das Kind einen perlenbestickten Nabel-

Die Älteren erklären den Kindern die Bräuche des Stammes.

schnurbehälter. Darin wurde die Nabelschnur des Kindes verwahrt. Die Behälter hatten die Form einer Schildkröte oder Eidechse, denn diese Tiere galten als Glücksbringer. Nach einigen Tagen bekam das Kind seinen Namen. Diesen gab ihm ein wichtiges Stammesmitglied, bei manchen Stämmen auch der Medizinmann. Gewöhnlich wurde das Kind nach einem Vorfahren benannt. Der Name konnte aber auch durch eine Vision oder durch einen Traum gefunden werden, den die Mutter hatte.

Ein Paradies für Kinder

Bei den Prärieindianern nahm die Mutter ihr Kind schon nach einer Woche überallhin mit. Dazu diente die Kinderwiege oder Trage. Das war ein Brett, das mit Leder überzogen war. Die Wiege wurde mit Moos oder Bisonmist

Ein Kwakiutl-mädchen lernt flechten.

ausgepolstert. Das Baby wurde in das Gestell gebunden, und die Mutter trug es wie einen Rucksack mit sich. Bei einer Rast hängte sie die Wiege mit dem Kind an einen Ast oder eine Tipistange.

Indianermütter ließen ihre Kinder bis zum dritten oder vierten Lebensjahr an der Brust trinken. Zusätzlich gewöhnte man die Babys an vorgekautes Fleisch. Sobald die Kinder laufen konnten, tollten sie im Lager umher. Aber nie waren sie dabei ohne Aufsicht. Und nie wurden sie bestraft oder gar geschlagen. Wenn sie etwas falsch gemacht hatten, redete man ihnen gut zu. Nur wenn alles nichts half, schüttete man manchmal kaltes Wasser über sie.

Ein Knabe wird im Bogenschießen unterwiesen.

Lernen von den Alten

Die Älteren erzählten den Kindern Geschichten und erklärten ihnen dabei die Regeln des Stammeslebens. Auch die Spiele waren eine Vorbereitung auf das Erwachsensein. Ein Vater fertigte für seinen Sohn Pfeil und Bogen an und brachte ihm das Reiten bei. Schon früh begleiteten die Jungen ihre Väter auf die Jagd und lernten Fische zu fangen und Kaninchen zu jagen. Nach dem Vater war der Bruder der Mutter die wichtigste Person für einen Jungen. Die Mädchen halfen der Mutter und lernten so die späteren Pflichten einer Indianerfrau kennen.

Ein Navajomädchen lernt weben.

Ein Hopimädchen lernt Brot zu backen.

Bei den Puebloindianern übernahmen Kachinatänzer den Unterricht in Religion und den Stammesriten. Die verkleideten Männer führten vor den Kindern Tänze und Szenen auf, aus denen diese lernen konnten. Jedes Kind hatte auch kleine Kachinapuppen, mit denen es die Bräuche der Erwachsenen nachahmte. Die Mütter brachten ihren Töchtern das Kochen und Backen, das Weben und Flechten bei.

Die Schule der Azteken

Bei den Azteken war die Erziehung viel strenger. Die Kinden mussten früh im Haus mitarbeiten. Dreijährige bekamen einen halben Maiskuchen täglich, Fünfjährige einen ganzen. Unartige Kinder wurden geschlagen, mit Kakteendornen gestochen oder in heißen Pfefferrauch gehalten.

Mit 15 Jahren konnten Mädchen und Knaben eine Schule im Tempelbezirk besuchen. Die Mädchen lernten von den Priesterinnen die Götterbilder zu schmücken und die heiligen Feuer zu unterhalten. Die Knaben wurden von den Priestern in der Sterndeutung, den Hieroglyphen und in Musik unterrichtet. Der Staat bildete so den Nachwuchs an Priesterinnen, Priestern und Beamten aus. Der „Rat der Musik" überwachte die Erziehung und prüfte die Schüler. Auch die Inka hatten Schulen, doch wurden diese nur von Kindern des Adels besucht.

Einem Jungen wird das Reiten beigebracht.

Klapperschlange Die Klapperschlange ist für die Indianer Nordamerikas ein geheimnisvolles Tier. Sie greift nur zögernd an, schlägt dann aber blitzschnell zu. Ihr Biss ist tödlich. Einmal im Jahr häutet sich die Schlange. Der Schlangenhaut schreiben die Indianer geheimnisvolle Kräfte zu. Die Hopi führen heute noch im Sommer den Schlangentanz auf. Dabei nehmen die Tänzer lebende Schlangen in den Mund. ➳ *Gift, Hopi, Tanz*

Kleidung *siehe Seite 109*

Klippenjagd Eine Form der Jagd, die schon in der Steinzeit von den Menschen angewendet wurde. Man jagte dabei eine Herde Tiere auf

den Rand einer Klippe zu, bis sie sich zu Tode stürzten. Auf diese Weise haben die frühen Ureinwohner Amerikas Mammuts und Langhornbüffel gejagt. Diese Form der Jagd war im Grand Canyon noch lange verbreitet, weil dabei die Ausbeute groß war. Die Büffel wurden bei der Klippenjagd oft durch einen gelegten Brand aufgeschreckt und in Panik versetzt. Man spricht deshalb von Panikjagd. ➳ *Büffel, Canyon, Jagd*

Knotenschnur Die Knotenschnur oder den Quipu benutzten die Beamten der Inka zum Zählen. Es waren bunte Schnüre, in die an bestimmten Stellen Knoten geknüpft wurden. Die untersten Knoten gaben die Einer, die mittleren die Zehner und die oberen die Hunderter an. Jede Farbe stand für einen bestimmten Gegenstand. Nur wer die Bedeutung der Farben kannte, konnte den Quipu entziffern. ➳ *Schrift*

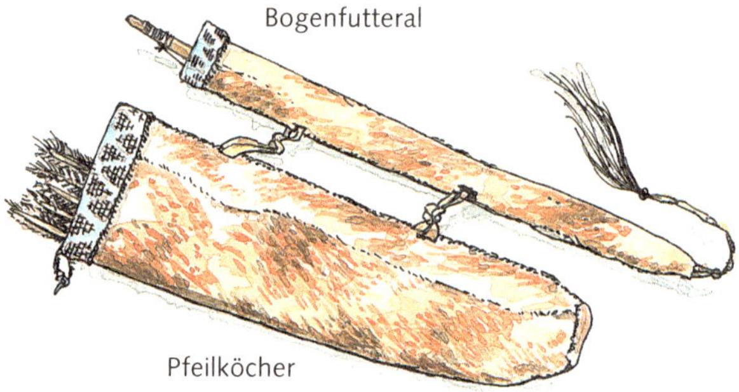

Köcher Zum Aufbewahren von Pfeilen hatten die Jäger den Köcher. Bei den Prärieindianern hing daran meist das Futteral für den Bogen. Köcher und Futteral waren aus einem Stück Fell oder aus Rohleder gefertigt. Gern wurde das Fell des Fischotters dafür verwendet. Die rohledernen Behälter wurden vom Besitzer oft noch kunstvoll bemalt oder auch mit Stachelschweinborsten verziert. Die Indianer an der Nordwestküste fertigten ihre Köcher aus dem Holz der Zeder. ➳ *Pfeil und Bogen, Waffen, Zeder*

Kojote Präriewolf. Dieser Wildhund heißt auch Heulwolf und ähnelt dem Schakal. ➳ *Coyote*

Kleidung

Die ersten Indianer, die Kolumbus traf, waren fast nackt. Sie trugen nur einen Lendenschurz, dazu Ketten aus bunten Vogelfedern oder Muschelschalen. Die Indianer im Regenwald lehnen meist heute noch andere Kleidung ab.

Kleider aus Leder
Die Männer der Wald- und Prärieindianer trugen gewöhnlich Hemden aus dem weichen Leder von Wapitis und Antilopen. Auch die Röcke und Kleider der Frauen waren aus Leder. Alle Kleidungsstücke waren kunstvoll verziert

und mit bunten Stachelschweinborsten oder Perlen bestickt. Wenn es kalt wurde, legten die Indianer Umhänge aus Bisonfell an oder zogen lederne Leggings an. Diese Beinlinge waren Stiefel und Hose zugleich. Die Füße steckten in Mokassins.

Baumwolle, Federn und Wolle
Was für die nordamerikanischen Indianer das Leder, war für die Maya und Azteken die Baumwolle. Sie webten daraus ihre Kleider, Gürtel und Schärpen. Aus den Fasern der Agave flochten sie Hüte, Taschen und Sandalen. Die meisten Menschen gingen jedoch barfuß.

Der Herrscher der Inka trug einen Poncho aus bunten Papageienfedern. Federponchos waren nur den Vornehmsten erlaubt. Die Kleidung der Bauern in Peru besteht heute noch aus Hose, Hemd und Poncho, einem ärmellosen Umhang. Als Kopfbedeckung haben sie Wollmützen mit Ohrenklappen. Der Poncho war aus der groben Wolle des Lamas gewebt. Das wilde Vikunja liefert besonders feine, seidige Wolle. Sie durfte nur für die Kleider des Inkaherrschers verwendet werden. Er trug nie ein Gewand zweimal.

Koka Der Kokastrauch wird etwa zwei Meter hoch und wächst wild in den Anden. Seine Blätter enthalten verschiedene Rauschgifte. Bei den Inka galt er als heilige Pflanze. Schon immer kauen die Hochlandindianer die Blätter des Kokastrauches. Sie verspüren dadurch kaum Hunger und ermüden weniger rasch. Deshalb hat man den Kokastrauch angepflanzt. Die Blätter liefern aber den Rohstoff für das gefährliche Rauschgift Kokain. Bisher ist es den Regierungen nicht gelungen, den Anbau von Koka zu verhindern. Die arme indianische Bevölkerung erhält von Drogenhändlern nämlich viel mehr Geld für Koka, als sie für Feldfrüchte bekommt.

Kolumbus, Christoph (1451–1506) Der Entdecker Amerikas stammte aus Genua in Italien. Für seinen Plan, Indien in westlicher Richtung zu erreichen, fand er Unterstützung am spanischen Königshof. Königin Isabella stellte ihm drei kleine Schiffe zur Verfügung. Kolumbus landete nach fast zwei Monaten auf See am 12. Oktober 1492 auf der Bahamainsel Guanahani. Obwohl er noch drei weitere Fahrten in die Neue Welt unternahm, war er bis zu seinem Lebensende davon überzeugt, Indien entdeckt zu haben. ➳ *Entdecker, Indianer*

Kondor Der Kondor ist der größte Greifvogel der Erde. Mit einer Flügelspannweite von bis zu drei Metern ist dieser Geier noch größer als die größten Adler. Er lebt in Südamerika in den Anden. Die südamerikanischen Indianer, vor allem die Menschen von Chavin, brachten dem Kondor göttliche Verehrung entgegen. ➳ *Chavin*

Kopfjäger Unter den Urwaldindianern Südamerikas waren vor allem die Jivaro als Kopfjäger sehr gefürchtet. Sie schnitten ihren toten Feinden die Köpfe ab und stellten daraus dann Schrumpfköpfe her. ➳ *Jivaro, Schrumpfkopf*

Kopfschmuck Die Prärieindianer trugen bei Festen auffälligen Kopfschmuck. Am aufwendigsten war die lange Adlerhaube der Prärieindianer. Nur bedeutende Häuptlinge durften sie tragen. Einfache Krieger steckten sich einzelne, beschnittene Federn ins Haar. Viele Indianer trugen auch Büffelhörner oder einen Kamm aus einem rot gefärbten Hirschschwanz. Die Häuptlinge der Irokesen trugen Aufsätze mit kurzen Hirschgeweihen und Truthahnfedern. Die Küstenindianer hatten einen Kopfputz mit Holzschnitzereien und sogar Hüte aus Holz. Die Indianer im Regenwald verarbeiteten bunte Papageienfedern zu prachtvollen Federkronen. Der Kopfschmuck der Aztekenherrscher bestand aus einem Goldhelm mit den meterlangen Schwanzfedern des Quetzalvogels. Auch die Mayapriester trugen auffällige Kopfbedeckungen. ➳ *Federhaube, Federkrone, Federn, Haartracht*

Korb Besonders die Puebloindianer und die Indianer in Kalifornien flechten kunstvolle Körbe. Einige sind riesengroß und mit Mustern versehen. Die Frauen arbeiten oft jahrelang daran. Die Körbe sind so dicht, dass sie sogar Wasser halten. Die Indianer legten heiße Steine in die Körbe und brachten den Inhalt auf diese Weise zum Kochen. Die Basketmaker kochten ihre Nahrung so. Man nennt sie deshalb auch Steinkocher. ➛ *Basketmaker, Flechten, Nahrung*

Körperbemalung Alle Indianer bemalten ihren Körper, um sich zu schmücken. Die Männer waren oft auffälliger bemalt als die Frauen. Die Farbstoffe gewannen die Indianer aus Mineralien oder Pflanzen. Kostbar war das Karminrot aus dem Saft der mexikanischen Cochenillelaus. Farbige Erden zerstampfte man im Mörser. Die zerstoßenen Farbpigmente bewahrte man in Muschelschalen oder Lederbeuteln auf. Bei vielen Prärieindianern galt Rot als Kriegsfarbe. Manchmal wurde auch Gelb als Kriegsfarbe gewählt, Schwarz nahmen die Comanchen. Jeder Stamm hatte seine eigenen Muster. Man trug die Farben mit den Fingern, einem zerkauten Holz oder einem Knochenstück auf. Feine Linien zog man mit Tierhaaren nach. Für Muster gab es Tonstempel. In heißen Gebieten ersetzt die Körperbemalung die Kleidung. Sie schützt die Haut vor der Sonne und hält Insekten ab. Urwaldindianer wie die Yanomami bemalen sich von Kopf bis Fuß. ➛ *Bemalung, Farben, Kriegsbemalung*

Krähenindianer Die Crow (*sprich:* krou) oder Krähenindianer lebten am oberen Missouri und am Yellowstone River. Sie zählten zur Sioux-Sprachfamilie, gingen auf Büffeljagd und wohnten in Tipis. Die Crow galten als hervorragende Reiter und besaßen die meisten Pferde unter den Plainsindianern. Als Pferdediebe waren sie gefürchtet. Mit fast allen Stämmen standen sie auf Kriegsfuß, nur den Weißen gegenüber verhielten sie sich friedlich. So kämpften die Crow aufseiten der Weißen oft gegen andere Indianerstämme, und ihre Kundschafter dienten als Scouts bei der US-Armee. Deshalb waren die Crow bei anderen Stämmen nicht gern gesehen. Man hielt sie für Verräter. Die Crow galten als sehr eitel und trugen besonders schöne Kleider und viel Schmuck. ➛ *Scout, Sioux*

Kriegerbund Bei vielen Prärieindianern gab es Kriegerbünde, denen fast alle Männer angehörten. Jeder Krieger konnte in einen solchen Bund eintreten. Auf dem Kriegspfad blieben die Mitglieder der Bünde zusammen und bildeten Kampftruppen. Die Bünde nannten sich „Füchse" oder „Hunde", „Schildsoldaten" oder „Holzklötze". Je nach Rang hatte ein Mitglied der Kriegergesellschaft bestimmte Aufgaben, zum Beispiel das Lager vor Feinden zu schützen oder für Ordnung im Lager zu sorgen. ➺ *Bünde*

Kriegsbeil Fast alle Indianervölker hatten Kriegsbeile. Bei den nordamerikanischen Indianern heißen sie Tomahawks. ➺ *Tomahawk*

Kriegsbemalung der Sioux

Kriegsbemalung Die Kriegsfarbe war bei den meisten Stämmen Rot, bei manchen auch Gelb oder Schwarz. Die Apachen bemalten sich auf dem Kriegspfad das Gesicht mit blauen oder schwarzen und weißen Streifen. Jeder, der einem so bemalten Indianer begegnete, wusste, dass dieser auf dem Kriegspfad war. ➺ *Bemalung*

Kriegspfad *siehe Seite 113*

Kunst *siehe Seite 114/115*

Kupfer Nur die mittel- und südamerikanischen Indianer konnten Metalle schmelzen und bearbeiten. Zu den wenigen in Nordamerika genutzten Metallen gehörte Kupfer. Es ist weicher als Silber, und man stellte daraus Messer, Äxte, Pfeilspitzen und Nadeln her. Schon die Mississippi-Kultur vor 1 200 Jahren kannte die Technik der Kupferverarbeitung. Man hat sie wie ein strenges Geheimnis gehütet. ➺ *Gold, Schmuck*

Kupferarbeiten vom Mississippi

Küstenindianer Die Stämme an der Nordwestküste Nordamerikas von Alaska bis Kalifornien. ➺ *Haida, Kwakiutl, Tlingit*

Kwakiutl Küstenindianer, von denen noch etwa 3 000 auf den Charlotte-Inseln und Vancouver leben. Sie betrieben früher Walfang und waren hervorragende Seeleute. Das Meer befuhren sie mit langen Kanus aus Zedernholz. Die Kwakiutl gelten als ausgezeichnete Maskenschnitzer und richten eindrucksvolle Totempfähle auf. Viele ihrer Gegenstände sind aus Holz. Ihre Kleidung stellen sie zum Teil noch aus dem gesponnenen Bast von Zedern her. ➺ *Haida, Tlingit, Totempfahl, Zeder*

Kriegspfad

Bei den Prärie- und Plainsindianern wurde ein Jüngling nach harten Proben in den Kreis der Männer und Krieger aufgenommen. Der Kriegerbund erwartete nun von ihm, dass er sich durch Mut und Tapferkeit auszeichnete. Nur durch mutige Taten konnte er Ansehen erringen. Das war am einfachsten, wenn sich die Indianer auf dem Kriegspfad befanden.

Kriegsrat und Kriegstanz

Sobald ein Stamm einen Kriegszug vorbereitete, wählte er einen erfahrenen Krieger als Kriegshäuptling. Ihm ordneten sich während des Kriegszugs alle Krieger unter. Nun wurde ein Kriegsrat abgehalten und Späher ausgeschickt. War der Krieg beschlossen, dann führten alle Männer den Kriegstanz auf. Der Medizinmann machte „gute Medizin", um den Ausgang des Kampfes günstig zu beeinflussen.

Das Wort „Kriegspfad" stammt vielleicht daher, dass die Indianer sich in Feindesland vorsichtig bewegten, um sich nicht zu verraten. Um Spuren zu vermeiden, versuchte jeder Krieger in die Fußstapfen seines Vordermanns zu treten. Dazu gingen die Krieger im Gänsemarsch, und der Letzte verwischte die Spur. So ließ sich nicht feststellen, wie viele Krieger unterwegs waren.

Der Überfall

Gewöhnlich griffen die Indianer in Gruppen von 30 bis 50 Kriegern an. Dabei war es wichtig, den Gegner zu überraschen. Vor jedem Angriff stimmten alle ein fürchterliches Geheul an, um den Gegner zu erschrecken und ihn über die Zahl der Angreifer zu täuschen. Dieses Kriegsgeschrei war später für die weißen Siedler oft ein Schock. Denn sobald sie es vernahmen, stürmten die Indianer auch schon heran. Es blieb kaum mehr Zeit, sich zu verteidigen. Der Überfall dauerte oft nur ein paar Minuten.

Kunst

Die Kunst der alten Ägypter oder der alten Griechen ist weltberühmt. Die Kunst der alten Amerikaner kennen dagegen nur wenige. Doch lange vor Christus gab es in Amerika Indianervölker, die uns eindrucksvolle Bauwerke und Kunstgegenstände hinterlassen haben. Zu diesen Völkern zählen in Mittelamerika die Huaxteken, die Olmeken und die Zapoteken, in Peru die Menschen von Chavin oder die Mochica. Auf sie folgten in Mexiko die Maya und Azteken, in Peru die Inka. Auch viele andere indianische Völker haben Kunstwerke geschaffen. Doch erst seit etwa hundert Jahren befassen sich Forscher, Archäologen und Kunsthistoriker ernsthaft mit der Kunst der Indianer.

Gold und Jade

Die Spanier haben in Mittel- und Südamerika viele Tempel und Pyramiden der Indianer zerstört. Die Eroberer waren nur an Gold interessiert. Sie schmolzen prachtvolle Schmuckstücke ein, die so für immer verloren gingen. Doch die Indianer verarbeiteten nicht nur Gold und Silber. Wertvoller als diese Edelmetalle war für manche Indianervölker die Jade. Aus diesem harten, grünlichen Edelstein schnitzten die Olmeken schon vor 3 000 Jahren kleine Figuren.

Knochen, Kupfer und Türkise

Goldarbeiten sind von den nordamerikanischen Indianern nicht bekannt. Sie bearbeiteten einfachere Werkstoffe, weil sie das Schmelzen und Gießen von Metallen nicht verstanden. Ihre Materialien waren die Knochen von erlegtem Wild, bei den Eskimo und Küstenindianern auch das Elfenbein von Walrossen oder die Rippen von Walen. An den Großen Seen und an der Nordwestküste wurde auch Kupfer gefunden und gehämmert. Die Hohokam und Mound Builder hatten schon Schmuck aus Kupfer. Die Anasazi und andere Völker im Südwesten verarbeiteten den Schmuckstein Türkis.

Holzschnitzer

Die Küstenindianer brachten es zu einer großen Meisterschaft im Holzschnitzen. Sie fertigten für ihre Tänze und Zeremonien kunstvolle Masken an, die sie auch bemalten. Aus ganzen Baumstämmen schnitzten sie ihre bis zu 20 Meter hohen Totempfähle. Auch die Falschgesichter der irokesischen Holzbildhauer sind wahre Kunstwerke.

Kunst aus Ton

Bei den Ackerbauern war die Keramik weit verbreitet. Um Vorräte aufzubewahren, stellten sie Krüge, Schalen und andere Behälter aus Ton her. Mit der Zeit wurden diese immer kunstvoller und zusätzlich bemalt. Bald begannen die Indianer auch, Figuren aus Ton zu modellieren. Besonders fantasievoll sind die Gefäße der Mochica und der Inka aus Peru. Sie haben oft die Gestalt von Tieren, Pflanzen oder Menschen. Die Maya haben ihre Welt und ihr ganzes Leben in Ton nachgebildet. Man hat sehr viele Tonfiguren in Gräbern gefunden. Darunter waren Götter und Tänzerinnen, einfache und vornehme Leute, weinende und lachende Menschen, Hunde und Affen, Vögel und Fische. Sie erzählen vom Leben der Maya vor 2 000 Jahren.

Schöne Dinge

Alles, was die Indianer anfertigten, hatte einen Sinn und Zweck. Sie hatten kein Wort für Kunst und sie wollten auch keine Kunstwerke in unserem Sinn schaffen. Nur die Dinge, die sie benutzten, sollten schön sein. So verzierten sie ihre Kleider oder webten Muster in ihre Stoffe. Die Chilkatdecken der Küstenindianer oder die Gewebe der Navajo und der Indianer in Peru werden noch heute nach den alten Mustern hergestellt. Die Gold- und Silberschmiede in Mexiko zählen zu den besten der Welt. Und die Körbe der Puebloindianer sind noch immer so schön wie zur Zeit der Anasazi. Denn das ist die eigentliche Kunst der Indianer: sich Zeit zu nehmen für schöne Dinge.

perlenbestickter Tabaksbeutel, Navajo
Frosch mit Türkisen, Anasazi
Maske aus Zedernholz mit Muscheln, Mississippikultur
Muschel, Hohokam
Türkismosaik, Anasazi
Steinpalette für Bemalung, Hohokam
Pfeife, Hopewell
Hund als Tongefäß, Mexiko
Tonschalen, Mimbres, Neumexiko
Tongefäß mit Bügelausguss, Mochica
Gewebe, Inka
Muschel mit Türkisen, Anasazi
Totenmaske aus Jade, Maya
Tonkrug, Anasazi
Frauenfigur, Mexiko
Goldmaske, Mochica
Elfenbeinschnitzerei, Eskimo
Festschale, Tlingit
Rassel, Haida
Korb, Basketmaker

Mach es selbst: eine indianische Puppe

Alle Indianerkinder hatten Spielzeug. Die Mädchen besaßen Puppen, die aus Holz, Leder oder Rinde gemacht waren. Diese trugen Kleider wie die Erwachsenen. Besonders berühmt sind die Kachinapuppen der Puebloindianer.

Kachinapuppe
Wir benötigen Karton, Buntpapier oder Farben, Federn, Klebstoff.

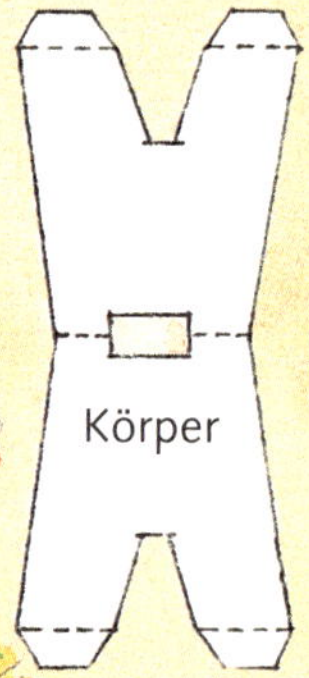

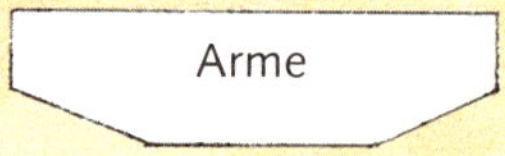

1. Körper (mit Ausschnitt für Kopf), Kopf, Arme und Steg aus Karton ausschneiden.

2. Arme ankleben. Körper umknicken. Kopf in die Öffnung stecken und festkleben.

3. Steg zwischen die Beine kleben. Füße nach außen knicken, damit die Puppe steht.

4. Kachinapuppe bemalen oder mit Buntpapier bekleben. Mit Federn schmücken.

Puppe der Prärieindianer

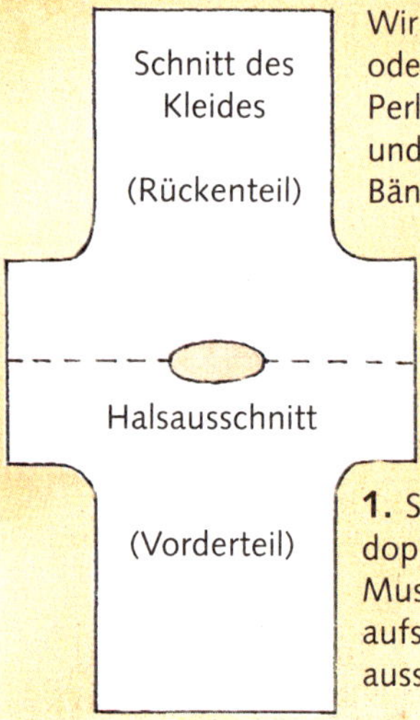

Wir benötigen Stoff oder weiches Leder, Perlen, Federn, Nadel und Faden, Farbe, bunte Bänder, ein Holzpüppchen (aus dem Bastelladen).

1. Stoff oder Leder doppelt legen. Muster falten, aufstecken und ausschneiden.

2. Die Seiten zunähen.

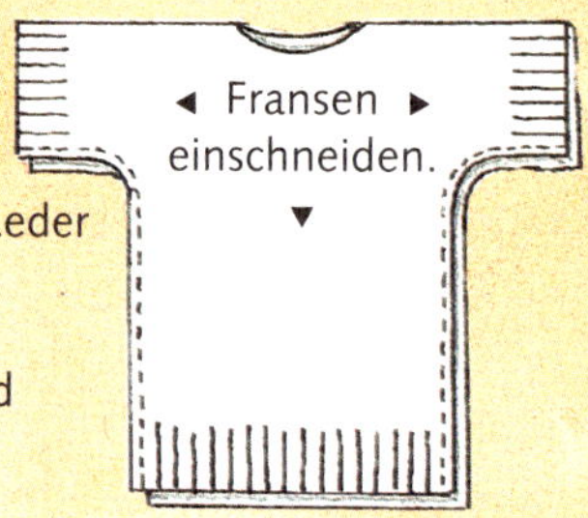

3. Gesicht bunt anmalen.

Lachs Lachse leben in nördlichen Meeren und Flüssen. Um ihre Eier abzulegen, schwimmen sie vom Meer die Flüsse aufwärts bis zu den Quellgebieten. Bei dieser Wanderung fingen die Indianer die Lachse. Sie bauten dazu Wehre und legten Netze und Reusen aus. Sie schossen die Lachse mit Pfeil und Bogen oder spießten sie mit dem Speer auf. Für die Küstenindianer war der Lachs der wichtigste Fisch. ➳ *Fischfang*

Lagerplatz Wenn Prärie- und Plainsindianer ihr Lager errichteten, wurde der Lagerplatz sorgfältig ausgewählt. Wasser musste vorhanden sein, ebenso Weidefläche für die Pferde und genügend Brennholz für die Lagerfeuer. Die Tipis wurden kreisförmig aufgestellt. Im Osten, wo die Sonne aufgeht, blieb der Kreis offen. Der Lagerkreis hatte also die Form eines C. Bei einem großen Stamm mit mehreren Hundert Tipis standen die Zelte in Reihen hintereinander. Nur die Comanchen hatten keine feste Zeltordnung. Jede Sippe hatte ihren bestimmten Zeltplatz. In der Mitte des Lagerkreises stand das Ratszelt der Häuptlinge. Dort brannte auch das große Feuer, das nie ausgehen durfte. ➳ *Tipi*

Lacrosse (*sprich:* lacross) Dieses Ballspiel war bei vielen Stämmen Nordamerikas beliebt. Als französische Missionare die dabei verwendeten Schläger sahen, gaben sie dem Spiel den Namen „Lacrosse", das heißt „krummer Schläger". Die Indianer nannten das Spiel den „kleinen Bruder des Krieges". Es war auch ein richtiges Kampfspiel. Die Spieler versuchten mit ein oder zwei Schlägern einen harten Lederball ins gegnerische Tor zu schlagen. Die löffelförmigen Schläger hatten ein Geflecht aus Tiersehnen, ähnlich wie ein Tennisschläger. Oft waren über hundert Spieler auf dem Spielfeld. Im Spiel ging es meist so rau zu, dass sich mancher dabei die Knochen brach. Lacrosse wird heute nur noch von den Irokesen gespielt. Sie benutzen nur einen Schläger. ➳ *Spiele*

Lama Das Lama ist ein etwa hirschgroßes Kleinkamel. Es stammt vom wilden Guanako ab. Die Indianer im Hochland Südamerikas zähmten das Guanako und setzten es als Lasttier ein. Das Lama ist sehr trittsicher und klettert über steilste Gebirgspässe. Lamas liefern den Indianern auch Wolle und Fleisch. ➳ *Vikunja*

Langhaus Die Irokesen und andere Stämme im Nordosten bauten bis zu 50 Meter lange und acht Meter breite Holzhäuser. Diese Langhäuser wurden aus biegsamen Ulmenstämmen errichtet und sahen wie Tonnengewölbe aus. In einem solchen Haus lebten oft zwanzig Familien. Für jede Familie waren links und rechts vom Mittelgang Abteile abgetrennt. Im Gang lagen die Feuerstellen. ➳ *Hausbau, Huronen, Irokesen*

Lanze Alle Indianervölker setzten Lanzen als Jagd- und Kriegswaffen ein. Die Nordamerikaner jagten mit der Lanze Büffel, Bären und Karibus. Die Küstenindianer gingen mit Lanzen auf Robbenjagd. Die bis zu vier Meter langen Lanzen der Prärieindianer bestanden aus Eschenholz. Die zweischneidigen Spitzen waren erst aus Stein, später aus Eisen. Die Eisenspitzen feilten die Indianer anfänglich aus Bratpfannen, die sie bei den Weißen eintauschten. ➳ *Harpune, Waffen*

Lasso Wurfschlinge, die von den Spaniern in Amerika eingeführt wurde. Die Gauchos, die Rinderhirten der Pampas, und die Cowboys fingen mit dem Lasso Rinder aus den Herden. Die Indianer übernahmen das Lasso und waren im Lassowerfen bald wahre Meister. ➳ *Bola*

Leder Leder war für die Indianer der Prärie der wichtigste Werkstoff. Sie verarbeiteten die Häute von Bisons, Wapitis und Antilopen zu Rohleder oder gerbten sie. Aus Rohleder, das nur entfettet und enthaart wurde, fertigten sie Parfleches, Schuhsohlen und Behälter zum Steinkochen. Gegerbtes Leder nahmen sie für Kleidung und Zelte. Das Gerben und Bearbeiten des Leders war Sache der Frauen. ➳ *Gerben*

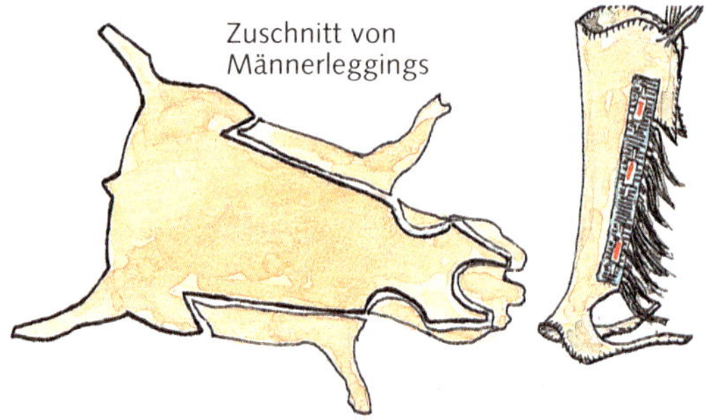

Leggings Die nordamerikanischen Indianer trugen Beinlinge aus dem Leder von Hirsch- oder Büffelkalb, die sie am Gürtel befestigten. Die hosenartigen Bekleidungsstücke dienten als Schutz im Unterholz, gegen Kakteenstacheln und scharfes Präriegras. Die Leggings besaßen Fransen und Verzierungen. Häufig wurden die Skalps erlegter Feinde an die Leggings genäht. Auch Frauen trugen Leggings. ➳ *Kleidung*

Lendenschurz Nicht alle Indianer trugen Kleidung. Viele hatten nur einen Lendenschurz an, vor allem die Urwaldindianer und Stämme in heißen Gebieten. Lendenschurze bestanden aus weichem Leder oder Baumwolle. Auch die Prärieindianer trugen bei der Jagd oder auf dem Kriegspfad oft nur einen Lendenschurz. Damit sie vom Gegner nicht so leicht festgehalten werden konnten, rieben sie den Körper mit Fett ein. ➳ *Kleidung*

Lewis und Clark Die beiden amerikanischen Forscher, Meriwether Lewis und William Clark, durchquerten von 1804 bis 1806 im Auftrag der US-Regierung die damals noch unerforschte Prärie. ➳ *Entdecker*

Little Bighorn Der Little Bighorn ist ein kleiner Fluss im heutigen US-Bundesstaat Montana. Hier kam es im Jahr 1876 zur Schlacht zwischen Indianern und der US-Armee. ➳ *Custerschlacht*

Machu Picchu (*sprich:* matschu piktschu)
Die Inka hatten etwa um das Jahr 1450 in den peruanischen Anden in 2 450 Meter Höhe eine festungsähnliche Stadt erbaut. Machu Picchu lag nicht weit von der Hauptstadt Cuzco entfernt. Die spanischen Eroberer hatten es nicht entdeckt. Erst im Jahr 1911 fand der amerikanische Archäologe Heram Bingham die Ruinen dieser Inkafestung. ➳ *Inka*

Magie Im Leben der Indianervölker spielt die Magie eine große Rolle. Das ist der Glaube an Geister und Dämonen. Zur Magie zählte zum Beispiel der Jagdzauber, den die Indianer vor einem Jagdzug veranstalteten. Dabei führten sie Tänze auf, sangen und trommelten. Auch die Medizinmänner arbeiteten mit Magie, zum Beispiel wenn sie Kranke durch Beschwörungen von Geistern zu heilen suchten oder wenn die Schamanen den Regengott um Fruchtbarkeit baten. Wichtig war die Magie beim „Wettermachen". Oft trugen die Schamanen und Medizinmänner dabei Masken und Tierverkleidungen. Obwohl die Heiler bei den Azteken und Inka schon viele medizinische Kenntnisse besaßen, wendeten auch sie Zauber und Magie an. Viele, auch christliche Indianer, glauben heute noch, dass die Schamanen nicht nur über heilende und helfende, sondern auch über schädliche magische Kräfte und bösen Zauber verfügen. ➳ *Medizinmann, Religion, Schamane*

Mais Der Mais, auch Indianerkorn genannt, wird heute in allen Teilen der Erde angebaut. Ursprünglich gab es Mais nur in Amerika. Er hat sich aus dem wilden Mais entwickelt, den die Maya mit einer winterharten Grasart kreuzten. Die ersten Maiskolben hatten weniger Nährwert als heute ein einzelnes Korn. Im Laufe von Jahrtausenden gelang es aber, eine ertragreiche Getreidepflanze zu züchten. Sie liefert seitdem das Grundnahrungsmittel für die Ackerbau treibenden Indianervölker und ist nach dem Reis die wichtigste Nährpflanze der Menschheit. Die Indianer aßen gekochte Maiskörner oder backten Fladen aus Maismehl. ➳ *Maisgott, Nahrung*

Maisgott Der Mais galt als heilige Pflanze und wurde fast göttlich verehrt. In allen Indianerkulturen, die vom Mais lebten, gab es Maisgötter und Maisgöttinnen. Man errichtete ihnen Tempel und Pyramiden. Priester und Jungfrauen sorgten dafür, dass die Götter genügend Opfergaben erhielten. Die Maya opferten ihrer Maisgottheit Yum Kax meist Pflanzen und Tiere.
Die Azteken brachten ihren Maisgöttern sogar Menschen zum Opfer dar. Die Puebloindianer führen zu Ehren ihrer Maisgötter heute noch den Maistanz auf. ➳ *Götter, Maistanz, Tanz*

Maisstrohgesicht Die Irokesen im östlichen Waldland kannten viele Masken und Falschgesichter. Die Mitglieder vom Geheimbund der Maisstrohgesichter trugen bei ihren Tänzen Masken aus Maisstroh. Sie traten bei den Winterzeremonien auf, um das neue Jahr zu begrüßen.

Die Bünde der Falschgesichter und Maisstrohgesichter gibt es bei den Irokesen heute noch. ➳ *Bünde, Falschgesicht, Irokesen*

Maistanz Alle Indianervölker, die Mais anbauen, führen Tänze und Zeremonien zu Ehren des Indianerkorns auf. Bei den Puebloindianern gibt es Maskentänze für den wachsenden Mais. Weit verbreitet ist noch der „Grüne Maistanz". Die Maisbauern feiern damit den jungen, noch weichen Mais, der besonders gut schmeckt. Das Fest dauert eine ganze Woche. Zuvor werden alle Schäden repariert, alle Streitigkeiten beigelegt und die Herdfeuer gelöscht. Die Menschen reinigen sich und fasten vorher. Während des Festes entfachen Häuptlinge und Medizinmänner ein neues heiliges Feuer auf dem Dorfplatz, über dem ein Kessel mit dem grünen Mais kocht. Nach dem Tanz werden alle Herdfeuer am heiligen Feuer wieder neu entzündet. ➳ *Maisgott, Tanz*

Mama Occlo Die Tochter des Sonnengottes bei den Inka. Nach Inkaglauben schickte ihr Vater sie auf die Erde, um die Frauen im Weben und Kochen zu unterrichten. Sie war die Frau ihres Bruders Manco Capac. Dieser Sohn des Sonnengottes kam auf die Erde, um die Männer den Ackerbau und den Krieg zu lehren. Zusammen mit seiner Schwesterfrau Mama Occlo begründete er das Volk der Inka. ➳ *Inka*

Mandan *siehe Seite 121*

Maniok Maniok wächst als Strauch oder kleiner Baum in den tropischen Gebieten Mittel- und Südamerikas. Schon die Maya bauten ein Dutzend verschiedene Manioksorten an. Aus den Wurzelknollen dieser Pflanzen gewinnen viele Indianervölker das Tapioka, ein stärkereiches Mehl. Die Knollen des Maniok enthalten Blausäure und sind giftig. Sie müssen zerstampft und vergoren werden, bevor man sie essen kann. ➳ *Kariben, Nahrung, Nutzpflanzen*

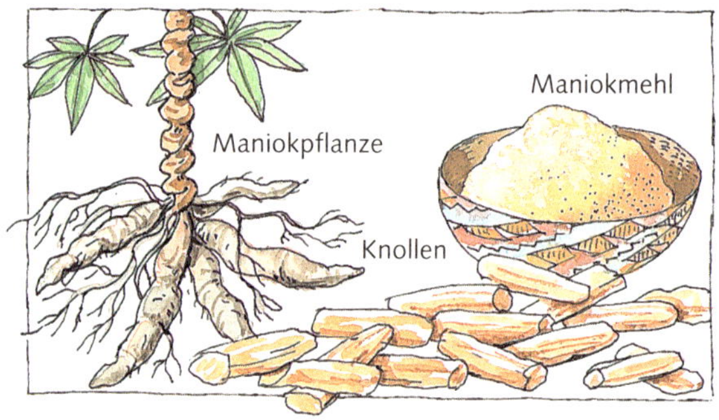

Manitou Die Stämme der Algonkin verehrten Manitou oder Manitu als das heilige Wesen. Sie verstanden darunter eine Naturkraft etwa in einem Baum oder Stein, in einem Fluss oder Tier, aber auch in Erscheinungen des Wetters. Manitou wurde später auch als „Schöpfer des Lebens" und als „Großer Geist" bezeichnet. Da die Indianer mit ihm keine Person verbanden, wurde er aber nicht als Gottheit verehrt wie etwa die Götter bei den Maya, den Inka oder den Azteken. ➳ *Götter, Religion*

Mandan

Die Mandan gehören zur Sprachfamilie der Sioux und lebten am Oberlauf des Missouri. Sie selbst nannten sich „Numakaki“ – „Menschen“. Die Ackerbauern und Bisonjäger wanderten im 14. Jahrhundert aus dem Gebiet der Großen Seen in die Prärie. Sie waren die ersten Siouxindianer, die sich am Missouri niederließen.

Halb sesshafte Ackerbauern

Die Mandan bauten Mais und Kürbisse an. Im Sommer lebten sie in kuppelförmigen Erdhäusern, die sich wie Hügel an den Nebenflüssen des Missouri hinzogen. Die Häuser waren mit Gras bepflanzt, und man konnte sie von der übrigen Landschaft kaum unterscheiden. Im Winter bezogen die Mandan Häuser in den nahen Wäldern. Vielleicht suchten sie dort Schutz vor den heftigen Stürmen, die in der kalten Jahreszeit über die Prärie fegten.

Erfolgreiche Jäger

Die Mandan waren nicht nur Ackerbauern, sondern auch Büffeljäger. Der Bison spielte für sie eine wichtige Rolle. Die Männer waren im „Bisonbund“ zusammengeschlossen. Bei ihren Tänzen trugen sie Bisonmasken. Auf Bisonhäuten zeichneten sie ihre Stammesgeschichte in einer Art Bilderschrift auf. Aus Bisonhaut war auch ihr wichtigstes Transportgerät, das Bullboat. Im Jahr 1804 stießen die beiden Forscher Lewis und Clark auf die Mandan. Sie wurden freundlich aufgenommen. Dreißig Jahre später lebte der Indianermaler George Catlin lange Zeit bei ihnen. Auch der Schweizer Maler Bodmer hat diesen friedfertigen Stamm aufgesucht. Durch sie wissen wir über die Mandan heute mehr als über andere Stämme der Sioux. 1837 wurde das Volk der Mandan, das einst neun Dörfer mit Erdhäusern besiedelte, durch eine Pockenepidemie fast ausgelöscht. Heute leben noch etwa 1 000 Mandan in Norddakota.

Mapuche

Die Mapuche (*sprich:* maputsche) leben heute im mittleren Chile und zählen noch ungefähr eine halbe Million Menschen. Bei den Inka hießen sie „Auca" – „Wilde Krieger". Die Inka konnten die Mapuche nämlich nicht unterwerfen, und auch den spanischen Eroberern gelang das nicht. Die Mapuche erbeuteten von den Spaniern Pferde und wurden bald zu einem gefürchteten Reitervolk. Erst 1880 mussten sie sich den Europäern ergeben. Sie verloren große Teile ihres Landes und versuchen seither, es wiederzubekommen.

Ein Bauernvolk

Die Mapuche sind heute Bauern und pflanzen vorwiegend Weizen an, den sie verkaufen. Sie selbst ernähren sich von Kartoffeln. Sie halten große Lamaherden, betreiben aber auch Schaf-, Rinder- und Pferdezucht. Jeder stolze Mapuche besitzt wenigstens ein Pferd. Eine große Rolle spielte früher das Sammeln von Samen der Araukarie, eines Nadelbaumes mit schuppenförmigen, spitzen Blättern. Seinen Namen hat der Baum von den Araukanern, die zu den Mapuche zählen.

Alte Überlieferungen

Die Häuptlinge oder Kaziken der Mapuche haben noch großen Einfluss. Sie leiten die religiösen Feiern. Dazu werden Schafe geschlachtet und ihre Herzen zu einem Kultpfosten gebracht. Die Männer galoppieren nun mit ihren Pferden um den Kultplatz. Der Galopp soll alles Übel vom Stamm fern halten. Immer wieder sind dabei eigentümliche Trommeln zu hören. Sie bestehen aus einer Holzschüssel, über die ein Fell gespannt ist, und enthalten Rasselkörper. Bei solchen Festen treten auch Seherinnen auf, die die Zukunft voraussagen. Zwar sind viele Mapuche getaufte Katholiken, doch ihre alte indianische Religion haben sie bis heute beibehalten.

Märchen Da nur wenige Indianervölker eine Schrift hatten, gaben sie ihre Geschichte und ihre Vorstellungen von der Religion in Erzählungen weiter. Es waren meist Gleichnisse in Form von Märchen oder Legenden. Jede Geschichte hatte einen tieferen Sinn, und die Alten erzählten sie den Jungen, um so die Stammesgeschichte bei den Nachfahren lebendig zu erhalten. Die Indianermärchen gehören zu den schönsten Volksmärchen der Welt und stecken voller Weisheiten. ➳ *Kindererziehung, Schrift*

Marterpfahl In vielen Indianerbüchern liest man, dass Indianer ihre Gefangenen an den Marterpfahl banden und endlos quälten. Doch nur bei den Irokesen und bei einigen wenigen Stämmen der Prärieindianer gab es den Marterpfahl. Es war meist ein einfacher Baumstamm, an den die gefangenen Feinde gebunden wurden.

Man marterte die Gefangenen, bis sie winselten und um Gnade baten. Verlor ein Indianer seine Selbstbeherrschung, dann war damit der Beweis erbracht, dass er als Gegner ungefährlich war. Allerdings starben auch viele Gefolterte am Marterpfahl oder wurden daran verbrannt. Das Quälen von Kriegsgefangenen war jedoch viel weniger verbreitet, als in Abenteuerbüchern, etwa bei Karl May, zu lesen ist. ➳ *May*

Kwakiutl-Maske aus Holz

Seebärmaske aus Kupfer

Masken Bei Zeremonien und Tänzen trugen fast alle Indianer Kopf- oder Gesichtsmasken. Die Indianer des östlichen Waldlandes und der Nordwestküste fertigten besonders kunstvolle Masken an. Diese waren aus Holz geschnitzt oder aus Fell, Leder und Maisstroh gefertigt. Die Masken sollten Geister, Tierahnen und Dämonen darstellen. Sie waren mit Federn, Hörnern und Menschenhaar verziert und bemalt. Auch Tierköpfe von Büffeln, Grislis oder Wölfen wurden als Masken getragen. ➳ *Falschgesicht*

May, Karl (1842–1912) Der Sohn eines sächsischen Webers wuchs in ärmlichen Verhältnissen auf. Er wurde Volksschullehrer und später Schriftsteller. Etwa ab 1880 schrieb er Abenteuerromane, die im Wilden Westen und unter den Prärieindianern spielen. Sein Wissen über die Indianer und die Prärie bezog er nur aus Büchern. Mit seinen Romanen wurde Karl May berühmt. Er erfand die Figur des „Winnetou“ und des „Old Shatterhand“. Karl May schrieb über 100 Bücher, die in 25 Sprachen übersetzt sind. Seine Indianerromane werden heute noch gern gelesen. Sie trugen aber dazu bei, dass man sich bei uns lange Zeit ein ungenaues Bild von den Indianern machte. Erst 1908, wenige Jahre vor seinem Tod, besuchte Karl May zum ersten Mal Amerika. ➳ *Old Shatterhand, Winnetou*

Maya

Das Volk der Maya siedelte vermutlich schon um 2000 v. Chr. in Guatemala, im Süden Mexikos und auf der Halbinsel Yucatan. Wir wissen aber nicht, woher die Maya kamen. Sicher ist, dass sie zwischen dem 2. und 9. Jahrhundert n. Chr. eine eindrucksvolle Kultur besaßen. Sie haben die bedeutendsten Bauwerke Amerikas hinterlassen, die sich mit den ägyptischen Pyramiden und den griechischen Tempeln an Schönheit messen können. Deshalb bezeichnet man die Maya auch als die Griechen Mittelamerikas.

Von Bauern zu Herrschern

Die Maya waren Ackerbauern. Sie lebten in mehreren Stadtstaaten. Diese Mayastädte wurden von Priesterfürsten regiert. Alles, was ein Mayafürst anordnete, wurde sofort ausgeführt. Die Priester und hoch gestellte Persönlichkeiten bewohnten Häuser in der Stadt. Auch Handwerker lebten hier. Zu jeder Mayastadt gehörte das umliegende Land mit vielen Dörfern. Dort lebten die Bauern in Strohhütten und bearbeiteten die Felder der adligen Grundherren. Sie pflanzten Mais und Kartoffeln, Bohnen, Tomaten, Kürbisse, Kakao und Baumwolle an.

Jede Mayastadt war für die Götter erbaut. Den Mittelpunkt bildete der von Tempeln und Pyramiden umsäumte rechteckige Platz. Auf den größten Plätzen versammelten sich bei Festen bis zu 50 000 Menschen, um den Göttern zu opfern. Die Opfergaben bestanden aus Tieren oder Speisen und vor allem aus Räucherharz, das in Tonpfannen verbrannt wurde. Nur bei Feiern zu Ehren der höchsten Götter, etwa des Regengottes Chac oder des Himmelsgottes Itzamná, wurden auch Menschenopfer dargebracht.

Ballspiel für die Götter

Zum Tempelbezirk gehörte auch ein großer Ballspielplatz. Hier fanden Spiele zu Ehren der Götter statt. Die Maya glaubten, Sonne und Mond seien wie Federbälle, mit denen die Götter am Himmel spielten. Dieses Spiel ahmten sie nach. Dabei musste ein harter, schwerer Kautschukball durch steinerne Ringe hindurchfliegen, die in drei bis sieben Meter Höhe an einer Wand angebracht waren.

Die Sterne, der Kalender, die Schrift

Besondere Bedeutung im Leben der Maya hatten die Gestirne. In ihren Sternwarten visierten die Priester mit Kreuzstäben, Rohren aus Jade oder Sehschlitzen im Gemäuer die Strahlen der Sonne und anderer Sterne an. Dabei gelangen ihnen bereits verblüffend genaue Voraussagen über die Umlaufzeiten der Planeten oder den Eintritt von Sonnenfinsternissen. Das Volk brachte den Priestern große Ehrfurcht entgegen.

Die Mayapriester nutzten ihre astronomischen Kenntnisse auch für ihren Kalender, der viel genauer war als alle anderen Kalender der damaligen Zeit. An den Wänden der Tempel und Pyramiden ist oft ein Datum eingemeißelt. So wissen wir heute, wann die Bauwerke entstanden sind. Sie tragen auch geheimnisvolle Schriftzeichen. Es gibt etwa 850 dieser Hieroglyphen, von denen die Hälfte entziffert ist.

Ein Volk zieht um

Vor etwa tausend Jahren verließen die Maya ihre Tempelstädte – niemand weiß, warum. Der Regenwald überwucherte die Pyramiden und sie gerieten bald in Vergessenheit. Vor über 150 Jahren hat man die ersten Mayatempel wieder entdeckt und freigelegt. Die Kultur der Maya ist zwar untergegangen, aber das Volk lebt bis heute im Hochland von Guatemala und im Tiefland von Yucatan. Die meisten sind Bauern und bewohnen mit Maisstroh gedeckte Hütten.

Maya-Hieroglyphen Nur die Maya kannten eine echte Schrift. Ihre Hieroglyphen waren eine Bilderschrift ähnlich wie die der alten Ägypter. Es gab etwa 850 verschiedene Zeichen. Die meisten davon waren Kalenderdaten. Bisher konnte man etwa die Hälfte der Maya-Hieroglyphen entziffern. ➳ *Maya, Schrift*

Modell des Maya-Kalenders

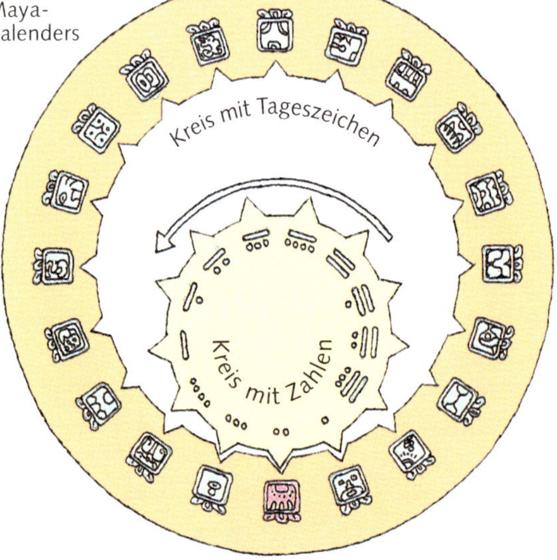

Maya-Kalender Wie die Babylonier und die alten Ägypter beobachteten auch die Maya die Gestirne am Himmel sehr genau. Dafür hatten sie Sternwarten, die Observatorien. Aus den Umlaufzeiten der Sonne und Sterne entwickelten sie ihren Kalender. Sie rechneten dabei mit der Ziffer 0 und konnten jedes Datum in der Vergangenheit oder in der Zukunft bestimmen. Ihr Zeitrechnungssystem legte die Zahl 20 zugrunde. Die 13 war eine heilige Zahl. Für jeden Tag gab es ein eigenes Zeichen. Das Modell oben zeigt im großen Kreis die Hieroglyphen der Tageszeichen. Sie wurden mit den Ziffern 1 bis 13 im kleinen Kreis kombiniert. Man erhielt so ein Jahr von 13 mal 20, also 260 Tagen. Diesen Zeitraum nannten die Maya „kin katun", die Folge von guten und schlechten Tagen. Daneben hatten sie noch ein Jahr mit 18 mal 20, also 360 Tagen. Dieses Jahr hieß „tun". ➳ *Kalender, Maya, Observatorium*

Medizin Die Weißen haben aus dem Algonkinwort „midewiwin" das Wort „Medizin" gemacht. Mit Arznei hat es nur wenig zu tun. Die nordamerikanischen Indianer verstehen darunter alles, was Zauberkraft besitzt und böse Geister fern hält. Dazu zählen ausgestopfte Tiere, Vogelbälge, seltsam geformte Steine und Tabak. Jeder Indianer hat seine eigene Medizin, die er im Medizinbeutel bei sich trägt. Auch ein Medizinmann benützt neben Heilkräutern und Wurzeln allerlei Zaubermittel, um Kranke zu heilen. ➳ *Medizinbeutel, Medizinmann, Schamane, Vision*

Medizinmann bei Zeremonie

Medizinbeutel Der Medizinbeutel enthält die persönliche Medizin eines Prärieindianers. Das sind Gegenstände, von denen sich ihr Besitzer Glück, Schutz vor bösen Geistern und ein langes Leben erhofft. Alle Dinge, die einem Indianer bei der Vision erscheinen, werden zu seiner Medizin. Ein „Mann ohne Medizin" galt nichts. Mancher verkaufte deshalb seine Medizin auch an jemanden, der keine Visionen bekam, und suchte sich dann wieder eine neue Medizin. ➳ *Heiliges Bündel, Medizin, Vision*

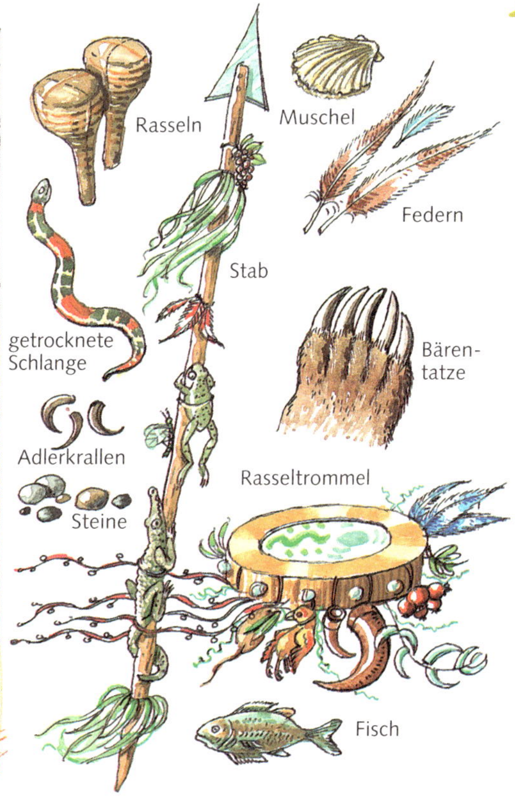

Medizinmann

Die Prärieindianer verstanden unter Medizin alle Arten von Zauber und Magie. Der Medizinmann, wie die Weißen ihn nannten, war der „Mann der Geheimnisse". Er konnte mit den unsichtbaren Mächten in Verbindung treten und die Schutzgeister anrufen. Jeder Stamm hat heute noch einen solchen Mann, manchmal ist es auch eine Frau.

Magie und Medizin

Der Medizinmann ist meistens ein Schamane. Bei allen Naturvölkern gibt es Schamanen. Sie stellen nach dem Glauben dieser Völker die Verbindung zwischen den Geistwesen und den Menschen her. Sie sollen das Wetter beeinflussen und Regen herbeizaubern können, Büffel oder andere Jagdbeute anlocken und verlorene Gegenstände wieder finden – jedenfalls erwartet man das von ihnen. Wenn sie versagen, verlieren sie ihr Ansehen und ihren Einfluss. Medizinmänner oder Schamanen kennen auch alle Heilkräuter und können in vielen Fällen helfen. Sie rühren Salben an, um Wunden zu heilen. Sie wissen, wie man Knochenbrüche behandelt, und haben Mittel gegen Vergiftungen. Viele Indianer vertrauen dem überlieferten Wissen ihrer Medizinmänner bis heute.

Eine geheimnisvolle Ausrüstung

Ein Medizinmann beherrschte auch die Schauspielkunst, um die Menschen zu beeindrucken. Diese bestaunten seine Handlungen als übernatürlich. Bei seinen Zeremonien trat der Medizinmann oft auch in Tierverkleidung auf und machte mit Rasseln oder Trommeln magische Musik. Zu seiner Ausrüstung gehörten getrocknete Frösche, Schlangen, Eidechsen, Fische, ausgestopfte Vögel, Bärentatzen, Adlerkrallen und vieles mehr. All diese Gegenstände waren aufgrund von Visionen heilige Medizin.

Meerschweinchen Diese Nagetiere leben in Südamerika wild. Sie bewohnen unterirdische Baue. Die Inka haben das Meerschweinchen als Haustier gehalten und gegessen. Es diente auch als Opfertier. Noch heute wird es als Fleischlieferant gezüchtet, so wie bei uns das Kaninchen.

Menschenopfer Vor allem die Azteken brachten ihren Göttern Menschen als Opfer dar. Sie glaubten nur durch Menschenblut die Götter günstig zu stimmen. Damit sie genügend Opfer hatten, machten sie viele Kriegsgefangene. Sie achteten darauf, bei ihren Kriegen die Feinde nicht zu töten. Besonders ihrem schrecklichen Kriegsgott Huitzilopochtli opferten sie viele Gefangene. Gegen Ende der Aztekenherrschaft sollen ihm über 50 000 Opfer pro Jahr dargebracht worden sein. ➳ *Azteken, Götter, Maya*

Mesa Verde Eine der berühmtesten Felsenwohnungen der Anasazi ist Mesa Verde im US-Staat Colorado. Die Wohnanlage ist in eine Felswand gebaut. Sie enthält etwa 200 Räume und mehrere unterirdische Kivas. Die meisten Wohnungen waren nur über Strickleitern zu erreichen und boten so Schutz vor Feinden. Bis zum 13. Jahrhundert haben hier Indianer gelebt. ➳ *Anasazi, Cliff Dwelling, Kiva, Pueblo*

Mescal Die Mescalero-Apachen haben ihren Namen vom Mescal. Das ist ein Gemüse aus einer Agavenart. Die saftigen Blätter werden dabei auf heißen Steinen geröstet. Auch das Fruchtfleisch wird gegessen. Und aus dem Saft, der Pulque, machen die Apachen und auch die Mexikaner einen Schnaps gleichen Namens. Der beste Pulque heißt auch Tequila. ➳ *Agave, Erdherd, Peyotl*

Mesquite In den subtropischen und tropischen Gebieten Amerikas wächst der Mesquitebaum oder Mesquitestrauch. Er wird bis zu zehn Meter hoch und trägt bohnenartige Hülsenfrüchte, die viel Zucker enthalten. Die Indianer mahlten sie zu Mehl, dem Pinole, aus dem sie Brot backten. Sie kochten die Früchte auch und bereiteten daraus ein Getränk. ➳ *Nahrung*

Mesquite mit Früchten

Messer Ursprünglich hatten die Indianer nur Messer aus Stein, scharf geschliffenen Knochen oder Kupfer. Sie benutzten sie auf der Jagd und im Nahkampf. Es gab dolchartige Kampfmesser mit zwei Schneiden und einer scharfen Spitze. Die Skalpmesser hatten nur eine Schneide. Die Azteken besaßen Klingen aus Obsidian. Wenn man dieses glasartige vulkanische Gestein absplitterte, entstanden sehr scharfe Schneiden. Mit den Weißen kamen Messer aus Eisen und Stahl auf und wurden ein begehrtes Handelsgut. ➳ *Handel, Skalpmesser, Waffen*

Metate Die Metate ist eine Steinplatte mit einer kleinen Rundung in der Mitte. Darauf werden mit einem flachen, runden Reibstein Mais oder die Samen von Pflanzen zu Mehl zermahlen. Der Handreibstein heißt Mano. Die Puebloindianer mahlen den Mais heute noch auf diese Weise. ➳ *Mais, Nahrung, Puebloindianer*

Mission

Nach der Eroberung der Indianerreiche durch die Spanier kamen Priester und Mönche ins Land, um die Indianer von ihrem Götter- und Geisterglauben abzubringen. Die meisten sesshaften Völker wie die Azteken, Maya und Inka ließen sich zum Christentum bekehren. So sind etwa die Mexikaner oder Peruaner heute überwiegend katholisch. Die Puebloindianer in Neumexiko und andere Indianerstämme wollten dagegen vom Christentum meist nichts wissen. Sie brachten sogar Missionare um.

Der Verlust der Freiheit

Die spanischen Mönche errichteten auch an der Küste Kaliforniens eine Kette von Missionsstationen. Die Missionare zwangen die Indianer, sich dort anzusiedeln. Die Indianer wurden zum Teil mit Gewalt auf Missionsland verschleppt und getauft. Dann mussten sie auf den Feldern der Mission arbeiten. Die Mönche versuchten auch, ihnen ein Handwerk beizubringen, denn die Spanier brauchten Arbeiter. Viele Indianer kamen zunächst sogar freiwillig, verließen die Missionen aber bald wieder. Sie wollten lieber wie bisher in Freiheit und ohne Zwang leben.

Indianische Christen

Im Nordosten der USA waren französische und englische Missionare unterwegs. Sie suchten Stämme wie die Huronen und Irokesen auf und lebten bei ihnen. Die Indianer brachten ihnen zunächst große Achtung entgegen. Doch als die Missionare versuchten, die Sitten und Gebräuche der Indianer zu ändern, kehrten sich die meisten von ihnen ab. Nur wenige ließen sich taufen. Wenn allerdings ein Häuptling Christ wurde, trat manchmal der ganze Stamm zum Christentum über. Aber auch als Christen blieben die Indianer ihren Sitten und ihrem alten Stammesglauben verbunden.

Mississippi Mit fast 3 800 Kilometern ist der Mississippi der längste Strom Nordamerikas. Er bildet zusammen mit dem Missouri ein Stromgebiet von über 6 500 Kilometern Länge. Im Osten begrenzen die beiden Ströme die Prärie. Der Mississippi gilt als „Vater der Gewässer". Er war lange Zeit die Grenze zwischen dem Land der Siedler und dem Indianerland. → *Siedler*

Mittelamerika *siehe Seite 131*

Mochica *siehe Seite 132*

Moctezuma oder **Montezuma** Der Name mehrerer Aztekenherrscher. Er bedeutet „zorniger Herr". Auch der letzte Herrscher der Azteken hieß Moctezuma. Als er zögerte, gegen die kleine Schar Soldaten des Eroberers Cortez vorzugehen, wurden die Azteken von Cortez besiegt und Moctezuma ermordet. → *Cortez, Entdecker*

Mohikaner Einen Stamm der „Mohikaner" gibt es nicht, wohl aber die Mahican und die Mohegan. Diese Waldindianer lebten von Maisanbau und Fischfang. Sie wohnten im Gebiet des oberen Hudson River. Der Schriftsteller J.F. Cooper hat aus beiden Stämmen einen Namen gemacht und ihnen mit seinem Roman „Der letzte Mohikaner" ein Denkmal gesetzt. → *Cooper*

Mokassins Die Schuhe der Wald- und Prärieindianer waren die Mokassins. Sie bestanden bei den Waldindianern aus einem einzigen Lederstück. Die Prärieindianer hatten Mokassins aus zwei Teilen. Sie nähten das weiche Oberteil auf eine Rohledersohle aus Büffelleder. Diese Sohle war widerstandsfähiger gegen die harten Gräser in der Prärie. → *Kleidung, Leder*

Mound Builder *siehe Seite 133*

Mounds Vor 1 500 Jahren errichteten Indianer in Nordamerika Erdhügel. Allein im Gebiet des Ohio gab es über 10 000 dieser merkwürdigen Mounds (*sprich:* maunds). Die Hügel waren bis zu zwölf Meter hoch, manche sogar noch höher. Sie waren Stätten für Zeremonien und für Begräbnisse. Am berühmtesten ist der Serpent Mound. Er hat aus der Luft gesehen die Form einer Schlange. → *Mound Builder*

Muscheln Muschelschalen und Schneckenhäuser dienten als Zahlungsmittel. Die Muschelschalen wurden zu Scheibchen geschliffen, durchbohrt und auf eine Schnur gezogen. Der Wert einer Muschelschnur richtete sich nach Durchmesser, Farbe und Politur der Schalen. Die Indianer hängten sich die Muschelschnüre um den Hals. Sehr wertvoll waren Schnüre aus länglichen Zahnschnecken und Muschelperlen. Das waren röhrenförmig geschliffene Perlen aus Muschelschalen. → *Wampum*

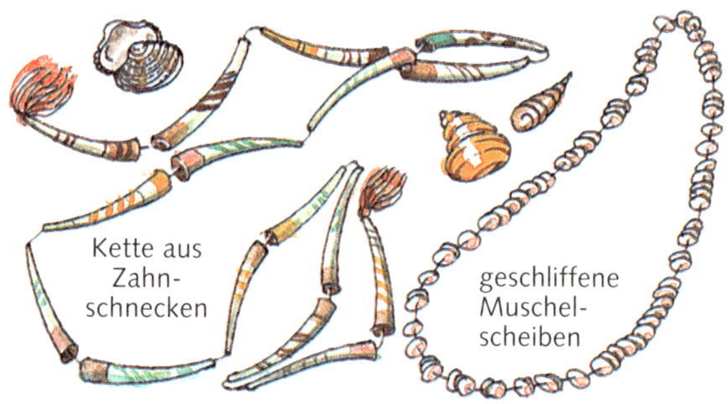

Musikinstrumente *siehe Seite 134*

Mustang Der Mustang ist ein verwildertes Pferd. Das Wort kommt vom spanischen „mesteño". Die Mustangs stammten von Pferden ab, die den Spaniern entlaufen waren. → *Pferde*

Mutprobe Bevor ein junger Mann unter die Krieger aufgenommen wurde, musste er sich verschiedenen Mutproben unterziehen. Sie dienten dazu, die Jugendlichen auf Gefahren vorzubereiten. Bei manchen Stämmen der Prärieindianer führte man sie oft mit grausamer Härte durch, um den Körper abzuhärten und die Muskeln zu stählen. Wer sich Schmerzen anmerken ließ, wurde ausgelacht. → *Kindererziehung*

Mittelamerika

Mit fast drei Millionen Quadratkilometern ist Mittelamerika einschließlich Mexiko achtmal so groß wie Deutschland. Dieses gebirgige Gebiet bildet die Brücke zwischen Nordamerika und Südamerika. Hier lebten einst große Indianervölker wie die Olmeken, Tolteken, Azteken, Maya und Zapoteken. Mexiko besteht aus einem bis zu 2 300 Meter hohen Tafelland, das zum Pazifik hin abfällt. Im Norden gibt es Steppen und Wüsten. Nach Osten flacht das Land ab. Südlich der Halbinsel Yucatan liegt das Tiefland mit tropischen Regenwäldern.
Als die Spanier um 1518 von Osten her nach Mittelamerika vordrangen, stießen sie erst auf die Azteken. Das Reich der Azteken erstreckte sich vom Pazifischen bis zum Atlantischen Ozean und umfasste den größten Teil des heutigen Mexiko. Die Mexikaner gelten als Nachfahren der Azteken.

Der Golf von Mexiko

An der Golfküste lebten die Olmeken. Die flache Halbinsel Yucatan trennt den Golf von Mexiko vom Karibischen Meer. In Yucatan siedelten ein Teil der Maya, später auch die Tolteken. Im südlichen Tiefland und im heutigen Guatemala fand man im Urwald verlassene Mayastädte. Das Volk der Maya hatte sie vor über 1 000 Jahren aufgegeben und war in das Hochland abgewandert. Heute bewohnen rund fünf Millionen ihrer Nachfahren Guatemala und Teile Mexikos.

An der Pazifikküste

Im Südwesten Mexikos, zwischen den Azteken und den Maya, lebten die Zapoteken. Sie hatten enge Beziehungen zu ihren großen Nachbarn und trieben mit ihnen auch Handel. Kurz vor Ankunft der Spanier besiegten die Azteken die Zapoteken und eroberten Teile ihres Reiches. Rund eine halbe Million Nachfahren der Zapoteken leben noch in ihren alten Wohngebieten.

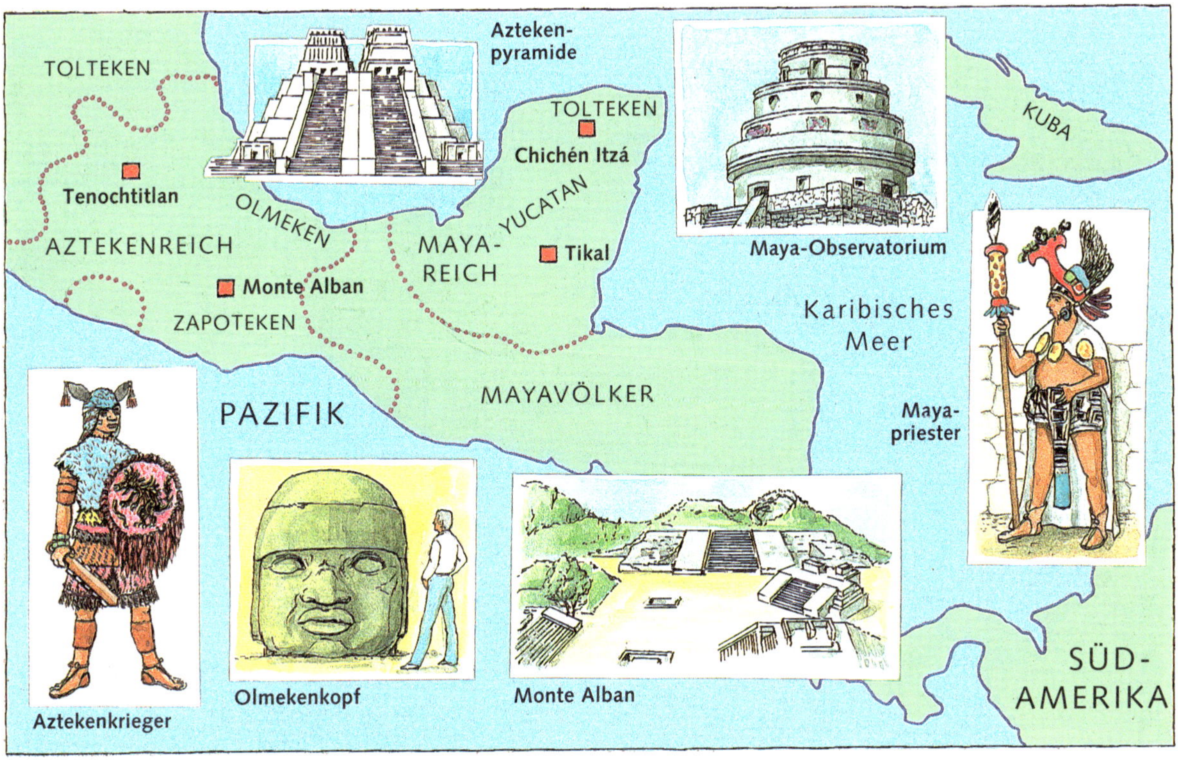

Mochica

An der Nordküste Perus, zwischen den Anden und dem Meer, erstreckt sich ein wüstenartiges Flachland. Das ist die Costa. Hier entstanden schon um 1000 v. Chr. die ersten Königreiche. Vermutlich lebten dort aber schon viel früher Menschen. Zwischen 200 und 800 n. Chr. hatten die Mochica in der Costa ihr Reich errichtet.

Ein Bilderbuch in Ton

Die Mochica (*sprich:* motschika) lebten in den Tälern der Flüsse, die in den Anden entspringen und ins Meer fließen. Wie die Anasazi oder die Hohokam in Nordamerika waren sie Ackerbauern und bewässerten ihre Felder mithilfe von Kanälen. Viele der Kanäle sind heute noch in Gebrauch. Als Haustiere übernahmen die Mochica von den Hochlandindianern das Lama und das Alpaka. Sie fingen Fische an der Küste und jagten Hirsche und anderes Wild.

Das alles wissen wir von der „keramischen Bibliothek“ der Mochica. Sie hatten zwar keine Schrift, aber sie fertigten wundervolle Tongefäße an. Diese bemalten sie mit Szenen aus dem Alltagsleben, mit Bildern von der Jagd, vom Spiel oder von Zeremonien. Viele Gefäße hatten die Form von Tieren, Pflanzen oder Menschen.

Keramik und Gold

Die Mochica bauten auch Pyramiden, zum Beispiel die Sonnenpyramide. Sie legten Gräber aus Stein oder Lehmziegeln an und bestatteten ihre Toten mit reichen Grabbeigaben. Man hat die Gräber später geöffnet und darin neben Tonwaren auch Goldarbeiten dieses Volkes gefunden. Die Mochica konnten nämlich bereits Gold und Silber schmelzen und Metall gießen. Das Gold siebten sie aus den Gebirgsflüssen. Mithilfe von Schilfrohren stocherten sie den Sand aus den Flussbetten und wuschen die Goldkörner in Holzschalen aus.

Coyotenkopf aus Gold, Kupfer und Silber

Mound Builder

Vor rund 2 500 Jahren siedelten im Osten der USA verschiedene Völker. Sie haben uns als sichtbare Zeichen in der Landschaft Erdhügel hinterlassen, die Mounds. Etwa 100 000 dieser seltsam geformten Hügel gab es einmal in Nordamerika.

Ackerbauern und Handwerker

Die meisten Mounds finden sich heute im Flusstal des Ohio. Hier lebten vor fast 2 000 Jahren die Hopewell-Leute. Diese Indianer hatten sich vom Ohio aus bis zum Mississippi im Westen und zu den Großen Seen im Osten ausgebreitet. Sie waren Ackerbauern, die vielleicht sogar schon Mais anpflanzten. Vor allem aber waren die Hopewell-Leute geschickte Handwerker und Händler. Sie bearbeiteten Kupfer und Glimmer, stellten Farben für die Körperbemalung her, fertigten Pfeifen aus grauem Ton und hervorragende Werkzeuge aus hartem Feuerstein. Ihre Erzeugnisse brachten sie mit Kanus auf den Flüssen zu ihren Tauschpartnern. Sie errichteten Mounds als Begräbnisstätten. In diesen Gräbern fand man bei den Toten all die Gegenstände, die die Hopewell-Leute herstellten. Vor allem fand man Flussperlen, die sie wohl aus dem Ohio holten.

Frühe Städte

Als die Hopewell-Kultur untergegangen war, entstand am Mississippi eine neue Kultur. Die Mississippi-Leute legten wie ihre Vorgänger Mounds an. Das waren größere, rechteckige Pyramiden mit abgeflachten Spitzen. Darauf standen Tempel oder die Häuser von Würdenträgern. Der größte Hügel, der Monks Mound, war 18 Meter hoch und enthielt über 900 Gräber. Rund um den Mound lag der eingezäunte Tempelbezirk mit Wohnhäusern. Von dem Volk, das hier lebte, ist so gut wie nichts bekannt.

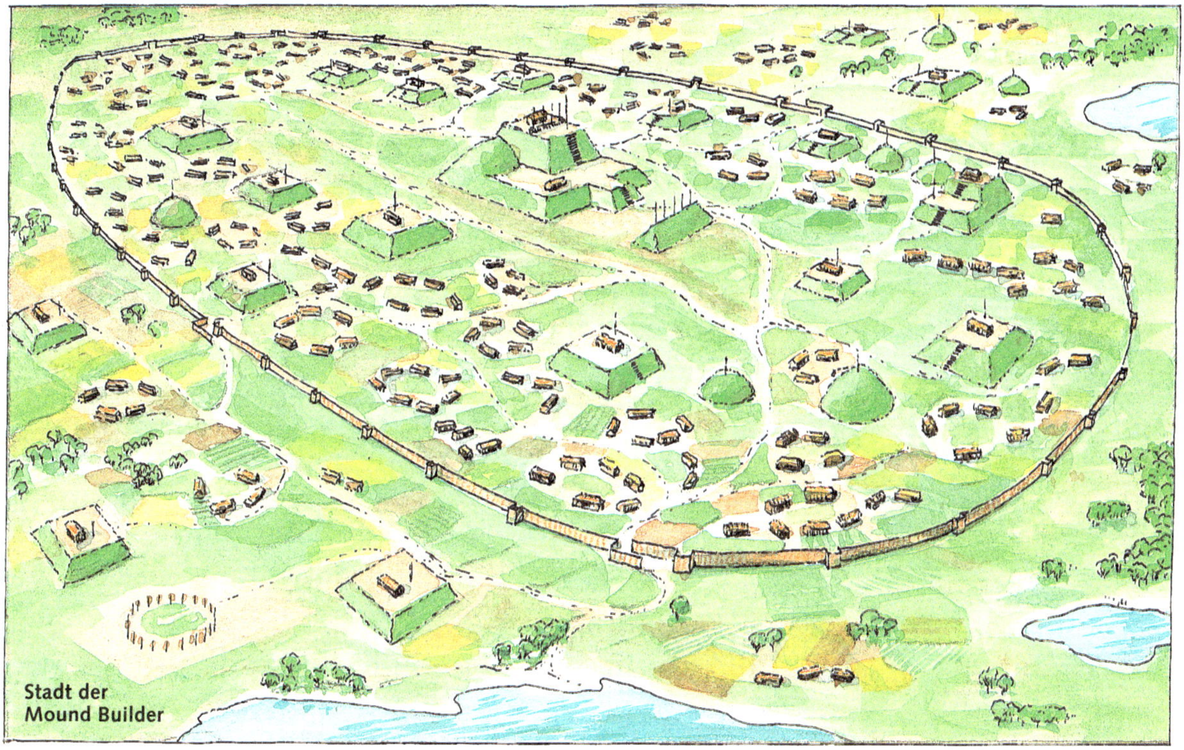

Stadt der Mound Builder

Musikinstrumente

Die Musik spielt im Leben aller Indianer eine große Rolle. Vor allem bei religiösen Zeremonien singen und tanzen sie zu rhythmischen Klängen. Die Melodien sind einfach und die Gesänge meist nur einstimmig. Aber von dem oft monotonen Gesang, der von Trommeln und Rasseln begleitet wird, geht eine starke Wirkung aus. Die Tänzer fallen durch diese Musik in eine Art Trance und können sich dann oft stundenlang zum Rhythmus der Instrumente bewegen.

Musik und Rhythmus

Die indianische Musik betont den Rhythmus sehr stark. Deshalb sind auch Musikinstrumente wie Trommeln, Rasseln, Schwirrhölzer und Schraper dabei so wichtig. Die Trommeln sind meist nur einseitig bespannt. Besonders raffiniert ist die Wassertrommel. Man füllt Wasser in den Klangkörper und kann so je nach Wasserstand die Tonhöhe verändern. Rasseln bestehen oft aus getrockneten Kürbissen, in denen die Kerne klappern. Es gibt auch Rasseln aus Leder mit Steinchen darin oder Schildkrötenpanzer mit Kernen. Der Schraper war ein Kerbholz, über das man mit einem Stock strich. Und natürlich schnitzen die Indianer heute noch Pfeifen und Flöten aus Holz oder Tierknochen. Das hölzerne Flageolett ist ein Vorläufer der Oboe.

Musikunterricht bei den Azteken

Die Azteken hatten noch ein ganz besonderes Musikinstrument: die Meerschneckentrompete. Mit diesem Blasinstrument aus dem Gehäuse einer großen Meeresschnecke riefen die Priester von den Tempelplattformen die Menschen zur Verehrung der Götter auf. In Tenochtitlan gab es bereits Musikschulen. Dort lernten die Kinder ein Instrument spielen, singen und tanzen.

Nabelschnurbehälter Wenn ein Kind auf die Welt kommt, nähen bei manchen nordamerikanischen Stämmen die Frauen heute noch ein Täschchen als Geschenk. Darin wird die Nabelschnur verwahrt. Das Täschchen soll ein Glücksbringer für das Kind sein und hat meist die Form einer Schildkröte oder einer Echse. Diese Tiere gelten bei vielen Indianern als besonders heilbringend. ➳ *Kindererziehung*

Nachrichtenübermittelung Die Indianer benutzten eine Reihe von Signalen, mit denen sie sich untereinander verständigten. Am bekanntesten waren die Rauchzeichen der Prärieindianer. Es gab einen Kode aus langen und kurzen Rauchzeichen, mit dem die Indianer sogar längere Nachrichten über eine große Strecke schicken konnten. Man kann das mit dem Morsealphabet beim Telegrafieren vergleichen. Eine andere Möglichkeit, Nachrichten zu hinterlassen, bestand in bestimmten Wegmarken. Dazu häuften die Indianer Steine oder Äste in bestimmter Form an, brachen Zweige an Bäumen ab oder hinterließen Ritzzeichnungen in Felsen. Die Nachfolgenden konnten diese Zeichen deuten und die Nachricht verstehen. Nachrichten wurden auch mithilfe von Spiegeln weitergegeben, die die Indianer von den Weißen bekommen hatten. Damit lenkten sie die Sonnenstrahlen in eine bestimmte Richtung und sandten lange oder kurze Signale. Dafür verwendete man denselben Kode wie bei den Rauchsignalen. Die Empfänger konnten die Nachricht entziffern, so wie ein Seemann das Blinkfeuer eines Leuchtturms „lesen“ kann.
➳ *Rauchzeichen, Zeichensprache*

Nahrung *siehe Seite 137*

Namen Den Namen für ihr Kind suchten bei den Prärieindianern meist nicht die Eltern, sondern Verwandte, Stammesälteste oder Medizinmänner aus. Der Name, den das Kind bei der Geburt erhielt, zum Beispiel „Rotes Pferd“, sollte Lebenskraft ausdrücken. Daneben gab es noch Spitznamen und Ehrennamen. So hieß etwa Sitting Bull auf Indianisch „Tatanka Yotake“ – „Der Büffelstier, der sitzt“. Zu jedem Namen gehörte noch der Clan, ähnlich wie bei uns der Familienname. Bei den Seminolen bekamen die Jungen immer dann einen neuen Namen, wenn sie sich durch Tapferkeit ausgezeichnet hatten. Heute noch tragen die Indianerkinder neben dem englischen Namen ihren echten Indianernamen. ➳ *Kindererziehung*

Mach es selbst: Indianisch kochen

Die Prärieindianer aßen nicht nur Büffelfleisch. Bei den Puebloindianern gab es nicht immer nur Mais. Alle Indianervölker liebten Süßspeisen. Versuch einmal, ein Indianermenü zu kochen.

Piniensuppe

250 g Pinienkerne
1/2 l Milch
1/4 l Wasser
2 Silberzwiebeln
1 getrocknetes Pfefferminzblatt
1 Teel. Hühnersuppenextrakt
1 Prise Pfeffer
Schnittlauch

1. Die Zutaten 20 Minuten köcheln lassen. Ab und zu umrühren.

2. Suppe durch ein Sieb streichen und abschmecken.

3. Mit Schnittlauch garnieren und servieren.

Maisküchlein

1 Tasse Maisgrieß,
1/2 Teel. Salz,
1 Teel. Backpulver
gut vermischen.
1 Essl. weiche Butter
oder Margarine
und 1/8 l Milch
dazurühren.

1. Alle Zutaten zu einem Teig verrühren. Flache Küchlein formen und auf beiden Seiten braten.

2. Mit heißer Butter servieren.

Gebratene Ananas

2 Esslöffel Honig
1 Ananas

1. Ananas halbieren, den Strunk entfernen.

2. Das Fruchtfleisch gitterartig einschneiden.

3. Jede Hälfte mit einem Esslöffel Honig bestreichen. 20 Minuten im Backofen bei 200 °C überbacken. In Scheiben schneiden und servieren.

Nahrung

Die Nahrungsmittel der Indianer waren je nach Lebensweise, Wohngebiet und Klima verschieden. Die sesshaften Stämme ernährten sich hauptsächlich von Mais und anderen Feldfrüchten. Die Jägervölker aßen vor allem Fleisch. Die Frauen sammelten zusätzlich Samen, Nüsse, Beeren und Wurzeln. Die Maya und Azteken hielten Hunde und Truthühner als Haustiere, die sie auch verspeisten. Bei den Inka gab es Meerschweinchen. Im Übrigen aßen sie Mais in vielerlei Form, als Brei, als Klöße und als Fladen gebacken. Die Stämme im Regenwald aßen das Fleisch vieler Tiere, Fische und sogar Insekten. Einige bauten Jams, Maniok und Süßkartoffeln an. Die Eskimo aßen hauptsächlich Wal- und Robbenfleisch – und das oft sogar roh.

Kochen und Kochgeräte

Das wichtigste Kochgerät fast aller Indianer war der Mörser mit dem Stößel. Er bestand aus Sandstein oder Lava, oft auch aus Hartholz. Im Mörser zerstießen die Frauen getrocknetes Bisonfleisch für den Pemmikan. Mais und andere Körner werden heute noch mit dem „Manos und Metates", einem Mahlstein und einer Steinplatte, zerrieben. Als Kochtopf diente den Prärieindianern ein Büffelmagen, in dem sie die Speisen mit heißen Steinen garten. Wenn er löchrig war, wurde er verzehrt. Andere Indianer kochten in Körben oder Holzschalen. Auf offenem Feuer wurde mit Töpfen aus Ton oder Stein gekocht. Das Fleisch grillte man an einem feuchten Rohlederriemen über dem Feuer.

Nachspeisen und Delikatessen

Die meisten Indianerstämme kannten auch Schleckereien. Gesüßt wurde mit Honig, Ahornsirup oder Ahornzucker, etwa ein Kaktuskompott. Für Feinschmecker gab es gebratene Heuschrecken oder gekochte Wespennester. Die Azteken liebten ihre „chocolatl" – „Trinkschokolade", die sie mit Vanille würzten.

Naskapi Die Naskapi gehören zur Sprachfamilie der Algonkin und bewohnen den Nordosten Kanadas, vor allem die Halbinsel Labrador. Sie nennen sich selbst „Innu“. Oberhalb des Sankt-Lorenz-Stromes gibt es riesige Waldgebiete. Das Klima ist dort rau und das Leben hart. Deshalb wurden die Naskapi von Weißen auch kaum aufgesucht. Sie waren Jäger und Fallensteller und tauschten ihre Felle in den Handelsstationen gegen Gewehre ein. Die Naskapi jagten den Biber und das Karibu, aber auch Bären und Elche. Im Winter gingen sie mit tellerförmigen Schneeschuhen auf die Jagd. Wie fast alle subarktischen Indianer fertigten sie ihre Kleidung mit großer Sorgfalt an. Heute leben in Kanada noch etwa 3 000 Naskapi. Wegen der ständigen Tiefflüge in ihrem Jagdgebiet liegen sie mit der kanadischen Regierung in Streit. ➻ *Algonkin*

Natchez (*sprich:* nätschiss) Indianerstamm, der am unteren Mississippi lebte. Um das Jahr 1700 gab es noch etwa 4 500 Natchez, die später in den Stämmen der Creek aufgingen. Die Natchez waren sesshaft und pflanzten Mais, Hirse, Kürbisse, Sonnenblumen und Tabak an. Sie lebten in Dörfern aus rechteckigen Kuppelhütten.

Natchezkrieger

Das Volk der Natchez bildete eine Art Staat. Die Oberschicht bestand aus dem Adel, die einfachen Stammesmitglieder waren die so genannten „Stinker“. Kriegsgefangene dienten als Sklaven. Die Natchez verehrten die Sonne, der sie Tempel errichteten. Ihr oberster Häuptling war die „Große Sonne“. Die Mitglieder seiner Familie waren die „Kleinen Sonnen“. Sie waren von jeder Arbeit befreit. Die Große Sonne hatte Gewalt über Leben und Tod seiner Stammesmitglieder. Als Zeichen seiner Würde trug er eine Federkrone und einen prächtigen Federumhang. Er wurde wie der Sapa Inka in einer Sänfte getragen. Die Natchez sind um 1730 untergegangen. ➻ *Inka*

Navajo

Die Navajo (*sprich:* navacho) nennen sich selbst „Dineh“. Sie leben im Südwesten Nordamerikas und besiedelten einst weite Gebiete im heutigen Neumexiko und Arizona. Ursprünglich waren sie Jäger. Schon bald wurden sie sesshaft und bauten Mais, Obst und Gemüse an. Ihre Nachbarn waren Puebloindianer und Apachen.

Ein kluges Volk

Die Navajo lernten von den Puebloindianern die Webkunst und die Töpferei. Von den Apachen übernahmen sie die Kriegskunst und die Art der Kleidung. Von den Spaniern lernten sie die Schafzucht, von den Mexikanern das Bearbeiten von Silber. Heute sind sie als Töpfer, Weber und Silberschmiede berühmt. Im Zweiten Weltkrieg waren viele Navajo bei der US-Armee. Sie gaben Funksprüche in ihrer Sprache weiter, die der Feind nicht entschlüsseln konnte.

Der lange Krieg

Als die Spanier in den Südwesten vordrangen, waren die Navajo ein großes Volk. Sie verteidigten ihr Land und leisteten den Weißen erbitterten Widerstand. Wie die Apachen überfielen sie Siedlungen, um Pferde und Schafe zu stehlen. Da die Navajo keine Stammesorganisation hatten, zogen sie in Gruppen umher und machten das Land unsicher. Bei Gefahr kehrten sie in den Canyon de Chelly in Arizona zurück. Erst 1864 konnte die US-Armee die Navajo besiegen.

Eine Art Indianerstaat

Heute sind die Navajo das größte Indianervolk in Nordamerika. Rund 200 000 Navajo leben in Arizona und Neumexiko. Über die Hälfte wohnt in der größten Reservation der USA, einem Teil des alten Navajo-Territoriums. Es ist fast doppelt so groß wie Deutschland. Die Navajo haben ihre eigene Verwaltung und sogar eine eigene Universität, das „Navajo Community College“.

Nordamerika

Nordamerika ist mit rund 19 Millionen Quadratkilometern der drittgrößte Erdteil. Über die Landbrücke von Mittelamerika ist es mit Südamerika verbunden. Als Doppelkontinent ist Amerika beinahe so groß wie Asien. In diesem riesigen Gebiet lebten bis zur Entdeckung durch Kolumbus etwa 30 Millionen Menschen – nicht einmal halb so viele wie heute in Deutschland. Allein Nordamerika mit Kanada und den USA ist etwa fünfzigmal so groß wie Deutschland. Bei der Ankunft der Weißen lebten hier nur etwa sieben Millionen Indianer. Man kann sich kaum vorstellen, wie viel Land die einzelnen Indianervölker einmal zur Verfügung hatten. Und noch weniger kann man verstehen, wie wenig ihnen davon geblieben ist.
Als die Weißen aus Europa ankamen, gab es in Nordamerika über 500 Völker. Viele dieser Stämme kamen nie miteinander in Berührung. Die Indianer bildeten kein einheitliches Volk. Sie hatten verschiedene Sprachen und bewohnten ganz unterschiedliche Lebensräume. Ihre Lebensgewohnheiten richteten sich nach ihren Wohngebieten und dem Nahrungsangebot. Sie waren Jäger oder Fischer, Sammler oder Ackerbauern, manchmal auch alles zusammen.

Arktis und Subarktis

Hoch oben im arktischen Norden leben die Eskimo oder Inuit, die Robben und Wale jagen. Südlich davon erstreckt sich die subarktische Region mit großen Nadelwäldern. Sie umfasst ein Viertel Nordamerikas. Hier leben die Cree, die Naskapi und andere Stämme. Sie jagen Elche und Karibus.

Die Nordwestküste und Kalifornien

Die Küstenindianer am Pazifik wie die Tlingit, Haida und Kwakiutl jagten Wale und fingen Lachse. Weiter südlich, in Kalifornien, lebten Jäger und Sammler wie die Pomo und Yokut sowie die Yuma, die Pflanzen anbauten.

Die Plains und die Prärie

Südlich der subarktischen Zone erstreckt sich die Prärie mit den Plains. Es ist das Land der Bisons und die Heimat der bekanntesten nordamerikanischen Indianer. Hier lebten die Sioux, die Comanchen, die Cheyenne und andere. Sie alle waren umherziehende Büffeljäger.

Hochebenen und Großes Becken

Westlich der Plains und Prärie liegen die Hochebenen und das Große Becken. Der nördliche Teil mit Seen, Flüssen und Bergen ist die Heimat von Lachsfischern und Jägern. Zu den bekanntesten Stämmen gehören die Nez Percé. Der Süden ist trockenes Steppengebiet. Hier wohnten Jäger und Sammler, zu denen die Schoschonen und die Ute zählten.

Das Waldland

Das östliche Waldland erstreckt sich vom Mississippi bis zum Atlantik und im Norden bis zum Sankt-Lorenz-Strom. Hier lebten die verschiedenen Algonkinvölker wie die Ojibway, auch Chippewa genannt. Zu den Waldindianern zählen auch die Irokesen oder Haudenosaunee im Gebiet der Großen Seen. Sie waren Fischer und Jäger, betrieben aber auch Gartenfeldbau.

Der Südosten

Zwischen dem Appalachengebirge und dem Golf von Mexiko und auf der Halbinsel Florida war die Heimat sesshafter Stämme. Sie bauten Mais, Kürbisse und Bohnen an. Die bekanntesten Indianer im Südosten sind die Creek und die Cherokee sowie die Seminolen in Florida.

Der Südwesten

Im Südwesten gibt es Berge, heiße Wüsten und zahlreiche tiefe Canyons. Das Land stößt im Süden an Mexiko. Hier lebten schon vor über 1 500 Jahren die Anasazi. Es ist heute noch die Heimat der Puebloindianer, der Hopi und der Zuni, aber auch die Apachen und die Navajo sind hier zu Hause.

Alaska-
Eskimo
GRÖNLAND
Eisbär
Indianer der Nordwestküste
subarktische
Indianer
Eskimo
Labrador-
Eskimo
HUDSON-
BAI
Karibu
Cree-
krieger
Elch
subarktische Indianer
Bison
Indianer
des
Großen Beckens
Tlingit
Ute
Plains- und
Prärie-
indianer
östliche
Waldindianer
Irokese
Sioux
Seminole
kalifornische
Indianer
Indianer des
Südostens
ATLANTISCHER
OZEAN
Apache
Puebloindianer
GOLF
VON
MEXIKO
PAZIFISCHER
OZEAN
Pueblo

Netzradspiel Bei fast allen Prärieindianern war das Netzradspiel bekannt. Man musste dabei einen Pfeil durch ein Holzrad werfen, das mit einem Netz oder mit Schnüren bespannt war. Damit es nicht zu leicht wurde, hat man das Rad gerollt. Der Haupttreffer war der Wurf durch die mittlere Masche. ➳ *Spiele*

Nez Percé Die Nez Percé wohnten ursprünglich an den Osthängen der Rocky Mountains in festen Siedlungen. Sie lebten von der Jagd und vom Fischfang. Als die Weißen kamen, wanderten sie in die Prärie ab und änderten ihre Lebensgewohnheiten. Sie bewohnten nun Tipis und gingen auf Büffeljagd. Zu Beginn des 18. Jahrhunderts kamen sie in den Besitz von Pferden und wurden bald die besten Pferdezüchter unter den Indianern. Den Weißen gegenüber verhielten sie sich friedlich. Als man Mitte des vorigen Jahrhunderts in ihrem Stammesgebiet Gold fand, wurden sie von den Weißen bekämpft und nach Oklahoma vertrieben. Heute leben etwa 4 000 Nez Percé in Reservationen. Den Namen erhielten sie von französischen Trappern. Er bedeutet so viel wie „durchbohrte Nasen“, da die Nez Percé in früheren Zeiten Muschelschalen als Schmuck an den Nasenflügeln trugen. Sie selbst nannten sich „Nimipu“ oder auch „Tsupeli“. Berühmt wurden sie durch ihren Häuptling Chief Joseph. ➳ *Chief Joseph*

Nomaden Nomaden sind Völker, die als Viehhirten mit ihren Herden umherziehen. Auch viele Stämme der Prärie und der Plains kann man als Nomaden bezeichnen. Sie waren aber Jäger und folgten den Bisons, auf die sie Jagd machten. Die Wohnung der indianischen Nomaden war das Tipi, das schnell auf- und abgebaut werden konnte. ➳ *Tipi*

Nootka Die Nootka (*sprich:* nutka) erhielten ihren Namen von dem englischen Seefahrer James Cook, der ihnen auf seiner letzten Fahrt 1778 an der Südostküste Alaskas begegnete. Sie selbst nannten sich „Nuu-cha-nulth“, was Cook vermutlich nicht aussprechen konnte und zu „Nootka“ verkürzte. Dieses Indianervolk lebt auf der Vancouver-Insel, die zu Kanada gehört. Die Nootka umfassten einmal 15 Stämme mit insgesamt 5 000 Mitgliedern. Ursprünglich waren die Nootka Walfänger und Lachsfischer. Heute verdienen sie ihren Lebensunterhalt als Holzfäller oder arbeiten in Sägewerken und in der Papierindustrie. ➳ *Küstenindianer, Nordwestküste*

Nordamerika *siehe Seite 140/141*

Nordwestküste Die Nordwestküste Amerikas liegt am Pazifik und erstreckt sich von Alaska bis Kalifornien. Sie ist meist felsig, und es gibt nur wenige ausgedehnte Strände. Wo immer sich Platz zum Siedeln bot, insbesondere an den Mündungsbuchten der Flüsse und auf vorgelagerten Inseln, haben sich die Küstenindianer niedergelassen. Man vermutet, dass sie bereits vor der letzten Eiszeit hier lebten. Es gab Dutzende von Völkern und Stämmen. Die bekanntesten sind die Tlingit, die Kwakiutl und die Haida. ➳ *Haida, Kwakiutl, Tlingit*

Nutzpflanzen

Wenn wir Tomatensoße essen, denken wir vielleicht an die italienische Küche. Gibt es Kartoffeln mit Bohnengemüse, dann kommen wir bestimmt nicht auf den Gedanken, dass wir gerade Indianisch speisen. Und doch ist es so. Denn Tomaten, Kartoffeln und Bohnen stammen von den Indianern.

Kartoffeln und Mais
Wir verdanken den Indianern fast die Hälfte unserer Nutzpflanzen, die wir heute auf Feldern und in Gärten anbauen. Die Kartoffel, von der die Hochlandindianer über 600 Sorten anpflanzten, hat mehr Reichtum nach Europa gebracht als alles Gold, das die Spanier den Indianern raubten. Mit der Kartoffel kamen auch Kürbisse, Paprika und Zucchini zu uns. Und selbst das zweitwichtigste Getreide der Welt, den Mais, verdanken wir den Indianern.

Allerlei Knollen
Die Indianer bauten auch Zwiebeln und Chili, Sonnenblumen und Erdnüsse, Bananen und Ananas, Süßkartoffeln, Maniok und Jams an. Die drei letzten Nährpflanzen sind bei uns kaum bekannt. Die Süßkartoffel, die mit einem indianischen Wort „batate“ heißt – daher kommt das englische Wort „potato“ –, ist mit unserer Kartoffel nicht verwandt. Die Knollen dieser Windenpflanze sehen nur so ähnlich aus. Sie enthalten, wie auch die Knollen des Manioks und die Jamswurzel, sehr viel Stärke.

Tabak, Kakao und Kaugummi
Drei Genussmittel, die heute wohl jeder kennt, stammen ebenfalls von den Indianern. Um 1550 kam die Tabakpflanze nach Europa, und schon bald verbreitete sich hier die Sitte des Tabakrauchens. Mit dem Kakao gelangte auch das aztekische Wort „cacauatl“ in die übrige Welt. Und das Harz des Balsabaums wurde schon bei den Maya als Kaugummi gekaut.

Observatorium Ein Observatorium dient zur Beobachtung der Gestirne. In einem solchen Gebäude befinden sich heute große Teleskope und andere optische Geräte. Observatorien hatten aber schon die Maya. In ihren Sternwarten benutzten die Mayapriester nur einfache Peilstäbe, um die Sonnenstrahlen anzuvisieren. Alle Gebäude im Tempelbezirk waren so angelegt, dass die Priester im Observatorium den Strahlengang der Sonne im Laufe eines Tages an den fallenden Schatten genau messen konnten. Sie mussten viel von mathematischen Winkeln verstehen, um aus dem Einfall der Sonnenstrahlen ihren genauen Kalender berechnen zu können. ➳ *Maya, Maya-Kalender, Pyramiden*

Obsidian Obsidian entsteht, wenn geschmolzenes Gestein aus einem Vulkan rasch abkühlt. Es ist eine Art Glas, meist schwarz, grau oder rotbraun. Wenn man es zerschlägt, bilden sich an den Bruchstellen sehr scharfe Kanten. Die Olmeken, Azteken und Maya machten daraus Schaber, Messer, Pfeilspitzen und Werkzeuge. Aus Obsidian stellten sie auch Figuren her oder polierten Obsidianscheiben zu Spiegeln.

Odawa Indianerstamm aus der Sprachfamilie der Algonkin. Ihren Namen, der auch „Ottawa“ geschrieben wird, haben sie von dem Algonkinwort „adawe“ – „Handel treiben“. Die Odawa lebten am Huronsee und waren mit den Ojibway verwandt. Schon früh kamen sie mit französischen Trappern zusammen, die in ihrem Stammesgebiet Jagd auf Biber machten. Wie die Ojibway bauten sie Rindenkanus und ernteten Wasserreis. Ihr berühmtester Häuptling war Pontiac. Heute leben etwa 1 500 Nachfahren der Odawa in Kanada und 500 in den USA. ➳ *Algonkin, Ojibway, Pontiac, Trapper, Wasserreis*

Oglalla Ein Unterstamm der Teton-Sioux. Die Oglalla oder Oglala lebten in den westlichen Plains. Ihre Jagdgründe erstreckten sich von den Black Hills bis zum Missouri. Sie zählen zu den berühmtesten Sioux-Stämmen. Die bekanntesten Häuptlinge der Oglalla waren Red Cloud und Crazy Horse. Etwa 20 000 Oglalla leben heute in der Pine-Ridge-Reservation in Süddakota. ➳ *Algonkin, Crazy Horse, Dakota, Red Cloud, Sioux*

Ohrpflock Alle Indianer liebten es, sich zu schmücken. Die Männer hatten oft sogar mehr Schmuck als die Frauen. Vornehme Maya und Inka trugen Armreifen, Ohrpflöcke und Nasenringe aus purem Gold. Manche Ohrgehänge wogen bis zu einem Pfund und zogen die Ohren ihrer Träger sehr in die Länge. Die Spanier nannten die Inka und andere Indianer deshalb auch „Großohren“. ➳ *Schmuck*

Ojibway (*sprich:* odschibwäi) Diese Indianer gehören zur Algonkingruppe und heißen in den USA Chippewa. In Kanada nennt man sie Ojibway, auch Ojibwa. Sie selbst nennen sich „Anishinabe“ – „Erste Menschen“. Als größter Stamm Kanadas zählen sie heute etwa 70 000 Mitglieder. Die halb sesshaften Ojibway lebten im Gebiet der Großen Seen als Jäger und Fischer und bewohnten Wigwams aus Birkenrinde. Mit Weißen kamen die Ojibway durch den Pelzhandel in Berührung. Als sie in den Besitz von Gewehren gelangt waren, drangen sie in die Prärie vor und vertrieben dort ansässige Stämme. Noch heute fertigen die Ojibway die besten und leichtesten Kanus an und ernten den Wildreis, die dunklen Samen eines Wassergrases. Dazu biegen sie die langen Halme ins Boot und klopfen die Ähren aus. ➼ *Algonkin, Wasserreis*

Old Shatterhand Der Schriftsteller Karl May hat diese Figur erfunden. Sie spielt in vielen seiner Romane eine Hauptrolle. Old Shatterhand ist ein Deutscher, der durch die Prärie zieht und als Freund der „guten“ Indianer gilt. Er besitzt zwei Gewehre, den Henrystutzen und den Bärentöter. Mit Winnetou, einer anderen Romanfigur Karl Mays, verbindet ihn eine innige Freundschaft und Blutsbrüderschaft. Das Leben der Indianer wird von Karl May sehr fantasievoll dargestellt. Seine Romane stimmen nicht immer mit der Wirklichkeit überein. ➼ *May, Winnetou*

Olmeken *siehe Seite 146*

Opfer Die Azteken, Maya und Inka brachten ihren vielen Göttern Opfer dar, damit diese ihnen eine gute Ernte bescherten und sie vor Übel bewahrten. Dem Maisgott opferten sie Pflanzen, Tiere und Räucherharz. Bei den Azteken wurden dem Kriegsgott Huitzilopochtli sogar Menschen geopfert, und auch bei den Maya und Inka gab es Menschenopfer. Das Opfern von Tieren für Götter, Geister und Ahnen war bei nordamerikanischen Indianern kaum verbreitet. Sie opferten vor allem Tabak, manchmal auch einen Teil der Jagdbeute. ➼ *Götter, Religion*

Oregon-Trail Seit 1846 zogen Siedler mit Planwagen auf dem Oregon-Trail in den Westen der USA. Dieser 3 200 Kilometer lange Pfad führte durch die Jagdgründe verschiedener Stämme. Die Indianer wehrten sich gegen die Einwanderung der Weißen, und es kam entlang dieser Route ständig zu Kämpfen. ➼ *Siedler*

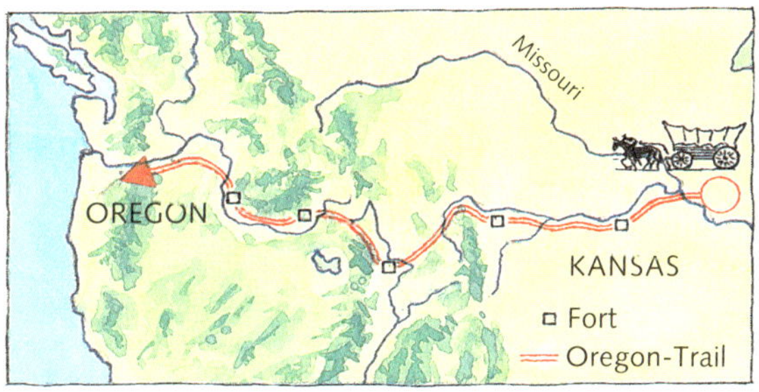

Orenda Die Irokesen haben die Vorstellung von einer übernatürlichen Kraft, die sie Orenda nennen. Diese durchdringt alle Dinge. Auch Menschen, Tiere und Pflanzen sind darin eingeschlossen. Man kann diese Kraft durch Visionen erlangen. ➼ *Manitou, Religion*

Olmeken

An der schmalsten Stelle Mexikos, zwischen Veracruz und Tabasco, erstreckt sich ein Tiefland mit tropischem Regenwald. Hier wachsen viele Gummibäume. Sie liefern den begehrten Kautschuk. Schon vor über 3 000 Jahren haben Menschen den milchigen Saft dieser Bäume gesammelt. Die Azteken nannten sie später „Olmeken“ – „Die Leute aus dem Gummiland“.

Ein geheimnisvoller Fund

Die Olmeken wurden zufällig entdeckt. 1862 stieß man im Urwald auf einen riesigen Kopf aus Basalt. Niemand konnte sich erklären, wie er dorthin gekommen war. Das Gesicht hatte wulstige Lippen und eine dicke Nase. Der Kopf trug einen Helm. Sechzig Jahre später fand man einen zweiten, noch gewaltigeren Kopf. Aber erst ab 1940 begann man den Regenwald am Golf von Mexiko genauer zu erforschen.

Siedlungen im Urwaldsumpf

Man fand Olmekenköpfe in Mexiko in San Lorenzo. Die größten Köpfe sind fast drei Meter hoch und wiegen 15 bis 30 Tonnen. Das Material für diese Skulpturen müssen die Olmeken 100 Kilometer weit aus dem Tuxtlagebirge herbeigeschafft haben, vielleicht auf Flößen. Doch wie haben sie die Köpfe aufgestellt? Um 1000 v. Chr. lebten in San Lorenzo Priester und Würdenträger. Irgendwann wurde die Kultstätte zerstört. In La Venta, einem Sumpfgebiet weiter östlich, bauten die Olmeken eine neue Kultstätte. Auch hier fand man die rätselhaften Köpfe. In Erdhügeln lagen kleine Figuren aus Jade. Sie zeigen die gleichen Gesichtszüge wie die großen Steinköpfe. Man nennt sie „Babyfaces“ – „Kindergesichter“. Sie stellen vielleicht den Jaguargott dar, den die Leute im Gummiland als Erste verehrten. Die Olmeken gelten als die Vorfahren aller mittelamerikanischen Völker – doch niemand weiß, woher sie kamen.

Paläste Die großen Indianervölker Mittel- und Südamerikas, die Azteken, Maya und Inka, bauten in ihren Städten große Tempel und Paläste. Diese Bauwerke waren aus Lehmziegeln oder Steinquadern errichtet. Für den Bau verwendeten die Maya Kalkmörtel. Bei den Inka waren die Steinquader so genau behauen, dass sie millimetergenau verfugt werden konnten. Nicht einmal die Klinge eines Messers passte mehr dazwischen. Die Häuser und Paläste hatten keine Fenster. Das Licht fiel durch die Eingangstür und erhellte das Innere. ➳ *Pyramiden*

Paiute Ein Unterstamm der Ute. Diese waren ein großes Volk und in viele Stämme aufgegliedert. Sie bewohnten die Gebirgstäler der Rocky Mountains bis hin zum Oberlauf des Missouri. Die Paiute oder Pah-Ute bewohnten das Große Becken und waren in die Nördlichen und Südlichen Paiute geteilt. Da es im Großen Becken nur wenig Großwild gab, spielte der Eselhase als Jagdbeute eine wichtige Rolle. Die Paiute veranstalteten Treibjagden auf ihn. Auch Kaninchen, Erdhörnchen und Stachelschweine wurden gejagt. Manchmal gingen die Paiute sogar auf Heuschreckenfang. Ihre Hauptnahrungsquelle aber waren Wildpflanzen, deren Wurzeln, Knollen und Samen sie sammelten. Um das Sammelgut zu befördern, hatten sie dicht geflochtene Körbe in verschiedenen Formen. Da die Paiute ständig auf Nahrungssuche umherzogen, kannten sie keine Stammesordnung wie etwa die Prärieindianer. Sie bildeten vielmehr lockere Gruppen. Auch Häuptlinge wie bei anderen Stämmen gab es bei den Paiute nicht. Ihre Behausungen waren einfache Wickiups, im Sommer genügte ihnen meist ein Windschirm. ➳ *Großes Becken, Hausbau, Ute*

Palisaden Palisaden sind Holzpfähle oder Stämme, die oben zugespitzt sind. Diese Pfähle werden dicht nebeneinander in den Boden gerammt und bilden so eine Art Schutzzaun. Solche Palisadenzäune dienen der Befestigung. Vor allem die Irokesen zogen um ihre Langhausdörfer Palisaden, um sich vor Feinden und wilden Tieren zu schützen. Die Zäune waren bis zu fünf Meter hoch. ➳ *Irokesen, Fort*

Pampas Die Pampas sind eine große, ebene Graslandschaft im Südwesten des heutigen Argentinien. Man kann sie mit der Prärie Nordamerikas vergleichen. Hier gab es früher viele Pampashirsche, Antilopen und Nandus, eine Straußenart. Heute sieht man fast nur noch Pampashasen. Diese Nagetiere werden bis zu 70 Zentimeter lang. Sie heißen auch Maras und sind mit den Meerschweinchen verwandt. Große Teile der Pampas wurden zu Acker- und Weideland. In den Pampas lebten früher viele Indianervölker, darunter die Mapuche, als Jäger und Sammler. Von den Spaniern, die als Eroberer nach Südamerika kamen, stahlen die Mapuche Pferde. Als die Weißen in die Pampas eindrangen und dort mit der Rinderzucht begannen, leisteten ihnen die nun berittenen Indianer heftigen Widerstand. ➳ *Mapuche*

Panikjagd Die Menschen der Steinzeit jagten Pferde und andere Herdentiere, indem sie die Tiere in Panik versetzten. Dazu trieben sie eine Herde auf einen Abgrund zu, über den sich die Tiere zu Tode stürzten. Auf diese Weise töteten die frühen Indianer Langhornbüffel und anderes Großwild, wohl auch Pferde, bevor diese in Amerika ausgestorben waren. ➳ *Klippenjagd, Pferde*

Paprika Der Paprika, der auch in Europa, vor allem in Spanien und Ungarn, angebaut wird, stammt aus Mittel- und Südamerika. Es gibt etwa 30 verschiedene Arten, von mild bis sehr scharf. Die meisten Sorten pflanzten schon die Indianer an. Im 16. Jahrhundert brachten die Spanier das Gemüse nach Europa. Den besonders scharfen Chili nennt man heute noch „Spanischen Pfeffer“. ➳ *Nutzpflanzen*

Parfleche (*sprich:* parflesch) Die Parfleches waren Falttaschen aus Rohleder. Die Prärieindianer bewahrten darin den Pemmikan und andere Nahrungsmittel auf. Manche Stämme stellten Parfleches paarweise her und verbanden sie mit Riemen. Diese luden sie erst Hunden, später dann Packpferden auf. Die Taschen sind oft mit geometrischen Figuren wie Dreiecken, Linien oder Punkten bemalt. Jeder Stamm hatte eigene Muster. ➳ *Büffel, Leder*

Patagonien Patagonien ist der südliche Teil Südamerikas. Im Westen liegen die Pazifikküste und die vergletscherten Anden, der Osten ist trockenes, steppenähnliches Gebiet. Winde vom Pazifik und ständige Kälte lassen kaum Bäume wachsen. Hier lebten die Patagonier und Feuerlandindianer. Die Spanier kamen erst vor etwa 150 Jahren in diese raue Gegend. Die Indianer, die dort lebten, wurden getötet oder starben an eingeschleppten Seuchen. ➳ *Feuerlandindianer*

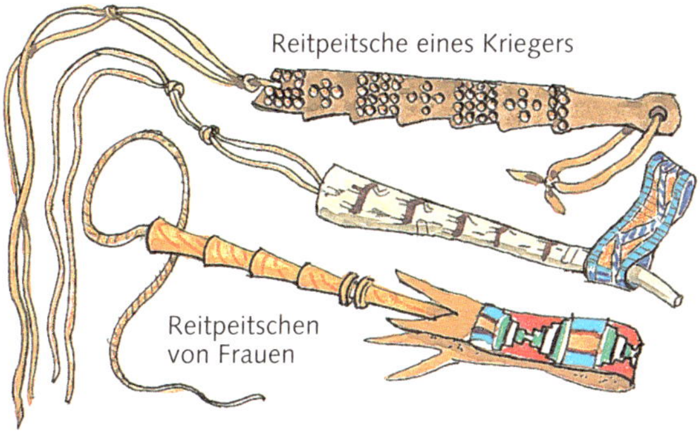

Peitsche Die Prärieindianer gingen mit ihren Pferden nicht immer sanft um. Um die Pferde anzutreiben, benutzten sie auch die Peitsche. Diese bestand aus einem kurzen Griff aus Holz oder Hirschgeweih. Daran waren Lederriemen oder geflochtene Lederschnüre befestigt. Auch die Indianerfrauen benutzten Reitpeitschen. ➳ *Mustang, Pferde, Reiten*

Pekari Das Pekari ist ein Wildschwein. Es kommt von Mexiko bis Südamerika überall in den Wäldern vor. Da es auf dem Rücken eine nabelförmige Drüse hat, heißt es auch Nabelschwein. Die kampflustigen Pekaris sind vor allem für die Stämme im Regenwald eine begehrte Jagdbeute. ➳ *Jagd, Urwaldindianer*

Pelzhändler Die Weißen errichteten in Nordamerika Handelsstationen, um mit den Indianern Tauschgeschäfte zu betreiben. Besonders begehrt waren die Felle von Biber und Silberfuchs. Die Pelzhändler gaben den Indianern für diese Felle, die sie in Europa teuer verkaufen konnten, Glasperlen, Gewehre, Messer und Feuerwasser. Durch den Pelzhandel wurden in einigen Gebieten manche Tiere fast ausgerottet. Schuld daran waren auch die Indianer, da sie wegen der begehrten Handelswaren nun viel mehr Tiere töteten als früher. ➳ *Handel*

Pemmikan Der Pemmikan war eine „Fleischkonserve“ der Prärieindianer. Meist wurde Büffelfleisch, manchmal auch Hirschfleisch, in Streifen geschnitten und in der Sonne getrocknet. Dann zerstampfte man es im Mörser und vermischte es mit Beeren, Wurzeln, Nüssen und Bison- oder anderem Fett. Den Pemmikan füllte man in Rohlederbeutel, die Parfleches. Auf diese Weise konservierten die Prärieindianer das Fleisch für den Winter und legten sich einen Vorrat an. Der Pemmikan war fast unbegrenzt haltbar. Das Trockenfleisch wurde auch auf längeren Kriegszügen mitgenommen. ➳ *Büffel, Nahrung, Parfleche*

Perlenstickerei Fast alle Indianer Nordamerikas schmückten ihre Kleidung, Kindertragen, Sättel und andere Gegenstände mit Perlen. Auch die Wampumgürtel waren mit Perlen besetzt. Dazu verwendeten die Indianer röhrenförmige Muschelperlen, die sie aus der Spindel von Seeschnecken oder den Schalen der Venusmuschel mühsam schliffen. Aus bunten Perlen stickten die Indianerfrauen herrliche Muster auf die Gegenstände. Später brachten die Europäer Glasperlen nach Nordamerika, die sehr begehrt waren. ➳ *Quillstickerei, Wampum*

Mit Perlen bestickt:

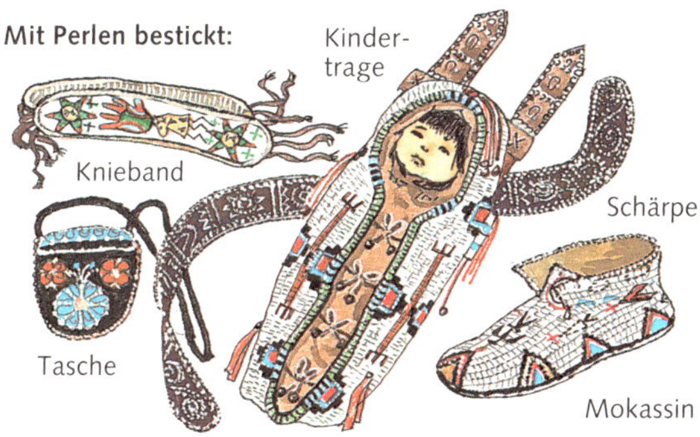

Persimone Die Persimone heißt auch Götter- oder Dattelpflaume. Sie wächst in den Tropen und wird etwa so groß wie eine Mandarine. In Nordamerika gibt es eine etwas kleinere Art. Die Indianer trocknen die Früchte, kochen daraus Kompott oder verarbeiten sie mit Maismehl zu einer Art Früchtebrot. ➵ *Nahrung*

Dattelpflaume

Peyotl Das aztekische Wort „peyotl" bedeutet „Raupe". Es ist ein kleiner, stachelloser Kaktus. Der Peyotl oder Peyotekaktus wächst in Texas und Mexiko. Die Pflanze enthält mehrere Gifte, vor allem Meskalin. Die Indianer kauen die Blütenknospen oder bereiten aus den Wurzeln eine Art Tee. Nach dem Genuss geraten sie in einen mehrstündigen Rauschzustand, bei dem sie magische Visionen erleben. Vor allem bei religiösen Festen nehmen sie dieses Gift zu sich, um sich in Trance zu versetzen. Daraus entstand bei den Prärieindianern der Peyotekult, der heute in den USA als Glaubensgemeinschaft anerkannt ist. ➵ *Vision*

Pfahlbau Die Indianer, die an den großen Strömen des Mississippi und Missouri oder im Regenwald am Amazonas lebten, errichteten schon früh Pfahlbauten. Sie waren darin vor Überschwemmungen sicher und vor wilden Tieren geschützt. Die Chickees der Seminolen stehen auf Pfählen im Sumpfgebiet der Everglades in Florida. Auch die meisten Ureinwohner im Amazonasgebiet und die Kariben an der Küste bauen ihre Häuser heute noch auf Stelzen. ➵ *Chickee, Hausbau, Kariben, Seminolen*

Pfeifen Fast alle Indianer rauchten Tabak. Die Prärieindianer verwendeten dazu eine besondere Tabakmischung, den Kinnikinnik. Die Pfeifen, aus denen sie rauchten, bestanden meist aus einem langen Rohr mit einem Pfeifenkopf aus Catlinit. Bei vielen Stämmen durften nur die älteren Männer rauchen, bei anderen gab es auch Frauenpfeifen. Keine Besprechung oder Verhandlung, keine Begegnung mit Fremden fand ohne das Rauchen der Pfeife statt. Je nach Anlass gab es unterschiedlich geschmückte Pfeifen und Pfeifenköpfe. Am höchsten angesehen war das Calumet, die heilige Pfeife, die stets beim Abschluss von Friedensverträgen geraucht wurde. ➵ *Calumet, Catlinit, Tabak*

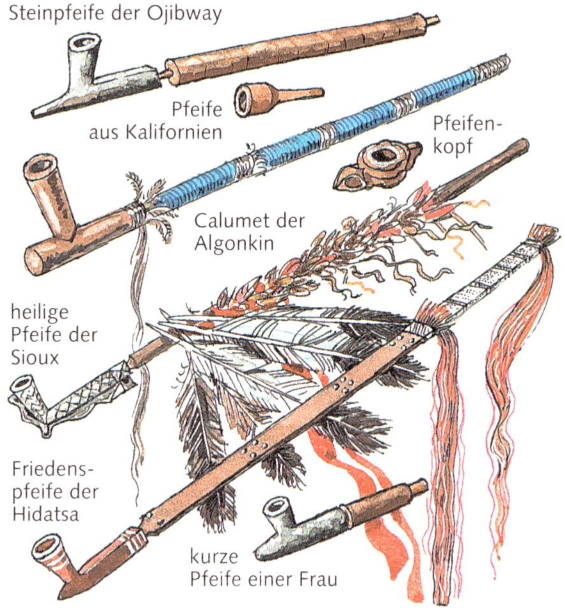

Pfeifenstein Der Pfeifenstein Catlinit kommt nur in einem Steinbruch im Gebiet der Dakota-Sioux in Minnesota vor. Das Gebiet galt als heilig, und hier ruhten sämtliche Feindseligkeiten. Der rötliche Stein ist beim Ausgraben sehr weich. Er trocknet erst an der Luft und wird dann hart. Man kann ihn in weichem Zustand gut bearbeiten und schnitzen. Der Pfeifenstein war bei allen Stämmen sehr begehrt und ein wertvolles Handelsgut. ➵ *Catlin, Catlinit*

Pfeil und Bogen Bis die Indianer von den Weißen Gewehre erhielten, waren Pfeil und Bogen ihre wichtigste Waffe. Man konnte an der Form der Bogen und an den Pfeilspitzen erkennen, zu welchem Stamm der Besitzer der Waffe gehörte. Die Indianer trafen auf 100 Meter genau ins Ziel. Besonders lange Bogen haben die Urwaldindianer. Sie sind über zwei Meter lang und werden meist aus hartem Palmholz angefertigt. Vor allem die Urwaldindianer gehen mit Pfeil und Bogen auch auf Fischjagd. ➳ *Bogen, Kariben, Pfeile, Urwaldindianer, Waffen*

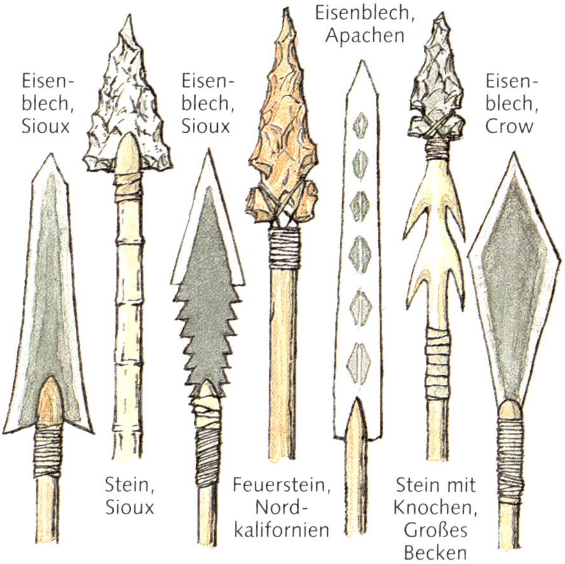

Pfeile Die Pfeile wurden bei den Indianern oft von besonders geschickten Stammesmitgliedern angefertigt. Sie bestanden aus Hartholz oder Schilfrohr und waren unterschiedlich lang. Um die Flugeigenschaften zu verbessern, brachte man am Pfeilschaft meist noch Vogelfedern an. Pfeilspitzen aus Stein oder Knochen wurden auf den Schaft aufgesetzt. Pfeile aus Hartholz spitzte man nur zu und härtete sie im Feuer. Später gab es auch eiserne Spitzen, die die Indianer zuerst aus Bratpfannen schliffen, die sie von weißen Händlern erstanden hatten. Man unterschied Kriegs- und Jagdpfeile. Die Kriegspfeile hatten Widerhaken. Bei Jagdpfeilen wurde auf Widerhaken meist verzichtet, da man die Pfeile so leichter herausziehen und erneut verwenden konnte. Die Urwaldindianer vergifteten ihre Pfeile. ➳ *Pfeilgift*

Pfeilgift Die Urwaldindianer vergifteten meist die Spitzen ihrer Pfeile. Jeder Stamm hatte sein besonderes Pfeilgift. Die Zutaten stammten von giftigen Pflanzen wie Lianen, oder man nahm Gift von Spinnen und Skorpionen. Auch aus den Hautausscheidungen des Pfeilgift- oder Färberfrosches gewannen die südamerikanischen Indianer ein Pfeilgift. Manches Gift war so stark, dass es genügte, die Beute damit nur leicht zu treffen. Das Tier starb sofort. Andere Gifte sollten nur lähmen. Bei stark vergifteten Pfeilen mussten die Jäger den Pfeil schnell herausschneiden, damit das Fleisch nicht vergiftet wurde. Das bekannteste Pfeilgift ist das Curare. Die Urwaldindianer bewahrten es in Kalebassen, ausgehöhlten Kürbissen, auf. Auch die Comanchen und Apachen vergifteten gelegentlich ihre Pfeile. ➳ *Comanchen, Curare, Gift, Urwaldindianer*

Pfeilspiel Alle Prärieindianer liebten das Pfeilspiel. Dazu versammelten sich die besten Bogenschützen im Lager und schossen acht bis zehn Pfeile in die Luft. Der erste Pfeil wurde so hoch wie möglich geschossen. Dann mussten schnell die anderen Pfeile nachgeschickt werden. Sieger war, wer gleichzeitig die meisten Pfeile in der Luft hatte. Wie bei vielen Indianerspielen ging es oft um hohe Einsätze. ➳ *Spiele*

Pferde *siehe Seite 153*

Pferdediebstahl Als sich die Spanier Ende des 16. Jahrhunderts in Mexiko niederließen, legten sie dort auch Viehfarmen, die Ranches, an. Die benachbarten Indianerstämme überfielen diese Ranches immer wieder und stahlen das Vieh, vor allem die Pferde. Besonders die Apachen wurden gefürchtete Pferdediebe. Bald kamen auch andere Stämme, allen voran die Comanchen, auf die Idee, sich Pferde zu beschaffen. Sie stahlen sie wiederum den Apachen. Bei vielen Indianerstämmen galt der Diebstahl eines Pferdes als mutige Tat. ➳ *Pferde*

Pferderennen Als die Indianer Pferde hatten, wurde das Pferderennen bei ihnen ein beliebter Sport. Besonders die Comanchen liebten Pferderennen. Die Rennstrecken lagen auf Sandbänken an Flüssen oder auf ebenem Gelände. Es ging dabei oft um hohe Einsätze. Der Sieger erhielt alles, was die Teilnehmer hinterlegt hatten: Waffen, Felle, Wampumgürtel und anderes. Später beteiligten sich auch Weiße an diesen Rennen, vor allem Cowboys, Trapper und Pelzhändler. Ihre Einsätze bestanden aus Gewehren, Pulver und Blei, aber auch Mehl, Zucker und Feuerwasser. Die Indianer hatten zwar meist die schlechteren Pferde, doch sie konnten die Rennen oft gewinnen. ➳ *Pferde*

Pflanzstock In Kulturen, die sich noch auf der Stufe der Steinzeit befinden, ist der Feldbau mit dem Pflanzstock oder Grabstock verbreitet. Auch halb sesshafte Völker wie die Waldindianer gruben mit dem Pflanzstock Löcher und steckten die Samen hinein. Ein Fortschritt gegenüber dem Grabstock war die Hacke. Wildbeuter benutzten den Grabstock, um Wurzeln essbarer Pflanzen aus dem Boden zu wühlen. Man spricht bei diesen Völkern deshalb manchmal auch von einem Wühlstock.
➳ *Ackerbau, Ackergeräte*

Pflaumenkernspiel Vor allem die Irokesen, aber auch die Sioux, liebten das Pflaumenkernspiel. Es war eine Art Würfelspiel mit bemalten Kernen der Persimone oder anderen Kernen von Steinobst. Die Sioux nannten es „Spiel mit dem Korb". Die Kerne wurden in einem Becher oder einem Korb geschüttelt und hochgeworfen. Der Spieler, bei dem die meisten Kerne mit der bemalten Seite nach oben lagen, hatte gewonnen. Dabei ging es oft um hohe Einsätze.
➳ *Persimone, Spiele*

Piktogramm Piktogramme sind Bildsymbole. Wir finden solche Zeichen in unserer modernen Gesellschaft überall: auf Elektrogeräten und den Armaturen von Autos, in Bahnhöfen und Flughallen. Sie geben Bedienungsanweisungen oder zeigen Richtungen an, ohne dass man lesen können muss. Solche Bildzeichen kannten alle Indianer. Sie waren von Volk zu Volk verschieden. Man findet die Zeichen auf Steinen, in Höhlen und auf Bisonhäuten. Die Indianer schrieben mit den Symbolen ganze Geschichten. ➳ *Felsbilder, Schrift, Zeichensprache*

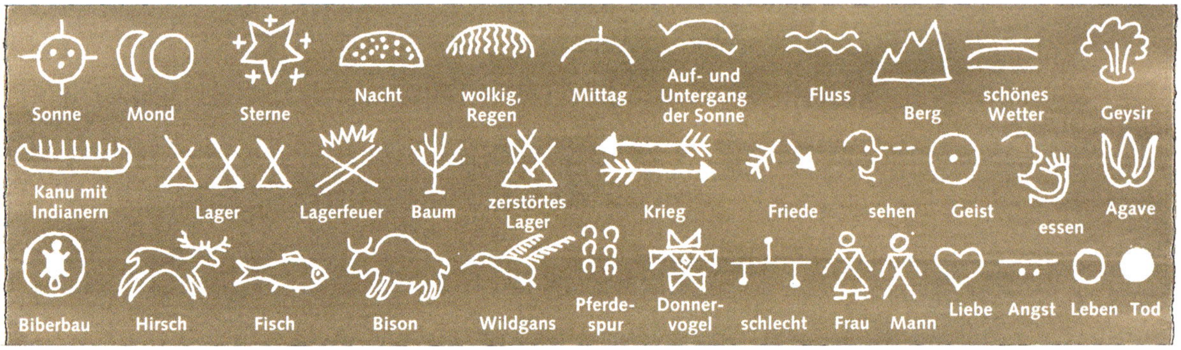

Pferde

Das Pferd stammt aus Amerika. Während der Eiszeiten wanderten Pferde über die Beringstraße nach Asien ein. In ihrer Urheimat starben sie schon vor etwa 20 000 Jahren aus. So hatten die Indianer außer dem Hund, den sie aus Asien mitbrachten, keine Zugtiere. Bei den Eskimo wurden Hunde vor den Schlitten gespannt, bei den Prärieindianern zogen sie das Travois.

Die teilbaren Götter

Nach Kolumbus kamen zuerst die Spanier in die Neue Welt. Die Eroberer nahmen auf Schiffen auch ihre Pferde aus Europa mit. Auf diese Weise brachten sie das Pferd in seine Urheimat zurück. Die Pferde wurden unter Deck in Haltegurte eingehängt. Viele überlebten die Überfahrt nicht. Den Azteken waren die Weißen auf den Pferden unheimlich. Sie hielten sie für „teilbare Götter". Sobald die Spanier vom Pferd stiegen, waren Mann und Pferd zwei Wesen. Die Indianer flohen anfangs vor Entsetzen.

Das „Geschenk" der Weißen

Im Jahr 1536 mussten die Spanier bei einem Kampf 72 Pferde in Südamerika zurücklassen. Die Tiere verwilderten und vermehrten sich. Schon hundert Jahre später gab es große Pferdeherden in den Pampas. Auf ähnliche Weise verloren die Spanier Pferde in Mexiko. Viele wurden ihnen auch gestohlen. So kamen die Pferde in die Prärie, wo sie Mustangherden bildeten.

Die Indianer werden ein Reitervolk

Für die Prärieindianer waren die Mustangs neben den Bisons bald die wichtigsten Tiere. Sie fingen die „Gras fressenden Hunde", um sie nach Art der Weißen zum Reiten abzurichten. Von den Spaniern übernahmen sie das Lasso, mit dem sie einzelne Pferde aus der Herde holten. Nur die besten Mustangs taugten zum Reiten, minderwertige zogen das Travois. Bald waren viele Indianer vorzügliche Reiter und Pferdezüchter. Dank der Pferde waren sie nun bei der Büffeljagd erfolgreicher und wurden für die Weißen gefährlichere Gegner.

Indianerin im Sattel

Zähmung eines Mustangs

Comanche beim Angriff

Pinto Der Pinto ist ein kleines Reitpferd, das man heute zu den Western Horses zählt. Pintos sind auffallend gescheckt. Es gibt schwarzweiße, braunweiße und auch dreifarbige Pintos. Diese Pferderasse wurde von den Nez Percé gezüchtet. Später haben die Cowboys sie als Cowponys übernommen. ➳ *Nez Percé, Pferde*

Pinyon Name einer Kiefernart, die im Nordwesten Amerikas weit verbreitet ist. Die nussartigen Samen der Pinyonkiefer sind sehr nährstoffreich und enthalten viel Fett. Die Kiefernzapfen werden mit langen Stangen heruntergeschlagen und die Nüsse eingesammelt. Man kann sie zwei bis drei Jahre lang aufbewahren. Die Ernte der Nüsse ist sehr ergiebig, und schon

die ersten Bewohner im Westen hatten sich auf das Sammeln dieser Wildfrüchte eingestellt. Da die Pinyonnüsse im Herbst rasch reiften, zogen die Sammler von Süden immer weiter nach Norden, um möglichst viele Bäume abzuernten. Die Pinyonnüsse bereicherten lange Zeit den Speisezettel der Schoschonen und Paiute im Großen Becken und werden noch heute gesammelt. ➳ *Nahrung, Paiute, Schoschonen*

Piroge Die Piroge ist ein Einbaum. Man bezeichnet dieses Kanu auch als Plankenboot, weil man es mit seitlich aufgesetzten Bordplanken gegen hohen Wellengang schützte. Mit diesem Boot fuhren die Indianer an der Nordwestküste auf Walfang, und auch die Feuerlandindianer benutzten es. ➳ *Boote, Feuerlandindianer, Walfang*

Pizarro, Francisco (1478–1541) Der spanische Eroberer kam mit 30 Jahren nach Amerika und fasste dort den Plan, Peru zu erobern. Er hatte nämlich erfahren, dass es im Reich der Inka viel Gold zu holen gab. 1531 brach Pizarro von Panama aus nach Südamerika auf und drang mit 180 Soldaten, darunter 37 Reitern, ins Inkareich ein. Obwohl den Spaniern 30 000 Inkakrieger gegenüberstanden, wurden sie nicht angegriffen. Man hielt die Weißen in ihren Rüstungen für lang erwartete Götter. Pizarro lockte den Herrscher Atahualpa in eine Falle. Nachdem die Inka ein Zimmer voll Gold als Lösegeld gezahlt hatten, ließ Pizarro Atahualpa erdrosseln. Das Inkareich brach nun bald zusammen, und ganz Peru fiel in die Hände der Spanier. ➳ *Entdecker*

Plains (*sprich:* pläins) Die Plains oder Great Plains sind ein halbtrockenes Land vor den Rocky Mountains. Die hier lebenden Indianerstämme machten Jagd auf Büffel, Antilopen, Hirsche und andere Tiere. Die Plains gehen unmerklich in die Prärie über, und die Grenze zwischen beiden Landschaften ist nicht klar zu ziehen. Man bezeichnet die hier lebenden Stämme als „Plains- und Prärieindianer“, da sie meist zwischen beiden Landschaften hin und her zogen. Echte Plainsindianer waren zum Beispiel die Blackfoot.
➳ *Blackfoot, Great Plains, Paiute, Prärie, Ute*

Pocahontas *siehe Seite 156*

Pomo Die Pomo waren einst ein großes Volk mit mehreren Untergruppen im Norden von Kalifornien. Die etwa 10 000 Pomo lebten an der Küste und in dem angrenzenden Gebirge. Sie fingen Fische und sammelten Eicheln, die sie zu Mehl verarbeiteten. Um ihr Sammelgut einzubringen, flochten sie die vielleicht schönsten Körbe der kalifornischen Indianer. Die Samen der Wildgräser schlugen sie mit geflochtenen Kellen gleich in die Körbe. Das war Sache der Frauen. Für die Eicheln, Kastanien und Grassamen gab es Speicherhäuser. Die Pomo wurden von den Spaniern und Mexikanern verdrängt und fast vernichtet. Heute leben noch etwa 3 000 Pomo verstreut in Kalifornien. Sie verdienen ihren Lebensunterhalt als billige Arbeitskräfte auf den Feldern und Obstplantagen. ➳ *Eicheln*

Poncho Ponchos werden heute noch von den Einwohnern Mexikos und Perus getragen. Der Poncho ist das wichtigste Kleidungsstück der Männer. Es ist ein Umhang aus einer rechteckig zusammengefalteten Decke. Oben hat er einen Schlitz, durch den man mit dem Kopf schlüpft. Die Seiten werden oft durch Bänder zusammengehalten. Besonders prächtig war der Poncho der Inkaherrscher. Er bestand aus bunten Papageienfedern. ➳ *Kleidung*

Pontiac (1720–1769) Der Häuptling der Odawa war der Führer mehrerer Algonkinstämme. Diese hatte er zum Kampf gegen die Engländer aufgerufen. Unter seiner Führung griffen die verbündeten Stämme 1763 zwölf englische Forts an. Neun konnten sie einnehmen. Durch Verrat wurde verhindert, dass das wichtige Fort in Detroit fiel. Pontiac musste einen Friedensvertrag mit den Engländern unterzeichnen. 1769 wurde er von einem Indianer mit dem Tomahawk erschlagen. Ein Engländer hatte den Mörder zuvor betrunken gemacht und für die Tat bezahlt.
➳ *Odawa*

Pocahontas

Als die Engländer gegen Ende des 16. Jahrhunderts nach Virginia kamen, trafen sie dort auf das mächtige Volk der Powhatan. Das war ein Zusammenschluss aus 25 Algonkinstämmen. Die Indianer nahmen die Weißen zunächst freundlich auf und trieben mit ihnen Handel. Bald kamen jedoch immer mehr Siedler und stellten Forderungen. Schließlich setzte sich der Oberhäuptling Powhatan zur Wehr, und die Indianer gruben das Kriegsbeil aus.

Die Tochter Powhatans

Die Engländer entführten Pocahontas, die Tochter Powhatans, um von ihm Zugeständnisse und Lebensmittel zu erpressen. Sie war damals gerade 18 Jahre alt. Der Häuptling weigerte sich, die Forderungen der Engländer zu erfüllen, und so blieb Pocahontas – die „Kleine Übermütige" – ein Jahr lang in Gefangenschaft.

Eine Indianerin wird zur Weißen

In Jamestown, wo man Pocahontas festhielt, brachte ihr der Pflanzer Rolfe die englische Sprache bei. Schon bald verliebte er sich in die hübsche Indianerin, und beide wollten heiraten. Das war damals nicht einfach. Erst musste Pocahontas ihrer indianischen Religion abschwören und zum christlichen Glauben übertreten. Sie wurde 1614 auf den Namen Rebecca getauft und wenig später die Frau des Engländers.
Durch die Heirat der Häuptlingstochter kam es zum Frieden zwischen den Powhatan und den Siedlern. 1616 fuhr Pocahontas mit ihrem Mann nach London. Die indianische Prinzessin wurde König James vorgestellt. Sie war längst keine „Wilde" mehr, sondern hatte die Kleidung und Sitten der Weißen angenommen. Pocahontas starb 1617 in England, kurz vor der Heimreise. Sie wurde nur 22 Jahre alt. Ihr Sohn Thomas kam erst als Erwachsener nach Amerika und wurde ein einflussreicher Mann in Virginia.

Pony Ponys nennt man alle Pferde, deren Schulterhöhe nicht über 1,48 Meter hinausgeht. Die meisten Indianerpferde waren kaum höher. Auch die Cowboys ritten später gern die indianischen Ponys. Diese so genannten Western Horses sind sehr ausdauernd und eignen sich daher besonders für den Viehtrieb. Vor dem Bau der Eisenbahn wurde mit Ponys auch die Post von den Städten im Osten nach Westen befördert. Die Strecke betrug 3 200 Kilometer und wurde in zehn Tagen von Reitern zurückgelegt. Alle 300 Kilometer gab es Stationen für diesen Pony-Express. Dort standen frische Pferde und Reiter bereit. Einer der berühmtesten Reiter des Pony-Express war William F. Cody, später „Buffalo Bill" genannt. ➳ *Buffalo Bill*

Tlingit beim Potlatch

Potlatch (*sprich:* potlatsch) Die Küstenindianer feierten den Potlatch. Das war ein großes Fest, das bei vielen Gelegenheiten stattfand. Oft wurde dafür ein besonderes Haus gebaut. Gastgeber war der Häuptling eines wohlhabenden Clans. Er beschenkte seine zahlreichen Gäste reichlich. Die Beschenkten mussten die Gaben annehmen, wenn sie den Gastgeber nicht beleidigen wollten. Sie erkannten damit aber auch einen bestimmten Rang und besondere Rechte des Gastgebers an. Um sich durch die vielen Geschenke nicht beschämen zu lassen, richtete ein beschenkter Häuptling seinerseits einen Potlatch aus. Bei dieser Gegeneinladung schenkte er meist mehr zurück, als er bekommen hatte, und das Fest wurde noch großartiger. Nun waren wiederum die Beschenkten an der Reihe. Dieses Ritual setzte sich manchmal endlos fort, und die Clans gaben oft ihr ganzes Hab und Gut weg. Die Geschenke wurden gelegentlich auch zerstört – zum Zeichen dafür, wie wenig einem Besitz bedeutete. Dabei war es sogar üblich, geschenkte Sklaven mit dem Sklaventöter zu erschlagen.
➳ *Haida, Kwakiutl, Sklaventöter, Tlingit*

Powwow (*sprich:* pohwoh) Ein Powwow ist eine Ratsversammlung, die einberufen wurde, wenn es etwas Wichtiges zu besprechen gab. Bevor man einen Friedensvertrag abschloss oder wenn der Stamm in einen Krieg zog, gab es ein Powwow. Auch wenn den Stamm eine unerklärliche Krankheit befiel, wurde ein Powwow veranstaltet, zu dem alle erschienen. Dabei wurde getanzt und die Geister wurden beschworen. Noch heute veranstalten die Indianer in den USA und in Kanada Powwows. Das sind Volksfeste, bei denen sich Stammesangehörige aus vielen Teilen des Landes treffen. Indianer, die noch die alten Tänze beherrschen, ziehen von einem Powwow zum anderen. Auch Kinder in Stammeskostümen treten bei Powwows auf. ➳ *Tanz*

Prärie Die Prärie Nordamerikas erstreckt sich vom Mississippi im Osten bis zu den Rocky Mountains im Westen. Zur Zeit der Indianer war sie reines Grasland mit hohen Gräsern. Im Westen geht die Prärie in die halbtrockenen Great Plains über, wo die riesigen Bisonherden weideten. Heute liegen in der Prärie die größten Getreidefelder der Erde, während die Plains hauptsächlich Weideland sind. Echte Präriebewohner im Westen waren zum Beispiel die Mandan. ➸ *Great Plains, Plains*

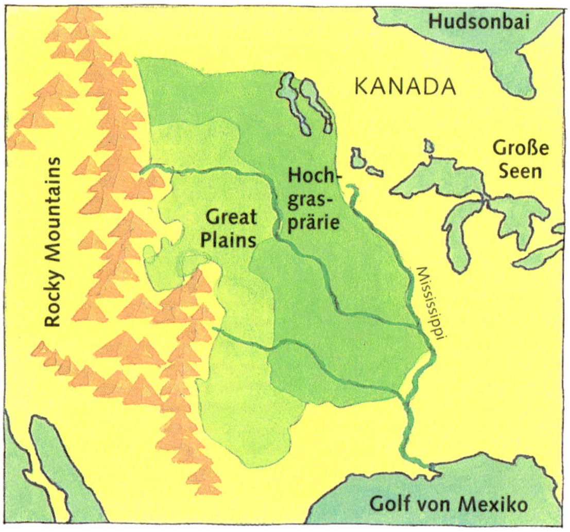

Prärieindianer Allgemeine Bezeichnung für alle Indianerstämme, die in der Prärie und in den Plains lebten. ➸ *Plains, Prärie*

Priester Viele Indianer glauben teilweise heute noch an Geister und Zaubermächte. Bei den Prärieindianern spielen vor allem auch Visionen und Träume eine große Rolle. Bei ihren Zeremonien und Kulten werden sie von Schamanen oder Medizinmännern angeleitet. Die Zeremonien der Hopi und Zuni werden von einer Art Priester durchgeführt. Anders war es bei den Maya, Azteken und Inka. Diese Völker verehrten viele Götter und hatten ausgebildete Priester, die in den Tempeln Dienst taten. Die Priester besaßen eine große Macht über das Volk. Bei den Maya und Azteken waren sie die Bewahrer des Kalenders. Jede Mayastadt hatte einen Priesterfürsten. Er war der oberste Priester und Herrscher und lebte in einem Palast im Tempelbezirk.
➸ *Azteken, Götter, Inka, Maya, Religion*

Pueblo *siehe Seite 159*

Puebloindianer Die sesshaften Indianerstämme im Südwesten, einschließlich der Hopi und Zuni, bezeichnet man als Puebloindianer. Sie bewohnen feste Siedlungen, die Pueblos. Die ersten Puebloindianer waren die Anasazi.
➸ *Anasazi, Hopi, Pueblo, Zuni*

Puma Der Puma heißt auch Silberlöwe oder Berglöwe. Er kommt in ganz Amerika vor, von Kanada bis Feuerland. Mit einer Länge von 1,30 Metern ist er die größte amerikanische Raubkatze. Der Puma geht dem Menschen aus dem Weg. Wenn er sich bedroht fühlt, klettert er bis in die höchsten Baumwipfel. Seine Beute besteht aus Antilopen, Stachelschweinen und Vögeln.

Puppen Auch indianische Mädchen spielen mit Puppen. Diese sind aus Holz, Rinde, Stoff oder Leder und wie Erwachsene gekleidet. Besondere Puppen sind die Kachinas der Hopi. Sie stellen Kachinatänzer dar. Die Jungen und Mädchen lernen mithilfe dieser Puppen spielerisch die religiösen Bräuche des Stammes kennen. Es gibt über 300 verschiedene solcher Puppenfiguren. ➸ *Hopi, Kachina, Spiele*

Pueblo

„Pueblo“ bedeutet im Spanischen „Dorf“. Die Indianer im Südwesten der USA, die Ackerbau treiben und Mais anbauen, haben ihren Namen daher. Zu diesen Puebloindianern zählen die Hopi und die Zuni. Sie leben in einer Gemeinschaftssiedlung, in einem Pueblo.

Das indianische Apartmenthaus

Ein Pueblo ist eine Art Terrassenhaussiedlung. Die einzelnen Wohneinheiten sind wie große Schachteln aus Lehmziegeln aneinander gebaut und aufeinander getürmt. Es gibt mehrere Stockwerke. Zwischen den Wohnebenen bilden Flachdächer Terrassen. Hier spielt sich das Leben der Bewohner ab, hier wird gekocht, gearbeitet, gespielt und gefeiert. Die Terrassen sind durch Treppen und Leitern miteinander verbunden. Die Eingänge liegen auf den Dächern, und man steigt über Leitern in das Innere der Häuser.

Ein ganzes Dorf in einem Haus

Im größten Pueblo, dem Pueblo Bonito, lebten mehr als 1 000 Menschen. Das halbkreisförmige Bauwerk wurde vor über tausend Jahren im Chaco-Canyon in Neumexiko von den Anasazi errichtet. Es war bis zum Bau des ersten Wolkenkratzers 1875 das größte Gebäude der USA. Der Pueblo hatte fünf Stockwerke und über 800 Räume. Diese waren so gegeneinander versetzt, dass alle Licht und Sonne erhielten. Selbst im Winter war es darin durch die Sonneneinstrahlung angenehm warm. Der Pueblo lag im Schutz einer Felsenmauer, wo sich die Wärme fing.

Die Kiva

Zu einem Pueblo gehört auch heute noch eine Kiva, ein kreisrunder, unterirdischer Raum. Hier feiern die Puebloindianer ihre religiösen Zeremonien. Im Pueblo Bonito gab es über 30 Kivas. In den größten dieser Kultstätten der Anasazi fanden Hunderte von Menschen Platz.

Pueblo Bonito

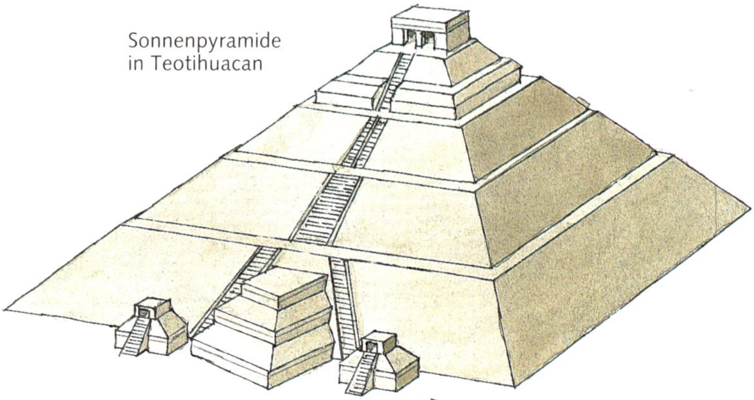

Sonnenpyramide in Teotihuacan

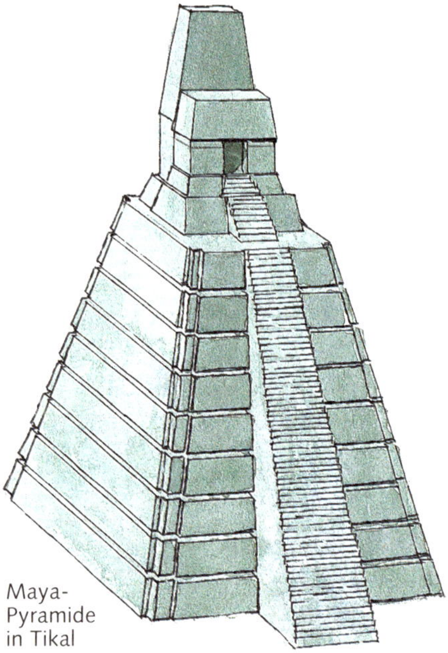

Maya-Pyramide in Tikal

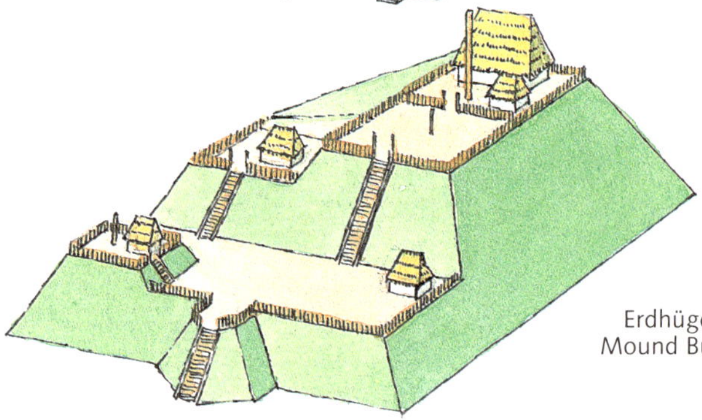

Erdhügel der Mound Builder

Pyramiden

Viele Menschen glauben, nur die alten Ägypter hätten Pyramiden errichtet. Das stimmt nicht. Die Indianervölker Amerikas haben uns viel mehr solcher Bauwerke hinterlassen. Die großartigsten Pyramiden Amerikas bauten die Maya und die Azteken. Zwar sind sie nicht so hoch wie die ägyptischen Pyramiden, aber deshalb nicht weniger eindrucksvoll.

Die Tempel im Regenwald

In Tikal in Guatemala steht heute die höchste Pyramide Amerikas. Sie ist 70 Meter hoch und eine von vielen Maya-Pyramiden im Regenwald. Jahrhundertelang blieb die Tempelstadt Tikal verborgen und war vom Urwald überwuchert. Die Amerikaner Catherwood und Stephens hatten 1840 die Tempel von Copan und Palenque entdeckt. Jetzt begann die Suche nach Maya-Städten. Acht Jahre später fand man Tikal.

Den Göttern nahe

Die Maya bauten ihre Tempel auf Pyramiden. Schwindel erregend steile Stufen führten auf die Plattform. Dort brachten die Priester den Göttern Opfer dar. Lange Zeit glaubte man, dass die Maya-Pyramiden niemals Grabstätten waren wie die ägyptischen Pyramiden für die Pharaonen. Doch 1950 entdeckte man in Palenque in einer Pyramide die Gebeine eines Fürsten, der dort vor etwa 1 300 Jahren begraben worden war.

Amerika – ein Land der Pyramiden

Die berühmte Sonnenpyramide in Teotihuacan in Mexiko ist 65 Meter hoch. Die nur 42 Meter hohe Mondpyramide liegt auf einem Hügel, sodass beide Pyramiden gleich hoch erscheinen. Sie waren Mittelpunkt einer alten Götterstadt, die um 400 n. Chr. wohl 100 000 Einwohner hatte. Auch die Indianer Nordamerikas bauten Tempelpyramiden. Die Mound Builder am Mississippi hatten vor 1 200 Jahren Erdhügel mit Tempeln.

Quannah Parker (1845–1911) Quannah Parker war der Sohn eines Comanchenhäuptlings und der Weißen Ann Parker. Diese war als Neunjährige von den Comanchen gefangen genommen worden. Später heiratete sie den Häuptling Nocona. Ihr Sohn wurde nach dem Tod ihres Mannes Häuptling der Comanchen. Quannah Parker kämpfte erst mit seinen Kriegern und anderen Comanchenstämmen gegen die Siedler in Texas. Nachdem die Comanchen besiegt und in eine Reservation gezwungen worden waren, sah Quannah Parker ein, dass sein Kampf aussichtslos war. Er besuchte nun die Verwandten seiner Mutter in Texas. Danach kehrte er in die Reservation nach Oklahoma zurück und forderte seine Stammesgenossen auf, sich den Weißen anzupassen und von ihnen zu lernen, um zu überleben. Quannah Parker selbst brachte es zu Wohlstand und genoss hohes Ansehen bei den Weißen und der Regierung in Washington, doch blieb er stets ein Comanche.

Quechua (*sprich:* ketschua) Das Quechua war die Hauptsprache im Inkareich. Indianer vom Stamm der Quechua bildeten nämlich den größten Teil der Bevölkerung in Peru. Aus diesem Volk stammten auch die Herrscher, die Sapa Inka. Die Inka hatten noch zwei andere Sprachen. Die Adligen sprachen „Inka simi", die einfachen Leute „Bruna simi". Diese Sprachen sind völlig verschwunden. Nur das Quechua wird heute noch von etwa fünf Millionen Indianern in Peru, in Bolivien, Ecuador und Kolumbien gesprochen. ➵ *Inka, Sprache*

Quillstickerei Fast alle nordamerikanischen Indianerstämme verzierten ihre Kleider mit Muschel- und Glasperlen, mit Tierhaaren, Hermelinschwänzen oder Tierzähnen. Vor allem aber die Borsten des Baumstachelschweins wurden zur Verzierung genommen. Die Stachelschweinborsten oder Quills sind bis zu zehn Zentimeter lang und bis auf die Spitze meist weiß. Die Quills werden eingefärbt und abgeplattet. Dann werden die Borsten auf Kleidungsstücke, Taschen, Decken und andere Gegenstände genäht. Mit den farbigen Stachelschweinborsten stellen die Indianerfrauen noch heute Stickereien her. ➵ *Perlenstickerei, Stachelschwein*

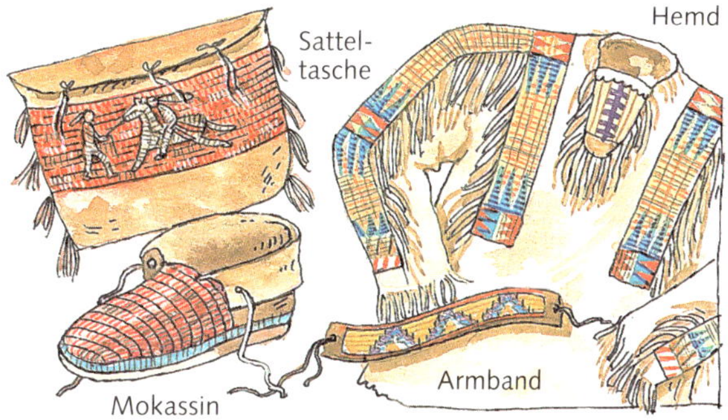

Quipu Mit dem Quipu merkten sich die Inka Zahlen. Er bestand aus Schnüren in verschiedenen Farben. An der Hauptschnur hingen bis zu hundert Schnüre. In diese waren in Abständen Knoten geknüpft. Die Knoten und Farben bedeuteten Gegenstände und Zahlen. Die untersten Knoten gaben die Einer, die mittleren die Zehner, die obersten die Hunderter an. Für jeden Quipu war festgelegt, was die Farben bedeuteten. Rot konnte einmal die Anzahl von Kriegern sein, ein andermal stand es für Maisbrote. Nur wer die Bedeutung der Farben kannte, konnte die Botschaft des Quipu entziffern. ➵ *Schrift*

Quiver Englische Bezeichnung für den Pfeilköcher. Er war meist aus Leder und kunstvoll verziert. Die Küstenindianer fertigten dieses Futteral aus Holz. Indianer, die mit Pfeil und Bogen jagten, hatten einen Köcher. ➵ *Köcher*

Rabe Der Rabe war für die Indianer der Nordwestküste ein besonderes Tier. Viele hatten ihn als Totemtier in ihrem Wappenpfahl. Alle, die den Raben als Totem hatten, zählten zum Rabenclan und waren in gewisser Weise miteinander verwandt. In manchen Indianergeschichten wird der Rabe auch als Schöpfer der Erde beschrieben. ➳ *Clan, Totem, Totempfahl*

Rabe aus einem Totempfahl

Rad Vor etwa 5 000 Jahren hatten die Menschen in Asien das Rad entdeckt. Dies war eine der größten Erfindungen der Menschheit und brachte einen gewaltigen Fortschritt. Die Indianer Nordamerikas lernten das Rad erst durch die Europäer kennen. Den Azteken, Maya und Inka war es bekannt. Sie benutzten es aber nicht, da sie keine Zugtiere hatten. Lasten wurden auf Flößen, von Menschen oder Tragtieren befördert. Das Rad wurde vermutlich nur für Spielzeug verwendet. ➳ *Azteken, Inka, Maya, Zugtiere*

Jaguarfigur auf Rädern als Spielzeug, Mexiko

Rache Bei den Indianern Nordamerikas war es weit verbreitet, sich für begangenes Unrecht selbst zu rächen. Dies führte manchmal dazu, dass sich ganze Stämme gegenseitig überfielen und bekriegten. Meist war die Rache aber Sache des Einzelnen. Wurde ein Angehöriger von einem anderen Stamm getötet, so verlangte die Ehre, dass nun ein Mann dieses Stammes den Tod fand. Aus Familienfehden wurden leicht Stammeskriege. Der überfallene Stamm rächte sich wieder, und so ging es weiter. Auf diese Weise schwächten sich die Stämme untereinander ständig. Ein Häuptling konnte einen Rachefeldzug nicht befehlen, aber auch nicht verbieten.

Rain-in-the-face (1835–1890, *sprich:* räin-in-se-fäis) Der Name des berühmten Häuptlings der Hunkpapa-Sioux bedeutet „Regen-im-Gesicht“ und lautet auf Indianisch „Ite-o-magazu“. Er erhielt diesen Namen, nachdem er als Jüngling im Kampf im Gesicht verletzt worden war. Das herunterlaufende Blut tropfte wie Regen über sein Gesicht und verwischte seine Kriegsbemalung. Rain-in-the-face nahm an vielen Gefechten gegen die US-Armee teil. Er kämpfte auch in der Schlacht am Little Bighorn gegen den verhassten Custer mit.
➳ *Custer, Custerschlacht, Little Bighorn, Sioux*

Ranch Als Ranch (*sprich:* ränsch) bezeichnet man die großen Viehbetriebe im Westen der USA. Aus Mexiko und aus dem Osten kamen Viehzüchter in die Plains und die Prärie. Sie vertrieben die Indianer aus ihren Gebieten und begannen mit der Rinderzucht. Die Rinder liefen frei umher, vermehrten sich stark und fraßen den Bisons das Gras weg. Die riesigen Viehherden haben dazu beigetragen, dass die Büffel abwanderten, vertrieben oder abgeschossen wurden.
➳ *Farmer, Plains, Prärie, Siedler, Wilder Westen*

Rangordnung Es wird oft behauptet, bei den Indianern seien alle Menschen gleich gewesen. Es gab aber durchaus Rangunterschiede, auch bei den nordamerikanischen Indianern. Die Häuptlinge und tapfersten Krieger waren besonders angesehen und genossen viele Vorteile. Eine hohe Stellung hatten auch die Medizinmänner, die oft zugleich Häuptlinge waren. Es gab reiche und arme Stammesmitglieder. Reiche Clans besaßen viele Pferde. Bei den Indianern der Nordwestküste zeigten sich Rang und Reichtum beim Potlatch. Eine strenge Rangordnung hatten die Maya, Inka und Azteken. An der Spitze dieser Indianergesellschaften standen Priesterfürsten und Adlige. Die große Masse bildete das Volk. Eine ähnliche Klassengesellschaft gab es auch bei den Natchez.
➳ *Clan, Häuptling, Natchez, Potlatch*

Rassel Rasseln waren wichtige Musikinstrumente der Indianer. Damit wurde bei Tänzen oder den Beschwörungen der Medizinmänner der Rhythmus erzeugt. Häufig wurden getrocknete Kürbisse, vor allem Flaschenkürbisse, als Rasseln verwendet. Wenn das Fruchtfleisch vertrocknet war, erzeugten die Körner in der Schale den Rasselton. Auch Schildkrötenpanzer, Muschelschalen und Tierhufe wurden zu Rasseln verarbeitet. Die Nordwestküstenindianer schnitzten kunstvolle Rasseln aus Holz. Die Eskimo hatten Rasselhandschuhe aus Robbenfell, die mit den Schnäbeln von Vögeln besetzt waren. ➳ *Medizinmann, Musikinstrumente*

Ratsversammlung Wichtige Entscheidungen wurden vom Stammesrat getroffen. Dazu trafen sich die Häuptlinge und Ältesten im Ratszelt. Es war ein besonders schönes und großes Tipi in der Mitte des Lagerkreises. Hier wurde oft tagelang beraten, und es fanden Zeremonien statt. Auch Fremde wurden im Ratszelt begrüßt. Frauen durften dieses Zelt bei den meisten Stämmen nicht betreten. Bei den Irokesen waren die Clan-Mütter bei jeder Ratsversammlung im Langhaus dabei. ➳ *Clan*

Rauchen Das Rauchen war bei allen Stämmen Sitte. Im Gegensatz zu heute wurde aber nur bei religiösen Zeremonien oder bei besonderen Anlässen geraucht. Ein wichtiger Anlass war bei den Prärieindianern der Abschluss eines Friedensvertrages. Die Pfeife wurde vom Häuptling zuerst gegen die Sonne gehoben. Dann senkte er sie zur Erde und blies den Rauch in alle vier Himmelsrichtungen. Danach ging die Friedenspfeife reihum. Geraucht wurde der Kinnikinnik.
➳ *Calumet, Kinnikinnik, Pfeifen, Tabak*

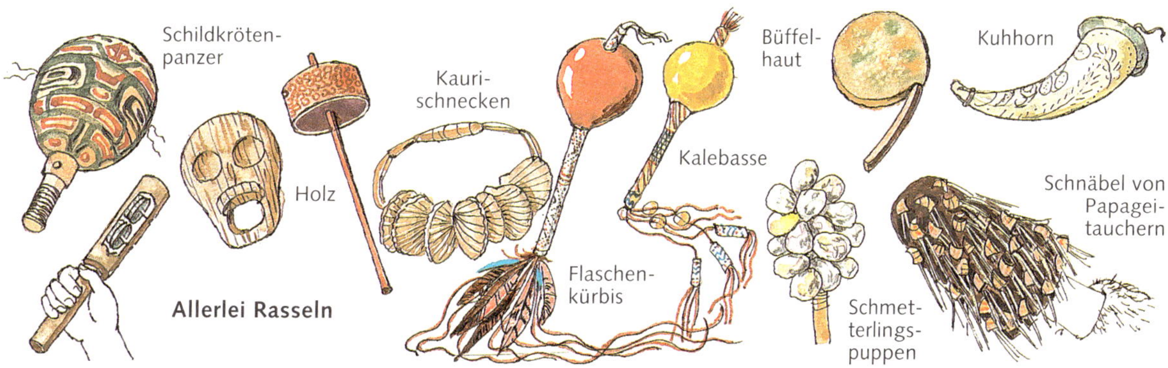

Allerlei Rasseln

Rauchzeichen Vor allem die Prärieindianer verständigten sich untereinander über große Entfernungen durch Rauchsignale. Dazu machten sie – möglichst auf einem Hügel – ein Feuer und gaben grünes Holz und Blätter hinein, damit kräftiger Qualm entstand. Über das Feuer hielten sie eine Decke, die sie in bestimmten Abständen wegzogen. Die Rauchwolken stiegen dann zum Himmel auf. Sie waren rund und dick oder länglich. An der Art der Wolken und der Schnelligkeit, mit der diese am Himmel erschienen, konnten die Indianer vorher vereinbarte Botschaften „lesen". Auf diese Weise verständigten sie sich auf dem Kriegspfad. ➳ *Nachrichtenübermittlung*

Red Cloud (1822–1909, *sprich:* red klaud) Red Cloud, die Rote Wolke, war Oberhäuptling der Oglalla. Er führte die Stämme der Sioux von 1865 an in einen dreijährigen Krieg gegen die US-Armee. Red Cloud wehrte sich gegen die weißen Siedler, die in die Jagdgründe der Sioux eindrangen. Es gelang ihm, mit der amerikanischen Regierung einen Friedensvertrag auszuhandeln. Die Sioux erklärten sich freiwillig bereit, in eine Reservation zu ziehen. Eines allerdings hatte Red Cloud erreicht: Zum ersten Mal mussten die Weißen nach einem Krieg mit den Indianern auf deren Bedingungen eingehen. In der Reservation hatten die Indianer nicht lange Ruhe. Als in den Black Hills Gold gefunden wurde, brachen die Weißen alle Verträge und strömten ins Indianerland. Wieder setzten sich die Sioux zur Wehr. Sie konnten schließlich aber doch nicht verhindern, dass sie in andere Reservationen umgesiedelt wurden. ➳ *Black Hills, Oglalla*

Red Jacket (1756–1830, *sprich:* red dschäkett) „Rotjacke", der Häuptling der Seneca, war Mitglied der Irokesenliga und hieß indianisch „Sago-ye-watha" – „Der sie wach hält". Seinen zweiten Namen hatte er von dem roten Rock, den ihm ein englischer Offizier geschenkt hatte. Red Jacket war ein kluger und ausdauernder Redner, der die Sache der Seneca auch vor Präsident Washington und dem US-Senat vertrat und die rücksichtslose Behandlung seines Volkes durch die Weißen anklagte. Obwohl er erst aufseiten der Engländer und später der Amerikaner gekämpft hatte, forderte er beharrlich die Vertreibung der Weißen aus Indianerland. Tatsächlich brachte er den amerikanischen Senat dazu, ein Gesetz zum Schutz der Reservationen zu erlassen. Dem Versuch eines Missionars, die Seneca zum Christentum zu bekehren, trat er mit einer bedeutsamen Rede entgegen. Er sagte unter anderem: „Bruder, wir wollen eure Religion nicht vernichten und sie euch auch nicht wegnehmen. Wir wollen nur nach unserer eigenen Religion leben." ➳ *Irokesen, Irokesenliga*

Regengott Alle Ackerbauern in Mittel- und Südamerika, besonders die Maya, Azteken und Inka, verehrten den Regengott. Er hatte verschiedene Namen, aber immer die gleiche Aufgabe: Regen zu bringen, damit der Mais und die anderen Pflanzen gediehen. Bei den Maya hieß der Gott des Regens Chac, bei den Inka Illapa. Am bekanntesten ist der aztekische Regengott Tlaloc, „Der, welcher keimen und sprießen lässt". Damit auch wirklich Regen kam, verehrten die Azteken noch zahlreiche andere Fruchtbarkeitsgötter. Ihnen allen wurden Opfer dargebracht, sogar Menschenopfer. Die nordamerikanischen Indianer hatten keine Götter. Bei ihnen musste der Medizinmann oder Schamane die Verbindung zu den übernatürlichen Kräften herstellen, die den Regen auslösen.
➳ *Götter, Medizinmann, Regentanz, Schamane*

Regentanz Für die Stämme im Südwesten der USA und in Mexiko ist der Regen Lebensspender. So wichtig wie der Büffeltanz für die Prärieindianer war, so wichtig ist für sie heute noch der Regentanz. Bei den Puebloindianern werden viele Zeremonien für „Wasser von oben" abgehalten. Leichter Regen, der die Felder tränkt, sie aber nicht überschwemmt, heißt bei den Hopi „weiblicher Regen". Bei ihren Ritualen und Tänzen öffnen die Männer ihren Haarknoten im Nacken, da fallende Haare Regen bedeuten. Das Geräusch des Regens ahmen sie mit Rasseln nach. ➳ *Hopi, Regengott, Tanz*

Regenwald Nahe am Äquator liegen die großen Urwälder der Erde. Dazu gehören die tropischen Regenwaldgebiete in Mittel- und Südamerika. Am größten ist der Amazonasurwald in Südamerika. Hier lebten viele kleine Indianerstämme bis in unser Jahrhundert auf der Stufe der Steinzeit. Die Weißen haben damit begonnen, die Regenwälder am Amazonas und seinen Nebenflüssen zu roden, um Edelholz zu gewinnen. Sie wollen dort auch Gold, Öl und andere Bodenschätze abbauen und legen Viehweiden an. Fast die Hälfte des Regenwaldes hat man schon gerodet. Viele Stämme der Urwaldindianer, die dem „Fortschritt" der Weißen nicht wichen, sind untergegangen. ➳ *Urwaldindianer*

Reifenspiel Alle Plainsindianer kennen das Reifen- oder Netzradspiel. Dabei wird ein Ring über den Boden gerollt. Die Indianer versuchen mit Speeren oder Pfeilen durch die Mitte des rollenden Ringes zu treffen. ➳ *Spiele*

indianische Zäumung mit dem Rohlederriemen

Reiten Das Pferd stammt ursprünglich aus Amerika. Es war dort aber schon vor langer Zeit ausgestorben. Erst die Spanier brachten wieder Pferde nach Amerika. Die Plains- und Prärieindianer, etwa die Comanchen und die Crow, entwickelten sich rasch zu hervorragenden Reitern. Aber nicht alle Prärieindianer waren für ihre Reitkünste berühmt. Viel hing davon ab, wie gut die Pferde waren, die ihnen zur Verfügung standen. Von den Spaniern übernahmen die Indianer anfangs den Sattel, das Zaumzeug und die Steigbügel. Bald zäumten sie ihre Pferde aber nur noch mit einer Rohlederschlinge. Fast alle Prärieindianer ritten ohne Sattel und Steigbügel. Nur die Frauen sattelten ihre Pferde meist spanisch. ➳ *Crow, Mustang, Nez Percé, Pferde*

Ein heiliger Ort der Mandan

Religion

Alle Indianer waren sehr religiös. Sie glaubten an überirdische Mächte, die die Erde erschaffen haben, die Natur beseelen und die Geschicke der Lebewesen lenken. Allerdings hatten sie nicht nur einen einzigen Gott wie wir. Die Indianervölker Mittel- und Südamerikas, vor allem die Maya, die Azteken und die Inka, verehrten zahlreiche Götter. Sie erbauten ihnen Tempel, und eine große Schar von Priestern sorgte dafür, dass die Götter gefeiert und ihnen Opfer dargebracht wurden. Mit Ausnahme der Natchez und einiger Völker der alten Mississippikultur gab es bei den nordamerikanischen Indianern keine solchen Götterdienste.

Die Religion der Sesshaften

Die Indianer, die Ackerbau treiben, unterscheiden sich auch in der Religion von den umherziehenden Prärieindianern. So kennen etwa die Puebloindianer Feiern und Zeremonien, bei denen sie die guten Geister um Regen oder das Gedeihen des jungen Maises bitten. Diese Feiern und Rituale werden in den Kivas abgehalten. In diesen unterirdischen heiligen Räumen wird gefastet und auch geopfert.

Die Geheimbünde

Die Puebloindianer haben heute noch zahlreiche Geheimbünde, die für bestimmte religiöse Zeremonien zuständig sind. Sie überwachen die Feiern in der Kiva oder führen Tänze auf. Der Geheimbund der Kachinas ist zum Beispiel für die Regenzeremonien verantwortlich. Andere Bünde sorgen sich um die Heilung von Krankheiten. Alle Zeremonien sind Teil der Religion dieser Indianer, die dabei die Ahnen und Schutzgeister um Hilfe anrufen. Auch die Irokesen und die Küstenindianer haben Geheimbünde. Diese sollen die Verbindung zwischen den Schutzgeistern und den Menschen herstellen.

Eine Kraft mit vielen Namen

Fast alle Indianervölker Nordamerikas verehrten ein unsichtbares Wesen, das zugleich eine geheimnisvolle Kraft darstellte. Die Algonkin nannten es „Manitou“, die Dakota-Sioux „Wakan Tanka“, bei den Krähenindianern hieß es „Maxpe“, bei den Apachen „Yastasinane“. Es war kein Gott, sondern der „Große Geist“, dessen Kraft auch auf den Menschen übergehen konnte. Dies geschah durch eine Vision und im Traum. Um mit dem Großen Geist Verbindung aufzunehmen, beteten die Indianer. Auch heute noch legt ein Indianer jeden Morgen nach dem Erwachen eine kurze Zeit der Besinnung ein. Er macht sich dabei bewusst, dass er nur Teil des Universums und der heiligen Schöpfung ist. Die Prärieindianer kannten auch Orte, wo sie sich ins Gebet versenkten. Die Mandan verehrten vor allem die Sonne und den Mond. Von diesen Gestirnen fertigten sie Kultbilder an und stellten sie an heiligen Orten auf.

Die heilige Medizin

Von vielen Gegenständen erhofften sich die Plains- und Prärieindianer Kraft und Hilfe. Das waren zum Beispiel Vogelbälge, Bärenkrallen, ein Bisonschwanz, Pfeilspitzen, Pflanzen und immer auch eine Pfeife und etwas Tabak. Neben der persönlichen „Medizin“ des Einzelnen gab es die Medizin des Stammes, die zum Heiligen Bündel verschnürt war. Das Bündel durfte nur in Notzeiten geöffnet werden. Und auch dann geschah es erst nach mehrtägigem Fasten und feierlichen Zeremonien.

Die moderne Indianerreligion

Durch die weißen Missionare wurden viele Indianer Mitglieder einer christlichen Kirche. Diese Indianer übernahmen zwar das Christentum, behielten aber viele ihrer Rituale und ihren alten Glauben bei. So vereint indianische Religion heute oft christliches Gedankengut mit dem Glauben an die Kräfte der Natur.

Indianer beim Gebet

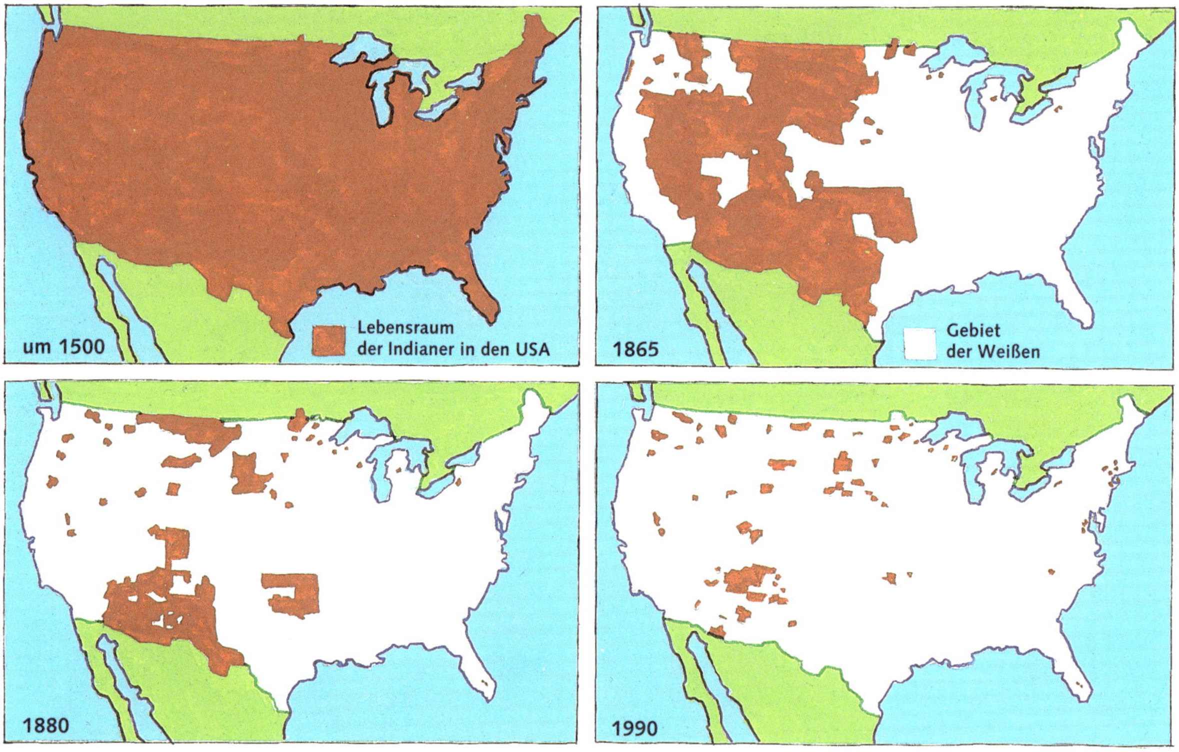

Reservation

Zu Beginn unseres Jahrhunderts lebten in den Vereinigten Staaten und Kanada noch ungefähr 400 000 Indianer. Hunderttausende waren durch die Kriege mit den Weißen, durch Seuchen und durch geplanten Mord ums Leben gekommen. Ganze Stämme wurden für immer ausgelöscht. Auch in Mittel- und Südamerika war es nicht viel anders. Allerdings vermischten sich dort viele Indianervölker mit den Spaniern und anderen europäischen Einwanderern, und es entstanden neue Völker wie die Mexikaner oder die Peruaner.
Heute leben in den USA und in Kanada wieder rund drei Millionen Indianer, etwa halb so viele wie zur Zeit von Kolumbus. Sie sind die Nachkommen der Stämme, die von den Weißen in die Reservationen geschickt worden waren. Was aber ist eine Reservation? Und sind die Indianer freiwillig dorthin gegangen?

Das geschrumpfte Land
Etwa 30 Millionen Indianer besaßen jahrtausendelang zwei Erdteile, in denen heute über 600 Millionen Menschen leben. In den USA ist den Indianern nicht einmal ein Hundertstel des Landes geblieben, das ihnen einst gehörte. Natürlich gaben sie ihr Land nicht kampflos her. Sie mussten sich schließlich aber der Übermacht der Weißen beugen. Die Karten zeigen, wie das Land der Indianer im Lauf der Jahrhunderte zusammenschrumpfte.

Das reservierte Land
Vor dem Ansturm der Europäer zogen sich die Indianer immer weiter nach Westen zurück. Sehr oft wurde ihnen zugesagt, dass die Weißen nun nicht weiter vordringen würden und die Indianer in den für sie reservierten Gebieten bleiben dürften. Tatsächlich besitzen die Indianer in Nordamerika heute nur noch verstreute Reservationen. Die größte bewohnen die Navajo.

Das kontrollierte Land

Die amerikanische Regierung wollte, dass die Indianer in den Reservationen blieben und die Besiedelung des Landes nicht weiter störten. Für einen Indianer war eine Reservation aber eine Art Gefängnis. Das Verlassen der Reservation war zwar nicht verboten, aber die Stämme sollten nicht mehr wie gewohnt auf die Jagd gehen. So konnten sich die Reservationsindianer bald nicht mehr selbst versorgen und waren auf die Hilfe der Regierung angewiesen. Diese setzte zur Verwaltung der Reservationen Agenten ein, die die Nahrung verteilen und für Ruhe sorgen sollten. Aber viele Agenten betrogen die Indianer.

Der Pfad der Tränen

Kein Stamm ging freiwillig in die Reservation. Man wusste, dass dort die Umerziehung zu „weißen Indianern" drohte. Das bedeutete, nach den Vorstellungen der Weißen zu leben und zu arbeiten und von den indianischen Bräuchen abzulassen. Den „Pfad der Tränen" in die Reservation mussten auch die Cherokee gehen, obwohl sie sich den Weißen angepasst hatten. Sie hatten Schulen und Krankenhäuser gegründet und sogar eine Schrift entwickelt. Über 16 000 Cherokee machten sich 1838 unter strenger Bewachung wie Gefangene auf den langen Weg von Georgia nach Oklahoma. Fast ein Viertel von ihnen kam bei diesem Marsch ums Leben.

Die Reservation heute

Heute gibt es rund 300 Reservationen in den USA und Kanada. Die Indianer leben dort unter eigener Verwaltung. Sie haben zum Teil Betriebe gegründet und betreiben Landwirtschaft und Schafzucht. Etwas Geld verdienen sie auch mit Handwerksarbeiten, die sie an Touristen verkaufen. Trotzdem sind die Reservationen die ärmsten Gebiete Nordamerikas. Die Arbeitslosigkeit ist groß, und ohne Hilfsgelder von der Regierung können die Indianer kaum überleben.

Reservat Unter einem Reservat versteht man allgemein ein Schutzgebiet. Man spricht heute von Tierreservaten wie etwa der Serengeti in Afrika, in dem die Tiere nicht gejagt und getötet werden dürfen. Den letzten Lebensraum, in den man die Ureinwohner eines Landes zurückgedrängt hat, bezeichnet man dagegen meist als Reservation. Die Menschen sollen dort nach ihren alten Gewohnheiten und Bräuchen leben können. Die Indianer Nordamerikas sagen abfällig „Rez“ für die zugewiesene Reservation. ➳ *Indianerterritorium, Reservation, Zivilisation*

Reservation *siehe Seite 168/169*

Rio Grande Der über 3 000 Kilometer lange Fluss heißt auch Rio Bravo. Er bildet im Südwesten von Texas über eine Länge von 2 000 Kilometern die Grenze zwischen den Vereinigten Staaten von Amerika und Mexiko. 1845 wurde das ehemals mexikanische Texas als 28. Staat in die USA aufgenommen. Als die Amerikaner den Rio Grande überschritten, um sich noch weiter auszudehnen, kam es zum Krieg mit den Mexikanern. Die Comanchen und Apachen im Grenzgebiet nutzten diese Lage aus. Sie überfielen die Siedler in Texas und unternahmen Raubzüge bis nach Mexiko. ➳ *Apachen, Comanchen*

Ritual Rituale sind feierliche religiöse Handlungen. Man sagt dazu auch Zeremonien. Diese waren von Stamm zu Stamm verschieden und wurden meist vom Medizinmann oder dem Schamanen durchgeführt. Bei den Maya, Azteken und Inka leiteten Priester die Zeremonien. ➳ *Götter, Medizinmann, Religion, Zeremonien*

Roanoake So nannten die Indianer in Virginia den Wampum. Dieser mit Muschelperlen besetzte Gürtel bedeutete für sie auch eine Art Geld. Deshalb versuchten die Engländer schon bald, Fälschungen mit billigen Glasperlen herzustellen. ➳ *Wampum, Zahlungsmittel*

Rocky Mountains Die Rocky Mountains sind das große Felsengebirge im Westen der USA. Sie sind Teil eines gewaltigen Gebirges, das sich von Alaska bis nach Feuerland zieht. Die „Rockies“ sind über 4 500 Kilometer lang und 100 bis 700 Kilometer breit. Der höchste Berg ist mit 6 193 Metern der Mount McKinley in der Alaskakette.

Rohleder Ungegerbte, an der Luft getrocknete Tierhäute nennt man Rohleder. Die Indianer spannten diese Häute mit Pflöcken auf dem Boden aus oder in einen Holzrahmen, um sie an der Luft trocknen zu lassen. Die Haut wurde nur entfettet und geglättet. Wenn sie trocken war, wurden die Tierhaare abgeschabt. Aus Rohleder machten die Prärieindianer Parfleches, Zügel und Lassos. ➳ *Gerben, Lasso, Parfleche*

Rothaut Die Bezeichnung „Rothäute“ erhielten die Indianer von den Weißen. Lange Zeit glaubte man in Europa tatsächlich, die Indianer hätten eine rote Haut. In Wirklichkeit ist ihre Haut gelbbraun bis bronzefarben. Zum ersten Mal trafen Engländer in Kanada auf Indianer, die sich am ganzen Körper rot bemalt hatten. Sie nannten sie „Rothäute“. Heute ist „Rothaut“ eine böse Beschimpfung. ➳ *Bleichgesicht*

Ruhematte Die Urwaldindianer flochten aus Lianen eine Hängematte, in der sie ruhten. Die nordamerikanischen Indianer kannten eine Art Stuhl. Es war ein dreibeiniges Gestell, in das sie eine Matte hängten. ➳ *Hängematte, Tipi*

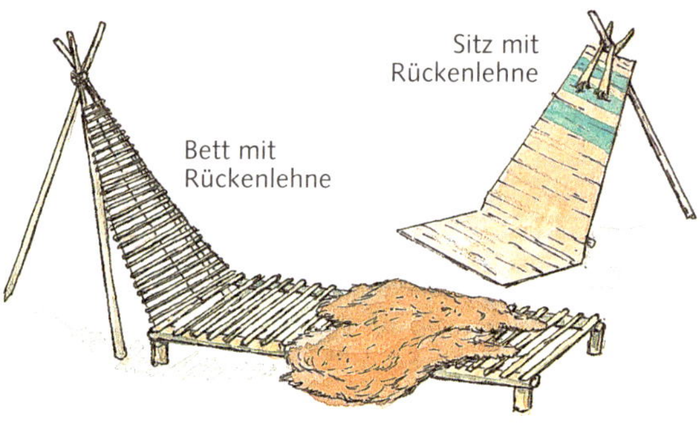

Sachem Ein Sachem (*sprich:* sätschem) war der oberste Häuptling in einem Algonkindorf. Er wurde gewählt und genoss hohes Ansehen. Die Sachems besaßen keine wirkliche Macht, sondern sorgten dafür, dass der Wille der Mehrheit des Stammes durchgesetzt wurde. Man kann sie mit einem Ratspräsidenten vergleichen. Die Bezeichnung kommt von den Delawaren, hat sich später aber auch bei anderen Stämmen eingebürgert. Man verstand darunter meist die Friedenshäuptlinge. ➳ *Algonkin, Häuptling*

Sammler Bevor die Indianer der Plains und Prärie Pferde hatten, waren sie nicht nur Jäger, sondern auch Sammler. Von der Jagd allein konnten sie nicht leben. Vor allem die Indianerfrauen gingen mit dem Grabstock umher und gruben Wurzeln und essbare Pflanzen aus. Eine wichtige Pflanze war die Prärierübe. Von dieser Wickenart aßen sie die hühnereigroßen Knollen, die wie Kartoffeln viel Stärke enthalten. Die Indianer kannten alle essbaren Pflanzen. Sie wussten, wo diese gediehen und wann sie reif waren. Sie sammelten Beeren, Nüsse, Eicheln und Kastanien, wildes Getreide und die Samen verschiedener anderer Pflanzen. Vom Mesquitebaum ernteten sie die Schoten mit den süßen Mesquitebohnen. Pinyonnüsse, die fetthaltigen Samen einer Kiefer, werden heute noch gesammelt. Weitere Nahrung boten die fleischigen Blätter verschiedener Agavenarten und Kaktusfrüchte. Die Papago in der Wüste Arizonas ernteten vor allem die Früchte des bis zu zwölf Meter hohen Saguarokaktus, die kalifornischen Indianer die süßen Früchte des Feigenkaktus. ➳ *Agave, Eicheln, Nahrung, Pinyon*

Sammeln der Früchte des Feigenkaktus

Papagofrau erntet die Früchte des Saguarokaktus.

Sandmalerei der Navajo

Sandmalerei Die Navajo legen auf dem Boden Bilder aus farbigem Sand an. Manche davon sind fünf Meter lang und fünf Meter breit, andere auch kleiner. Die Bilder spielen bei Zeremonien und bei der Heilung von Kranken eine Rolle. Die Kranken werden auf das Sandbild gesetzt, um durch die Berührung mit den dargestellten heiligen Gegenständen gesund zu werden. Auf den Bildern sind häufig Wolken, Blitze und Regen und die heiligen Pflanzen Mais, Kürbis und Bohne zu sehen. Das Sandbild wird bei Sonnenaufgang begonnen. Bevor die Sonne untergeht, wird es wieder zerstört. ➳ *Kunst, Navajo, Scharrbilder, Zeremonien*

Sänfte Da die Indianer das Rad nicht kannten oder nicht benutzten, wurden bei einigen Völkern hohe Würdenträger in Sänften getragen. Die Herrscher der Maya, Azteken und Inka und auch die der Natchez gingen nicht zu Fuß. Die vornehmsten Beamten des Reiches waren die Sänftenträger der Herrscher. ➼ *Inka, Natchez*

Sapa Inka Der Sapa Inka war der höchste Herrscher im Inkastaat. Nach dem Glauben der Inka stammte er direkt vom Sonnengott Inti ab. Ähnlich wie die Pharaonen bei den Ägyptern durfte auch der Sapa Inka nur seine Schwester zur Hauptfrau nehmen. ➼ *Inka*

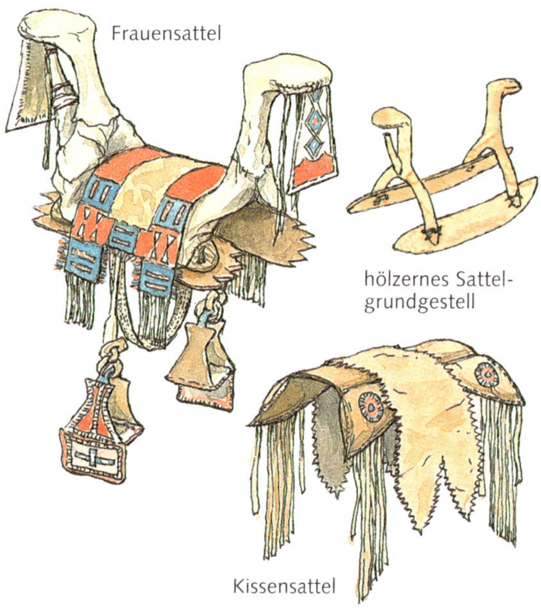

Sattel Den Sattel mit den beiden zum Sitz aufgebogenen Enden haben die Indianer mit den Pferden von den Spaniern übernommen. Der Rahmensattel bestand aus einem mit Leder überzogenen Holzgestell und wurde bei den Prärieindianern nur von Frauen benutzt. Im Gegensatz zu den Männern ritten die Frauen fast immer mit Steigbügeln. Die Krieger bevorzugten den Kissensattel, wenn sie nicht nur auf einer Decke oder dem blanken Pferderücken saßen. Der Kissensattel bestand aus zwei länglichen, mit Gras gefüllten Lederkissen an den Seiten und einem ungepolsterten Mittelteil. Daran war der Sattelgurt befestigt. Die Sättel waren meist mit Stachelschweinborsten, Perlen oder Lederfransen verziert. ➼ *Pferde, Reiten*

Schamane Das Wort Schamane stammt aus dem Mongolischen. Man versteht darunter Menschen, die mit Geistern und Zauberkräften Verbindung aufnehmen. Bei vielen Völkern spielten die Schamanen die Rolle der Priester. Sie waren zugleich Medizinmänner. Die Schamanen führten bei den Indianern die Geistertänze an und leiteten die Zeremonien für die Jagd oder den guten Ausgang eines Krieges. Sie waren Wettermacher, beschworen das Wild und halfen den Jungen bei Visionen. Solange ein Schamane Erfolg hatte, war er hoch angesehen. Er besaß dann oft mehr Einfluss als der Häuptling. ➼ *Medizinmann, Vision, Zeremonien*

Scharrbilder Mitten in der Wüste von Peru hat man geheimnisvolle Bilder im Sand entdeckt. Sie erstrecken sich oft über mehrere Kilometer und sind vom Flugzeug aus gut zu erkennen. Die Linien sind in den Boden gekratzt und erscheinen früh am Morgen wie Schatten. Dann sieht man zum Beispiel die Umrisszeichnung eines Vogels oder eines riesigen Affen auf der Erde. Die Scharrbilder wurden von den Nasca angelegt, die vor rund 1 500 Jahren in der Wüste Perus lebten. Bis heute weiß niemand, was die Bilder bedeuten und wozu sie angelegt wurden. ➼ *Kunst, Sandmalerei*

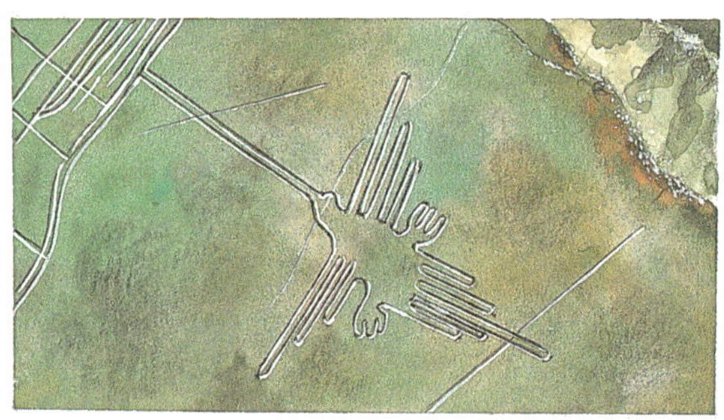

Schild Die Schilde der Prärieindianer wurden aus dem harten Nackenleder von Büffeln angefertigt und waren oft reich verziert und bemalt. Die Indianer trugen die Schilde weniger zum Schutz gegen Pfeile oder Speere, sondern weil sie ihnen magische Kräfte zuschrieben. Die Schilde der Azteken waren aus Holz und mit Mosaiken aus bunten Federn geschmückt. Manche Heerführer der Inka hatten vergoldete Schilde. Die Krieger der Maya und Azteken trugen auch Stoffpanzer aus Baumwolle. ➳ *Waffen*

aztekischer Prunkschild in Federmosaikarbeit

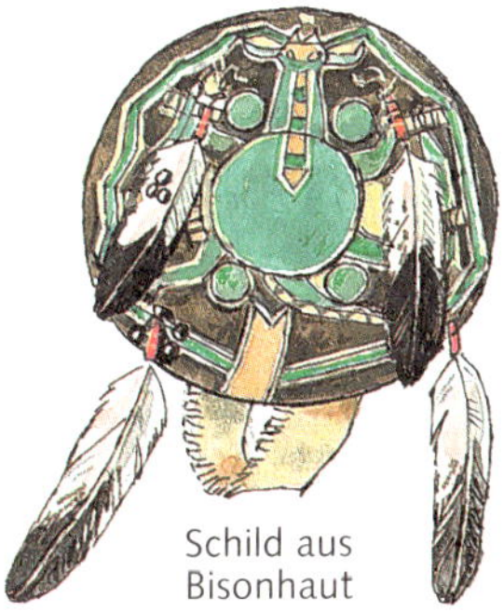

Schild aus Bisonhaut

Schildkröte Zu den Tieren, die die Indianer besonders verehren, gehört die Schildkröte. Sie ist auch das Totemtier vieler Clans. Für die Irokesen ist die Wasserschildkröte das Sinnbild der Erde, und sie bezeichnen Amerika als „Turtle Island“, als Schildkröteninsel. Sie glauben, die Erde würde aufbrechen, wenn die Schildkröte sich in ihrem Panzer streckt. Viele Stämme fertigten aus Schildkrötenpanzern Rasseln für heilige Zeremonien. Auch die Täschchen für die Nabelschnur der Neugeborenen haben häufig die Form einer Schildkröte, da diese als Glücksbringer gilt. ➳ *Nabelschnurbehälter, Totem*

Schlangentanz Zu den berühmtesten Indianertänzen gehört der Schlangentanz der Hopi. Er ist eine besondere Zeremonie, die alle zwei Jahre stattfindet, um Regen herbeizubitten. Die Hopipriester sammeln für den Schlangentanz vier Tage lang Schlangen, vor allem aber giftige Klapperschlangen. Dann bringen sie diese auf den Dorfplatz. Die Schlangentänzer winden

sich die Schlangen um die Arme und den Hals und nehmen sie sogar in den Mund, während sie tanzen. Für gewöhnlich sind Klapperschlangen außerordentlich giftig und können einen Menschen mit einem Biss töten. Völkerkundler rätseln immer noch, wie die Hopi es anstellen, nicht gebissen zu werden. Am Ende der Zeremonie werden die Schlangen in die Wüste zurückgebracht und dort wieder ausgesetzt. Die Schlangen sollen in die Unterwelt kriechen, um die Schlangenfrau um Regen zu bitten. ➳ *Tanz*

Schlinge Nordamerikanische Indianer fingen Kaninchen und Waschbären, südamerikanische Indianer Meerschweinchen und Pampashasen in Schlingen. Diese bestanden aus einem Lederstreifen oder einer Sehne. Wenn ein Tier in die Schlinge trat, zog sie sich zu, und das Tier war gefesselt. Oft bog man kleine Bäume nach unten und befestigte daran eine Schwippschlinge. In solchen Schlingen wurde das Tier hochgeschleudert. Man fing damit Alligatoren und sogar Pumas. ➳ *Alligator, Puma*

Schlitten Die nordamerikanischen Indianer kannten das Rad nicht. Wie die Menschen in der Steinzeit beförderten sie ihre Lasten mit der Schleife, einer Art Schlitten. Dieses Transportgerät heißt auch Travois. Es wurde über den Boden geschleift. Nur die Eskimo haben richtige Kufenschlitten für Eis und Schnee, die von Hunden gezogen werden. Heute haben die Eskimo auch Motorschlitten. Die subarktischen Indianer benutzen den flachen Toboggan.
➳ *Eskimo, Subarktische Indianer, Toboggan, Travois*

Schmuck *siehe Seite 175*

Schneebrille Die Eskimo setzten im Frühjahr, wenn die Sonne von Schnee und Eis stark reflektiert wurde, Schneebrillen auf. Diese bestanden aus einem gebogenen Holzbrett, in das zwei schmale Schlitze geschnitten wurden. Damit schützten sie ihre Augen vor dem Sonnenlicht.

Schneeschuhe Die Indianerstämme im Norden Amerikas bewegten sich im Winter auf Schneeschuhen vorwärts. Diese Indianerski bestanden aus einem gebogenen

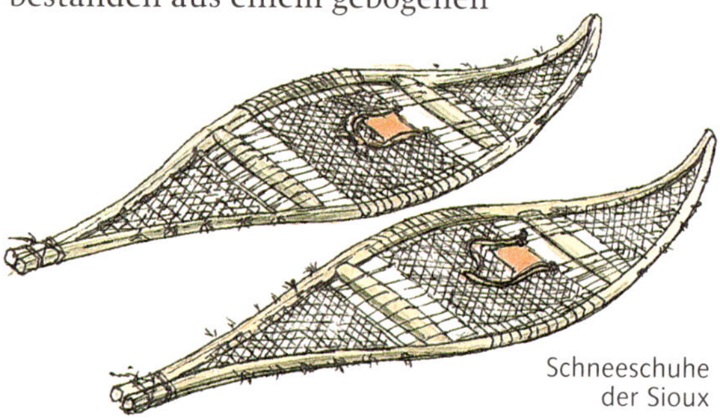

Schneeschuhe der Sioux

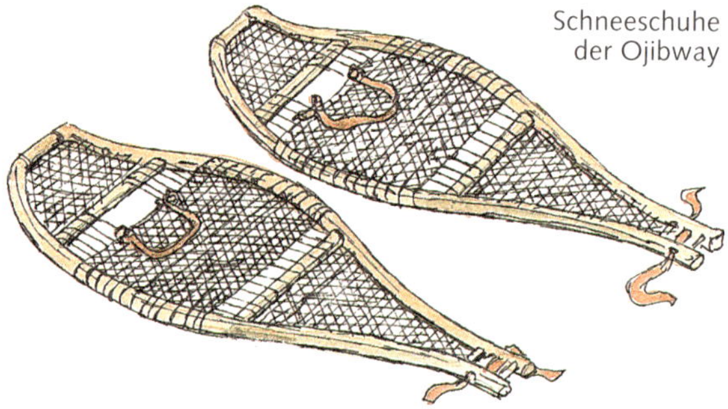

Schneeschuhe der Ojibway

Holzrahmen und waren mit einem Geflecht aus Tiersehnen bespannt. Die Indianer schnallten sich die Schneeschuhe unter die Füße und und kamen damit auch bei tiefem Schnee rasch vorwärts. Die Schneeschuhe wurden vor allem bei der Jagd auf Büffel oder Elche angezogen, die im Schnee einsanken. In einigen Gebieten banden sich die Indianer tellerförmige Geflechte unter die Füße, um Sümpfe zu überqueren. ➳ *Büffeljagd, Subarktische Indianer*

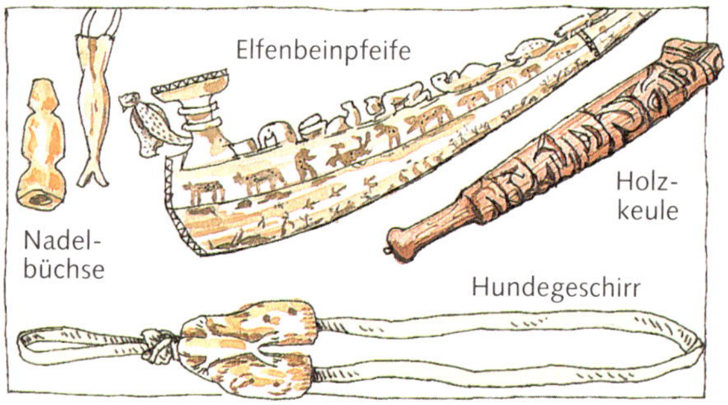

Schnitzarbeit Die Indianer Nordamerikas verwendeten Holz, Knochen, Walrosselfenbein und Horn für ihre Schnitzarbeiten. Besonders die Küstenindianer und die Eskimo schnitzten aus diesen Materialien Masken, Amulette und Figuren, aber auch Waffen und Geräte. Die Küstenindianer verzierten auch ihre Kanus und ihre Totempfähle mit Schnitzereien. Die Irokesen schnitten die Falschgesichter aus Stämmen lebender Bäume heraus.
➳ *Falschgesicht, Kunst, Totempfahl*

Schoschonen *siehe Seite 176*

Schmuck

Alle Indianer liebten es, sich zu schmücken. Die Männer übertrafen dabei meist noch die Frauen. Die nordamerikanischen Indianer verarbeiteten vieles, was sie in der Natur fanden, zu Schmuck: Schneckenhäuser und Muscheln, Knochen und Krallen von Tieren, Vogelfedern und Vogelschnäbel, Tierhaare und Pflanzensamen. Sie hatten keinen Gold- oder Silberschmuck, nur Kupfer wurde teilweise verarbeitet. Häuptlinge und tapfere Krieger trugen Federhauben mit Adlerfedern und Kappen mit Bisonhörnern. Halsbänder aus Bärenkrallen zeichneten hervorragende Jäger aus. Auch aus aufgereihten Knochenscheiben, Tierzähnen und Türkisen machten die Indianer Halsketten. Besonders beliebt waren Stachelschweinborsten. Sie wurden flach geklopft oder flach gekaut, dann eingefärbt und auf die Kleidung und andere Gegenstände genäht.

Die geschmückte Haut

Auch die Urwaldindianer, die fast nackt umherliefen, verzichteten nicht auf Schmuck. Schöne Kleider ersetzten sie durch Körperbemalung und Tätowierungen. Bei Festen wurde oft der ganze Körper mit Federn beklebt. Dazu trugen die Urwaldindianer Halsketten aus Samen, Muscheln, Papageienfedern und den metallisch schillernden Flügeln von Käfern.

Gold, Silber und Edelsteine

Vornehme Inka, Maya und Azteken trugen Ohrpflöcke, Nasenpflöcke, Armreifen und Brustplatten aus purem Gold. Auffällig waren die goldenen Ohrgehänge, von denen manche ein Pfund wogen. Auch Perlen und Edelsteine wurden zu Schmuck verarbeitet. Die Maya und Azteken schätzten die Jade für Schmuck höher als Gold. Die aztekischen Kaiser trugen Goldhelme mit den Federn des Quetzalvogels. Die Inkaherrscher steckten sich Goldfedern ins Haar.

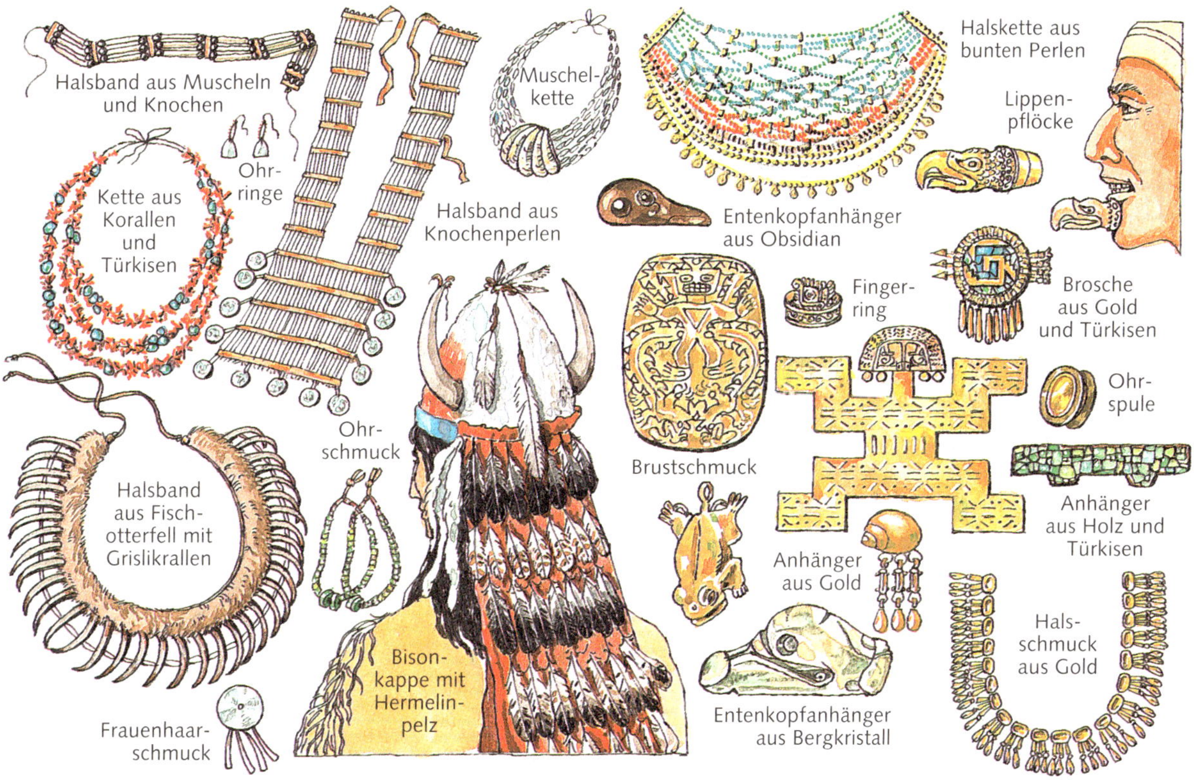

Schoschonen

Das Große Becken ist eine der unwirtlichsten Landschaften Nordamerikas. Es ist eine wüsten- und steppenartige Ebene zwischen den Rocky Mountains und der Sierra Nevada. Das Becken hat kaum Flüsse. Die wenigen, die es gibt, versickern rasch in Salzseen. Da es nur selten regnet, wachsen hier fast nur niedrige Pflanzen. In diesem Gebiet sind die Schoschonen zu Hause.

Sammler und Büffeljäger

Die Schoschonen oder Shoshoni gehören zur Sprachfamilie der Uto-Azteken und bildeten einst kleine, weit verstreute Stammesgruppen. Ihren Lebensunterhalt bestritten sie hauptsächlich als Sammler. Sie zogen mit dem Grabstock umher und gruben essbare Wurzeln, vor allem die Prärierübe, aus. Daneben sammelten sie Samen von Gräsern und Pinienzapfen sowie Nüsse. Als Nahrung verschmähten sie auch Raupen und Heuschrecken nicht. Die Jagd beschränkte sich auf Eselhasen, Ratten und Erdhörnchen. Auch Schlangen standen auf dem Speisezettel. Die stolzen Prärieindianer nannten die südlichen Schoschonen verächtlich „Honandika" – „Erdesser". Bei den Weißen hießen sie „Digger" – „Ausgräber". Besser hatten es die Schoschonen im Norden. Sie kamen in den Besitz von Pferden und wurden Bisonjäger.

Das Ende der Schoschonen

Siedler, Goldsucher und die Eisenbahn bedrohten den Lebensraum der nördlichen Schoschonen immer mehr. Hinzu kamen Überfälle der Prärieindianer. Schließlich musste ihr Häuptling Wakashaki die US-Regierung um Schutz in einer Reservation bitten. Etwa 10 000 Nachkommen der Schoschonen leben über verschiedene Bundesstaaten der USA verstreut. Heute befindet sich im Land der Schoschonen das größte Atombombentestgebiet der USA.

Schrift *siehe Seite 178/179*

Schrumpfkopf Einige Indianerstämme in den Urwäldern Südamerikas waren als Kopfjäger gefürchtet. Sie schlugen ihren Feinden die Köpfe ab und verkleinerten diese bis auf die Größe einer Faust. Nach dem Glauben dieser Indianer sollten durch die Kopftrophäen die Kräfte des getöteten Feindes auf den Sieger übergehen. Besonders berüchtigte Kopfjäger waren die Jivaro. Sie nannten die Schrumpfköpfe „tsantsas“ und trugen sie als Zeichen von Tapferkeit und Kriegsglück am Gürtel.

Die Herstellung eines Schrumpfkopfes dauerte einige Tage. Zuerst wurden die Knochen zertrümmert, und die Kopfhaut wurde abgezogen. Dann nähte man Mund, Nasenlöcher und Augenschlitze zu. Nun kochte man die Haut in einem Kräutersud und füllte sie mit heißem Sand. Der Kopf wurde immer wieder mit heißem Sand gefüllt, bis er völlig einschrumpfte. Zum Schluss versuchte man, die Gesichtszüge des Toten möglichst naturgetreu nachzubilden. Auch die Haare blieben erhalten. ➳ *Jivaro*

Schule *siehe Seite 180*

Schutzgeister Bei den Prärieindianern hatte jeder einen oder mehrere Schutzgeister. Sie waren ihm beim Traumfasten und bei Visionen erschienen. Ein Schutzgeist konnte zum Beispiel der Bison, der Adler oder ein anderes Tier sein. Mancher sah im Traum vielleicht einen weißen Hirsch und nahm diesen zum Schutzgeist. Wer einen Adler zum Beschützer hatte, trug eine Adlerschwinge oder eine Adlerkralle. Wer den Bison erwählt hatte, führte ein Horn, eine Klaue oder ein Stück Fell eines Büffels mit sich. Die Teile des jeweiligen Tieres gehörten zur persönlichen Medizin des Indianers.
➳ *Medizin, Religion, Vision*

Schwirrholz Längliches Holzstück, das an einer Schnur rasch über dem Kopf geschwungen wird. Dabei entsteht ein dumpfer Ton, der je nach Form des Holzes höher oder tiefer klingt. Bei den Prärieindianern hieß das Schwirrholz „Bullenbrüller“. ➳ *Bullenbrüller, Musikinstrumente*

Schwitzhütte Rund um den Polarkreis ist die Schwitzhütte bekannt. Auch viele andere Indianervölker kennen Schwitzzeremonien. Vor einem großen Fest oder einer Jagd besuchen sie die Schwitzhütte, die meist wie ein Wigwam gebaut ist. In der Hütte gießen sie Wasser auf heiße Steine, bis Dampf wie in einer Sauna entsteht. Im Dampf reinigen die Indianer Körper und Seele. Dabei singen sie heilige Lieder. Anschließend kühlen sie sich in einem kalten Fluss oder im Schnee ab. ➳ *Jagdzauber, Wigwam*

Schrift

Die ältesten Aufzeichnungen, die wir von den Indianern kennen, sind die Petroglyphen. Das sind eingeritzte Zeichen, die die Indianer in Höhlen und auf Felswänden hinterlassen haben. Manchmal sind auch farbige Malereien dabei: Bilder für Sonne und Mond, für Blitz und Regen, für Mann und Frau. Solche indianischen Felsbilder finden sich in Nord-, Mittel- und Südamerika. Manche sind über 7 000 Jahre alt. Die Zeichen sollten Glück bei der Jagd bringen oder böse Geister abhalten. Sie enthielten aber auch Nachrichten für nachfolgende Völker.

Felsbilder

Gravuren in Elfenbein

Die Eskimo ritzten ihre Zeichnungen in die Stoßzähne von Walrossen. Ihre Bilder erzählen von der Jagd auf Karibus, vom Bau der Häuser und Iglus oder von den Seehunden und Robben, die sie mit Kajaks im Eismeer jagten.

Ritzzeichnungen in Walrosselfenbein

Wampum

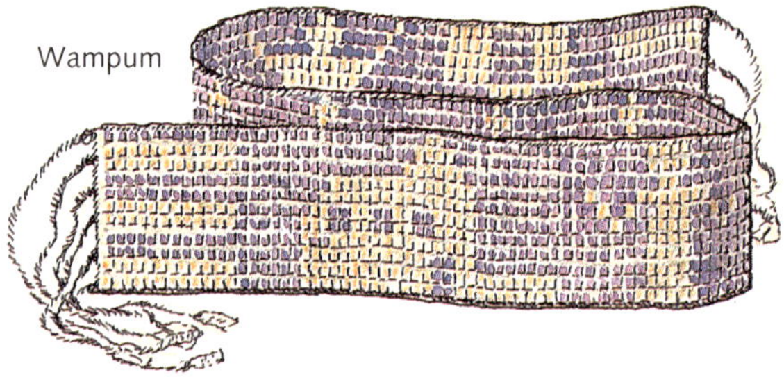

Wampums und Büffelroben

Die Irokesen und einige Stämme der Algonkin hatten ihre eigene Art, wichtige Dinge festzuhalten. Sie reihten dazu Perlen auf Schnüre. Die Perlen wurden aus den Schalen der violetten Venusmuschel und dem Gehäuse einer Meeresschnecke geschliffen. Später hat man die Perlenschnüre zu einem Band miteinander verflochten. Ein solcher Wampumgürtel hatte bei vielen Stämmen die Bedeutung von Geld. Man konnte dafür Waren eintauschen. Aber auch beim Abschluss von Friedens- und Handelsverträgen wurden Wampumgürtel ausgetauscht. Jeder Partner erhielt einen Gürtel mit genau dem gleichen Muster. Diejenigen, die den Vertrag miteinander geschlossen hatten, konnten das Muster der Perlen lesen.
Auch die Prärieindianer hatten schon eine Art Bilderschrift. Sie bemalten ihre Tipis und Büffelhäute mit Bildzeichen oder Piktogrammen. Hervorragende Stammeshäuptlinge legten an Festtagen bemalte Büffelroben an. Die berühmteste Büffelhaut erzählt die Geschichte der Sioux. Sie heißt „Winterzählung“.

Die Knotenschnüre der Inka

Bei den Inka war alles festgelegt. Die Beamten führten Listen über jedes Maiskorn, das geerntet wurde. Jede Kartoffel, die aus dem Acker kam, wurde gezählt. Und der Herrscher der Inka wusste genau, wie viele Menschen sein Volk hatte, wie viele Männer, Frauen und Kinder es in seinem Reich gab. Alles im Inkastaat wurde notiert und doch nicht aufgeschrieben. Die Inka hatten nämlich keine Schrift. Sie machten Knoten in farbige Schnüre. Die unteren Knoten dieser Quipus gaben die Einer, die mittleren die Zehner, die obersten die Hunderter an. Jede Farbe hatte in einem Quipu ihre bestimmte Bedeutung, einmal stand Gelb für Mais, dann für Lamas oder für Menschen. Nur die Beamten konnten die Quipus entziffern.

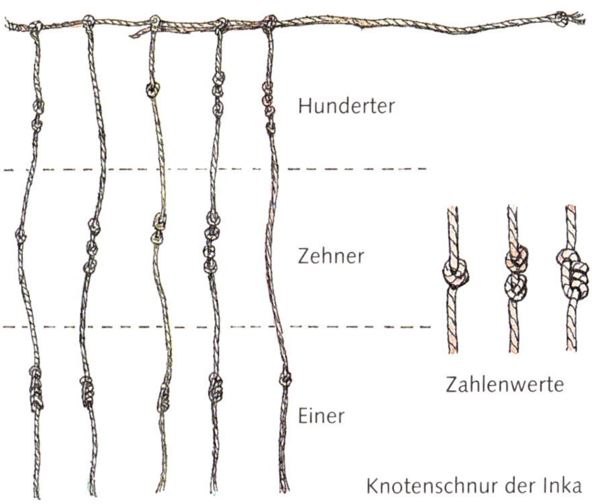

Knotenschnur der Inka

Die aztekischen Bilderbücher

Vieles über die Azteken wissen wir von den spanischen Eroberern, vieles haben sie uns aber auch selbst hinterlassen. Die Azteken

König „Acht-Hirsch“, Zeichnung aus einem aztekischen Faltbuch

besaßen nämlich eine Bilderschrift. Sie drückten bestimmte Dinge durch Bilder aus, zum Beispiel Gehen durch Fußstapfen, Sprechen durch eine Zunge. Die Zeit wurde durch eine Schlange dargestellt. Mit dieser Bilderschrift bemalten die Azteken Hirschleder oder eine Art Papier aus Pflanzenfasern. Die langen Bahnen falteten sie zu Büchern zusammen.

Die Hieroglyphen der Maya

Die Maya besaßen schon eine echte Schrift. Sie kannten etwa 850 Hieroglyphen, die mit der Schrift der Ägypter zu vergleichen sind. Leider konnte bisher nur etwa die Hälfte dieser Zeichen gedeutet werden, sodass viele Inschriften auf Stelen und Tempeln für uns noch nicht lesbar sind.

Maya-Hieroglyphe

Das Indianeralphabet

Die zweite echte Indianerschrift stammt von den Cherokee. Es ist eine Silbenschrift, bei der jede Silbe ein eigenes Zeichen hat. Entwickelt hat dieses Cherokee-Alphabet der Häuptling Sequoya. Zwölf Jahre lang arbeitete er daran, seine eigene Sprache mit den lateinischen Buchstaben in Einklang zu bringen. Innerhalb von zwei Jahren lernten die Cherokee, ihre Sprache zu schreiben. Im Jahr 1828 gaben sie eine Zeitung heraus und hatten wenige Jahre später sogar eine eigene Nationalbibliothek.

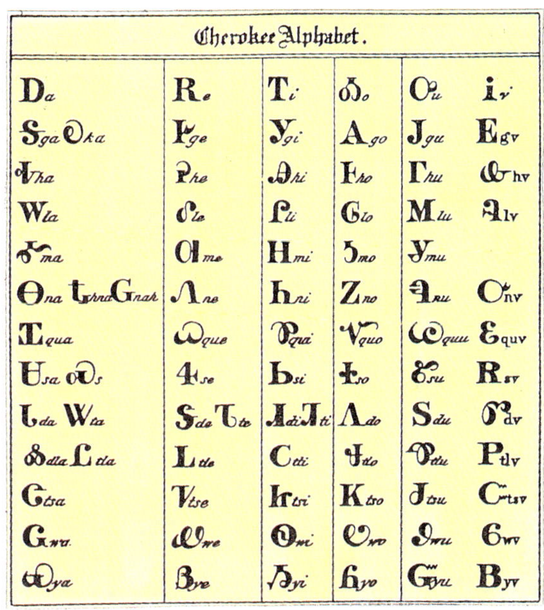

Cherokee Alphabet.					
Ꭰ a	Ꭱ e	Ꭲ i	Ꭳ o	Ꭴ u	Ꭵ v
Ꭶ ga Ꭷ ka	Ꭸ ge	Ꭹ gi	Ꭺ go	Ꭻ gu	Ꭼ gv
Ꭽ ha	Ꭾ he	Ꭿ hi	Ꮀ ho	Ꮁ hu	Ꮂ hv
Ꮃ la	Ꮄ le	Ꮅ li	Ꮆ lo	Ꮇ lu	Ꮈ lv
Ꮉ ma	Ꮊ me	Ꮋ mi	Ꮌ mo	Ꮍ mu	
Ꮎ na Ꮏ hna Ꮐ nah	Ꮑ ne	Ꮒ ni	Ꮓ no	Ꮔ nu	Ꮕ nv
Ꮖ qua	Ꮗ que	Ꮘ qui	Ꮙ quo	Ꮚ quu	Ꮛ quv
Ꮜ sa Ꮝ s	Ꮞ se	Ꮟ si	Ꮠ so	Ꮡ su	Ꮢ sv
Ꮣ da Ꮤ ta	Ꮥ de Ꮦ te	Ꮧ di Ꮨ ti	Ꮩ do	Ꮪ du	Ꮫ dv
Ꮬ dla Ꮭ tla	Ꮮ tle	Ꮯ tli	Ꮰ tlo	Ꮱ tlu	Ꮲ tlv
Ꮳ tsa	Ꮴ tse	Ꮵ tsi	Ꮶ tso	Ꮷ tsu	Ꮸ tsv
Ꮹ wa	Ꮺ we	Ꮻ wi	Ꮼ wo	Ꮽ wu	Ꮾ wv
Ꮿ ya	Ᏸ ye	Ᏹ yi	Ᏺ yo	Ᏻ yu	Ᏼ yv

Schule

Da die meisten Indianer keine Schrift hatten, gab es auch keine Schulen wie bei uns, in der die Kinder lesen, schreiben und rechnen lernten. Nur bei den Maya, Inka und Azteken erhielten die Kinder Schulunterricht. Die Schule der Azteken war besonders streng.

Die Schule des Lebens

Bei den Prärieindianern nahm die Mutter ihre Kinder bis etwa zum dritten Lebensjahr auf dem Rücken überallhin mit. Dann wurden Jungen und Mädchen getrennt. Die Mutter kümmerte sich mehr um die Mädchen und brachte ihnen das Kochen, Nähen und Gerben bei. Die Knaben begleiteten den Vater auf die Jagd und zum Fischfang. So lernten die Jungen, sich in der Wildnis zurechtzufinden und Nahrung zu beschaffen. Mit etwa 14 Jahren wurde ein Junge zum Mann, ein Mädchen zur Frau. Jungen und Mädchen wurden dann für einige Tage eingeschlossen. Sie bereiteten sich auf die Reifefeier vor. Diese Zeremonie nahmen Medizinmänner oder alte Frauen vor.

Die Schule der Weißen

Um die „wilden" Indianer zu Weißen zu erziehen, richtete man zuerst in den Missionsstationen Schulen für sie ein. Später mussten auch die Kinder in den Reservationen zur Schule gehen. Bei Schuleintritt wurden ihnen die Haare abgeschnitten. Es war bei Strafe verboten, die eigene Sprache zu sprechen, und die indianische Religion wurde von den Missionaren als Teufelszeug verdammt. Vor etwa 25 Jahren gründeten die Indianer so genannte „Survival Schools". Hier werden die Kinder von indianischen Lehrern in ihrer Sprache und ihren Stammesriten unterrichtet. Diese „Überlebensschulen" nehmen immer mehr zu, und es gibt sogar schon indianische Universitäten.

Apachenkinder: vor dem Schulbesuch ...

... und in der Schule der Weißen

Scout (*sprich:* skaut) Die Scouts waren Spurensucher und Kundschafter. Sie kannten sich in den Indianergebieten besonders gut aus und wurden von der US-Armee im Krieg gegen die Indianerstämme eingesetzt. Die besten Scouts fanden sich natürlich unter den Indianern selbst. Vor allem Apachen, Krähenindianer und Delawaren ließen sich von der US-Armee als Späher gegen feindliche Stämme anwerben.

Die indianischen Scouts kannten sich im Gelände viel besser aus als weiße Scouts. Sie wussten, wo die Wasserstellen lagen und fanden Abkürzungen. Vor allem waren sie hervorragende Fährtensucher, denen kaum ein Fußabdruck entging. Die US-Armee verdankte ihnen manchen Sieg im Krieg gegen die Indianer. Oft führten die indianischen Kundschafter die Armee sogar gegen die eigenen Stammesgenossen, da sie sich als US-Soldaten fühlten und einen Eid geleistet hatten. Von den meisten ihrer Stammesbrüder wurden sie als Verräter verachtet.

Seminolen *siehe Seite 182*

Sequoya (1760–1843)

Sequoya war der Sohn einer Cherokee-Häuptlingstochter und eines weißen Händlers. Er wuchs als Indianer bei seinem Stamm auf und arbeitete zuerst als Trapper, Jäger und Pelzhändler. Nachdem er bei der Jagd verletzt worden war, blieb er zeit seines Lebens körperbehindert. Nun widmete er sich der Aufgabe, eine eigene Schrift für seinen Stamm zu erfinden. Zwölf Jahre lang arbeitete er daran, das Cherokee-Alphabet mit lateinischen und eigenen Buchstaben zu entwickeln. Seine Stammesgenossen verspotteten ihn anfänglich. Doch Sequoya erreichte es schließlich, dass ein Großteil der Cherokee lesen und schreiben lernte. 1828 erschien sogar die erste indianische Zeitung in der Cherokee-Sprache.

➳ *Cherokee, Schrift*

Seuchen *siehe Seite 183*

Sheridan, Philip Henry (1831–1888) Sheridan war Offizier im amerikanischen Bürgerkrieg und stieg bis zum General auf. Später wurde er in den mittleren Westen versetzt und war dort für die Indianerkriege zuständig. Immer wieder versuchte er mit der US-Armee aufständische Indianerstämme zu besiegen. 1876 bereitete er den Angriff auf die Sioux-Stämme vor, der zur Schlacht am Little Bighorn River führte. Die US-Armee unter Oberstleutnant Custer erlitt damals ihre größte Niederlage. Sheridan selbst nahm an der Schlacht nicht teil. Der Indianerhasser ging aber dennoch in die Geschichte ein mit dem Ausspruch: „Nur ein toter Indianer ist ein guter Indianer."

➳ *Custer, Custerschlacht, Indianerkriege*

Seminolen

Auf der Halbinsel Florida im Süden der USA herrscht subtropisches Klima. An der Südküste liegen die Everglades, ein sumpfiger Mangrovenwald. In den Flussarmen lauern Alligatoren, und auf den Bäumen brüten seltene Vögel. Es ist die Heimat der Seminolen, doch diese kamen nicht freiwillig hierher.

Die Davongelaufenen

Die Seminolen waren urprünglich Gruppen der Creek, die einst in Georgia am Seminolenfluss lebten. Als immer mehr Weiße in ihr Stammesgebiet eindrangen, wanderten viele von ihnen Anfang des 18. Jahrhunderts nach Florida aus. Die Halbinsel stand damals unter spanischer Herrschaft, war aber kaum bewohnt. Die Seminolen, die von den zurückgebliebenen Creek den Namen „Die Davongelaufenen" erhielten, besiedelten zuerst den Norden Floridas. Sie gründeten dort einige Dörfer. Bald wurden es mehr, weil die Seminolen auch entlaufene schwarze Sklaven und weitere Creek aufnahmen. So entstanden über hundert Indianerdörfer im Süden Floridas. Die Seminolen wohnten in Chickees, offenen Häusern mit Dächern aus Palmwedeln. Sie bauten Mais an, sammelten Eicheln, ernährten sich vom Fischfang und jagten Hirsche, Waschbären und Kaninchen.

Krieg mit den Seminolen

Die Seminolen waren nicht nur Ackerbauern, sondern wie die Creek auch ein kriegerisches Volk. Häufig überfielen sie die weißen Siedler in Georgia. Die neu gegründeten USA kauften auch deshalb den Spaniern Florida ab. Sie forderten nun von den Seminolen die entlaufenen schwarzen Sklaven zurück. Als diese sich weigerten, sie auszuliefern, kam es zum Krieg. Die Seminolenkriege zogen sich über vierzig Jahre hin. Erst dann fanden sich viele Seminolen bereit, in die Reservation nach Oklahoma zu ziehen. Einige leben noch immer in Florida.

Seuchen

Die meisten Indianer wurden nicht sehr alt. Viele starben oft schon mit vierzig Jahren. Das harte Leben, die Entbehrungen und die oft mangelhafte Ernährung zehrten ihre Kräfte früh auf. Dennoch waren sie im Allgemeinen weniger krank als die Weißen aus Europa. Viele Krankheiten aus der Alten Welt waren bei ihnen völlig unbekannt.

Heilkräuter und Beschwörungen

Als Naturvölker bekämpften die Indianer ihre Krankheiten vor allem mithilfe von Heilkräutern. Ihre Medizinmänner und Schamanen kannten gegen fast jede Krankheit ein Heilkraut. Bei manchen Stämmen waren über zweihundert solcher Heilkräuter bekannt. Auch Heilungszeremonien verbunden mit reinigenden Schwitzbädern konnten manche Krankheit vertreiben.

Schreckliche Krankheiten

Da die Indianer weit auseinander wohnten, konnten sich Seuchen bei ihnen kaum ausbreiten. Die Pest oder die Cholera, die im Mittelalter in Europa Millionen von Menschen dahinrafften, gab es bei ihnen nicht. Schreckliche Krankheiten brachten erst die Weißen in das Land der Indianer. Grippe, Keuchhusten, Masern, Windpocken und andere Krankheiten der Europäer endeten für die Indianer meist tödlich. Deren Körper hatte gegen diese ansteckenden Krankheiten keine Abwehrstoffe entwickelt. So starben viele Eskimo an einem einfachen Schnupfen. Manchmal haben Weiße sogar versucht, Indianer dadurch anzustecken, dass sie Decken mit gefährlichen Krankheitserregern verseuchten. Wenn die Indianer erkrankten und starben, konnten sie ihnen ihr Land wegnehmen. Erst spätere Indianergenerationen bildeten Abwehrstoffe gegen die Krankheiten der Weißen und konnten diese nun leichter überstehen.

Medizinmann versucht Pockenkranke zu heilen.

Shinny Das Shinny-Spiel ist mit dem Hockey zu vergleichen. Die Spieler einer Mannschaft müssen dabei einen mit Gras ausgestopften Lederball mit einem gekrümmten Stock auf ein Tipi zutreiben. Shinny wird noch heute bei den nordöstlichen Stämmen gespielt, häufig auch von Frauen. Die Frauen benutzen dazu längere Stöcke als die Männer, die sie mit beiden Händen halten. ➳ *Ballspiel, Spiele*

Siedler *siehe Seite 185*

Signalsprache Die Prärieindianer verständigten sich durch bestimmte Signale über große Entfernungen hinweg. Solche Signale waren zum Beispiel die Rauchzeichen. Durch die Weißen kamen die Indianer auch in den Besitz von Metallplatten und Spiegeln, mit denen sie die Sonnenstrahlen umlenkten und Blinkzeichen gaben. Auf kurze Entfernungen gaben die Indianer Signale, indem sie Staub aufwirbelten oder mit ihren Pferden bestimmte Figuren ritten. In Wüstengebieten schrieben sie Zeichen in den Sand. Auch Ritzzeichen an Felsen, abgebrochene Äste oder besonders aufgehäufte Steine konnten Signale sein.
➳ *Nachrichtenübermittlung, Zeichensprache*

Silber Da die nordamerikanischen Indianer ursprünglich außer Kupfer kein Metall verarbeiten konnten, maßen sie weder Gold noch Silber besondere Bedeutung bei. Erst die Gier der Weißen nach diesen Edelmetallen machte ihnen den Wert bewusst. Die Puebloindianer lernten von den Spaniern die Herstellung von Silberschmuck. Vor allem die Navajo gelten als geschickte Silberschmiede. Ihre Schmuckstücke sind oft mit Türkisen besetzt. ➳ *Gold, Schmuck*

Silberlöwe Der Silberlöwe heißt auch Puma oder Berglöwe. Er lebt in Nord- und Südamerika. Fast alle Indianerstämme machten Jagd auf ihn, denn sein Fell war für Köcher und Bogenfutterale sehr begehrt. ➳ *Köcher, Puma*

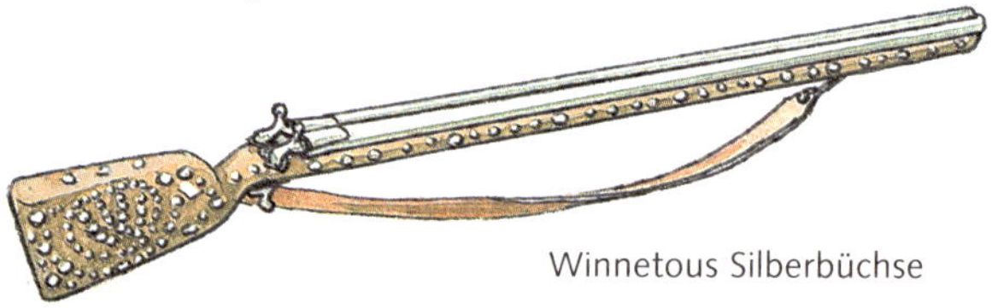
Winnetous Silberbüchse

Silberbüchse Das berühmte Gewehr, das Karl May seinem Helden Winnetou andichtete, hieß Silberbüchse. Es war eine doppelläufige Flinte, deren Schaft mit Silbernägeln beschlagen war. Man konnte damit sowohl Schrot als auch Kugeln verschießen. Obwohl es Winnetou nie gegeben hat, kann man „sein" Gewehr heute im Karl-May-Museum in Radebeul bei Dresden bewundern. Karl May hat es nach genauen Angaben von einem Büchsenmacher herstellen lassen. ➳ *Winnetou*

Sioux Das Wort „Sioux" (*sprich:* siuks *oder:* su) ist französisch und geht auf das Ojibway-Wort „Nadowe-is-siux" zurück. Einen Stamm der Sioux gab es aber nie. Man bezeichnet damit vielmehr eine große Gruppe von Indianern, die dieselbe Sprache sprechen. Das Gebiet der Sioux-Sprachfamilie umfasste den gesamten Osten und die Mitte der Prärie. Zu der Sprachfamilie gehörten die meisten Prärieindianer wie die Assiniboin, die Mandan und die Iowa. Wenn man von einem „Siouxindianer" spricht, meint man im Allgemeinen einen Angehörigen der Dakota, Lakota oder Nakota. Diese bilden gemeinsam mit ihren Unterstämmen den Verbund der „Sieben Ratsfeuer". Die Nation dieser Siouxindianer zählt heute noch etwa 60 000 Menschen. ➳ *Dakota*

Siedler

Anfang des 19. Jahrhunderts waren die weiten Plains und Prärien zwischen dem Mississippi-Missouri-Stromgebiet und den Rocky Mountains noch Indianerland. Kaum ein Weißer hatte sich bis hierher vorgewagt. Das Gebiet östlich der großen Ströme war dagegen von immer mehr Menschen aus Europa besiedelt worden. Schon begann dort das Land knapp zu werden. Für die neu angekommenen Siedler blieb deshalb nur der Weg nach Westen.

Die großen Trecks

Zwischen den Indianern und der amerikanischen Regierung bestand die Abmachung, das Land westlich des Missouri nicht zu besiedeln. Die Indianer waren deshalb teilweise freiwillig dorthin zurückgewichen. Für die Weißen schien dieses Land, in dem es kaum Bäume und Wasser, sondern 1 000 Kilometer weit nur Büffelgras gab, nicht von Bedeutung. Im Sommer war es brütend heiß, im Winter gefror der Boden steinhart, und ständig wehte der Wind über die Prärie. Doch all das konnte die Menschen schließlich nicht davon abhalten, in langen Trecks nach Westen zu ziehen. Auch dass sie auf ihrer Reise immer mit Überfällen feindlicher Indianer zu rechnen hatten, schreckte sie nicht ab.

Die langen Trails

Ein Treck bestand aus etwa 50 Planwagen, den „Prärieschonern“. Sie waren aus Eichen- oder Hickoryholz gebaut und hatten hohe Räder, da viele Flüsse zu durchqueren waren. Jeder Wagen war bis unter das Dach mit Hausrat, Möbeln, Lebensmitteln, Saatgut und Werkzeugen voll gepackt. Die Ladung wog oft mehr als eine Tonne. Gewöhnlich spannte man vier Ochsen vor die Prärieschoner, manchmal aber auch Maultiere oder Pferde. Erfahrene Treckführer begleiteten die Züge der Siedler auf dem 3 200 Kilometer langen Oregon-Trail.

Sippe Unter einer Sippe versteht man bei den Indianern meist einen Clan. Viele, wenn auch nicht alle Stämme, waren in Clans gegliedert. Das waren miteinander verwandte Familien, die am Lagerplatz ihre Zelte zusammen aufstellten. Man unterschied oft auch männliche und weibliche Clans. Zu einem männlichen Clan gehörten zum Beispiel alle Männer der Sippe, aber auch deren Ehefrauen und die nicht verheirateten Töchter. Zu einem weiblichen Clan gehörten umgekehrt alle Frauen einer Sippe und deren Ehemänner sowie deren Söhne. Manche Männer, zum Beispiel die Navajo, gehörten nach der Heirat zwei Clans an, ihrem eigenen und dem ihrer Frau. Es war verboten, innerhalb eines Clans zu heiraten. ➳ *Totem, Totempfahl*

Sitting Bear (1810–1871)

„Sitzender Bär" war der Name eines Kiowa-Häuptlings. In der Sprache der Kiowa hieß er „Setangya Satank". Er hatte 1867 für sein Volk einen Friedensvertrag mit den Weißen unterzeichnet. Nachdem die Kiowa und die Comanchen in Texas immer wieder Siedler überfallen und den Bau der Eisenbahn unterbrochen hatten, sollten sich die Kiowa nun in ihrem Stammesgebiet ungehindert bewegen können. Doch die Weißen dachten nicht daran, sich an den Vertrag zu halten. Sie zwangen die Kiowa in eine Reservation. Dort wurden diese vom Agenten so schlecht behandelt, dass sie die Reservation verließen und ein Fort angriffen. Bei einem weiteren Überfall wurden die drei Oberhäuptlinge der Kiowa, darunter Satank, festgenommen. Sie sollten nach Texas in das Fort Richardson gebracht und dort erhängt werden. Unterwegs begann Sitting Bear das Todeslied der Kiowa zu singen. Er riss sich die Handschellen von den Gelenken und konnte noch auf einen Bewacher einstechen, bevor man ihn erschoss. ➳ *Kiowa*

Sitting Bull (1831–1890)

Der Medizinmann der Hunkpapa-Sioux gilt als berühmtester Indianerhäuptling. Mit 14 Jahren kämpfte er bereits mit erwachsenen Männern gegen feindliche Stämme. Wegen seiner Tapferkeit und seines Mutes durfte er schon in jungen Jahren einen Kriegernamen tragen. Er nannte sich „Tatanka Yotake" – „Sitzender Büffelstier". Als die Weißen immer tiefer in die Prärie vordrangen, wurde er zum Führer des Widerstandes der Siouxindianer. Es gelang ihm, viele Stämme der Plains- und Prärieindianer zu verbünden und gegen die Weißen zu führen. Unter seiner Leitung kam es zur Schlacht am Little Bighorn, bei der die US-Armee eine schwere Niederlage erlitt. Sitting Bull kämpfte selbst nicht mit, sondern machte Medizin auf einem nahen Hügel. Nach der Schlacht floh er mit einer kleinen Schar seiner Hunkpapa-Krieger nach Kanada und kam erst in die USA zurück, als man ihm freies Geleit zugesichert hatte. Doch man nahm ihn bei der Rückkehr fest und brachte ihn ins Gefängnis. Seine Hunkpapa wurden in die Reservation gebracht. Nach seiner Freilassung zog auch Sitting Bull in die Reservation. Er kämpfte weiter mit seinem ganzen Einfluss dagegen, das Land der Sioux aufzuteilen und an die Weißen abzutreten. Sitting Bull wurde deshalb erneut verhaftet. Bei einem Befreiungsversuch erschoss ihn ein Indianerpolizist. ➳ *Custerschlacht, Sioux, Wounded Knee*

Und sie lieferten gleich Skalpmesser dazu. Nun wurden immer mehr Menschen auch lebendig skalpiert. Die meisten überlebten das nicht.
➳ *Skalphemd, Skalpmesser, Skalpprämie, Skalptanz*

Skalphemd Hervorragende Krieger der Prärieindianer besaßen meist ein Skalphemd. Es bestand aus Hirschleder, und an den Seiten und Ärmeln waren Skalpe aufgenäht. Häufig war das Hemd noch bemalt und mit Stachelschweinborsten oder Muschelperlen verziert. Ein Skalphemd war ein kostbarer Besitz und wurde nur bei besonderen Festlichkeiten getragen. Es gab Häuptlinge, die sich aus den Skalpen ihrer Feinde sogar Mäntel anfertigten. Für einen solchen Mantel musste man ungefähr 70 Feinde skalpiert haben. ➳ *Skalp*

Skalp Einem Feind den Skalp zu nehmen galt bei den Prärieindianern als Zeichen besonderer Tapferkeit. Beim Skalpieren machten sie mit einem Knochen- oder Steinmesser oder mit einer Muschelschale einen runden Schnitt am oberen Teil der Kopfhaut. Diese wurde mitsamt den Haaren abgezogen. Im Allgemeinen wurden nur Tote skalpiert. Der Skalp wurde dann getrocknet und manchmal auch innen bemalt. Große Skalpe spannte man auf Reifen und trug sie beim Skalptanz an einer Stange umher. Manche Indianer glaubten, mit dem Skalp würden sie sicherstellen, dass der Skalpierte ihnen im Jenseits als Diener zur Verfügung stünde. Die Sitte des Skalpierens war ursprünglich nur bei wenigen Stämmen des Nordostens bekannt, vor allem bei den Irokesen. Von dort verbreitete sie sich über die ganze Prärie. Die Größe des Skalps, der genommen wurde, war von Stamm zu Stamm verschieden. Manche begnügten sich mit einem handtellergroßen Stück, andere trennten die ganze Kopfhaut ab. Vor allem die Engländer und die Holländer trugen viel zur Verbreitung des Skalpierens bei. Sie zahlten nämlich verbündeten Indianerstämmen für jeden Skalp eines Feindes eine Skalpprämie.

Prärieindianer im Skalphemd

Skalplocke Bei vielen Stämmen der Algonkin war es Sitte, sich das Kopfhaar abzurasieren und nur noch ein Haarbüschel stehen zu lassen. Auch die Irokesen sind berühmt für diese Haartracht. Die stehen gebliebene Skalplocke sollte es einem Feind ermöglichen, den Skalp leichter zu nehmen. Die Krieger wollten mit ihrem Kopfschmuck vor allem ihre Furchtlosigkeit vor dem Feind ausdrücken. ➳ *Skalp*

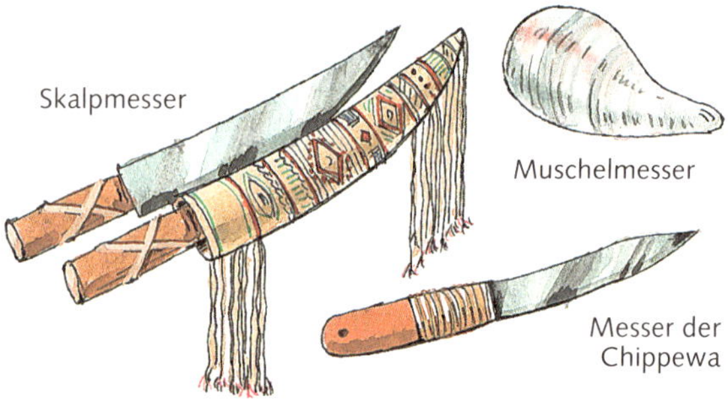

Skalpmesser Bevor die Weißen kamen, kannten die Indianer keine Messer aus Eisen oder Stahl. Auch zum Skalpieren verwendeten sie die üblichen Stein- oder Knochenmesser, eine scharfkantige Muschelschale oder manchmal auch die Sehne eines Bogens. Es waren die Engländer, die den Indianern scharf geschliffene Klingen zum Skalpieren in die Hand gaben. Die Skalpmesser wurden in England in großer Stückzahl angefertigt und an die Indianer verkauft. Der Preis für ein gutes Skalpmesser betrug ein Pferd. Durch den Verkauf dieser Messer wurde das Skalpieren stark verbreitet.
➳ *Skalp, Skalpprämie*

Skalpprämie Als die Engländer in Nordamerika gegen die Franzosen kämpften, machten sie sich die Sitte des Skalpierens zunutze. Sie zahlten für jeden Skalp eines feindlichen Indianers eine Prämie. Dadurch breitete sich das Skalpieren über ganz Nordamerika aus. Die Holländer hatten als Erste „Belohnungen“ für Skalpe gezahlt. Bald wurde nicht mehr nur den Toten die Kopfhaut abgezogen, sondern auch den Lebenden, sogar Frauen und Kindern. Der Skalp eines männlichen Indianers brachte 100 Dollar, der einer Indianerin 50 Dollar, ein Kinderskalp 25 Dollar. Auch gewissenlose Weiße zogen nun auf Skalpjagd, um sich die Prämien zu verdienen und schnell zu Geld zu kommen. Banden überfielen Indianerdörfer, um die wehrlosen Opfer zu skalpieren. Bald verbreitete sich das Skalpieren bis nach Mexiko, und auch viele Weiße mussten ihren Skalp lassen.
➳ *Skalp, Skalpmesser*

Skalptanz Wenn Indianer von einem Kriegszug ins Lager zurückkamen, wurden Siegestänze aufgeführt. Bei den Stämmen, die skalpierten, gab es den Skalptanz, den häufig die Frauen begannen. Die erbeuteten Skalpe wurden auf Lanzen gesteckt oder auf Reifen gespannt und an langen Stangen als Siegestrophäen herumgetragen. Die ganze Dorfgemeinschaft tanzte schließlich mit. ➳ *Skalp*

Sklaven Sklaven sind Menschen ohne Rechte. Viele nordamerikanische Indianer nahmen zwar Kriegsgefangene in ihren Stamm auf, aber nicht als rechtlose Sklaven. Nur bei den Natchez und den Indianern der Nordwestküste waren Sklaven aus anderen Stämmen üblich. Die Engländer machten nordamerikanische Indianer zu Sklaven und verkauften sie auf dem Markt. In Mittel- und Südamerika hielten alle großen Indianervölker Sklaven. Später wurden von den Spaniern und Portugiesen ganze Indianerstämme versklavt, die dann auf den Plantagen der Weißen arbeiten mussten. Viele Indianersklaven wurden auch mit Schiffen als Handelsgut nach Europa gebracht.
➳ *Azteken, Inka, Maya, Natchez, Sklaventöter*

Sklaventöter Die Küstenindianer am Pazifik gehörten zu den reichsten Stämmen in Nordamerika. Sie lebten vom Lachsfang und machten Jagd auf Wale. Nahrungssorgen kannten sie nicht. Beim Potlatch stellten sie ihren Reichtum zur Schau. Sie bewirteten ihre Gäste überschwänglich und machten ihnen wertvolle Geschenke, darunter gelegentlich auch Sklaven. Der Beschenkte musste den Sklaven manchmal sogar erschlagen, um zu zeigen, dass ihm an Besitz nichts liegt. Dazu benutzte er den Sklaventöter, eine fürchterlich aussehende Keule mit kurzem Stiel. Auch wegen dieser Sitte wurde der Potlatch später verboten. ➳ *Potlatch*

Sonnengott Ohne die Sonne gäbe es kein Leben auf der Erde. Ihr Aufgang und ihr Untergang ist zugleich ein Sinnbild für das Werden und Vergehen. Alle Indianervölker verehrten deshalb die Sonne. Die Prärieindianer kannten den Sonnentanz. Bei den Natchez am Mississippi hießen die Häuptlinge Sonnen, der oberste Häuptling war die „Große Sonne". Die Sonne war eine wichtige Gottheit bei den Völkern Mittelamerikas. Auch die Inka in Südamerika verehrten sie. Die Inkaherrscher sahen im Sonnengott Inti ihren Urvater, von dem sie abstammten. ➳ *Götter, Inka, Natchez, Sonnentanz*

Sonnenpyramide Die Sonnenpyramide von Teotihuacan in Mexiko ist 65 Meter hoch und hat eine Grundfläche von 222 mal 225 Metern. Sie überragt die Reste der alten Tempelstadt, die den Göttern geweiht war. Die Pyramide wurde kurz nach Christi Geburt von den Vorläufern der Azteken aus Bruchsteinen und Lehmziegeln erbaut. Das Äußere der Pyramide war mit Steinplatten verkleidet. Das Volk, das einst in Teotihuacan lebte und dort die Sonne verehrte, ist untergegangen. ➳ *Pyramiden, Teotihuacan*

Sonnentanz Bei den Stämmen der Plains- und Prärieindianer war der Sonnentanz die wichtigste Zeremonie des Jahres. Er dauerte eine Woche. Dabei waren verschiedene Rituale vorgeschrieben. Die Sonnentanzhütte stellte die Erde, der Pfahl in der Mitte die heilige Pappel dar, die nach dem Glauben der Indianer Himmel und Erde miteinander verbindet. Vier Tage lang tanzten die Indianer in der Hütte bis zur Erschöpfung. Sie schauten dabei durch das offene Dach ständig in die Sonne. Einige Tänzer fügten sich selbst große Schmerzen zu. Sie zogen sich Schnüre durch die Brustmuskeln und befestigten sich damit am Sonnenpfahl.

Die angebundenen Tänzer bewegten sich im Kreis, bis sie das Bewusstsein verloren. Manche ließen sich an den Rückenmuskeln am Pfahl hochziehen. Die Sonnentänzer hofften, auf diese schmerzhafte Weise Visionen zu bekommen und Unheil vom Stamm abzuwenden. Der Sonnentanz wurde aufgeführt, um die Erde neu zu beleben. Da er das Gemeinschaftsgefühl und den Kampfgeist der Indianer stärkte, wurde er in den Reservationen 1910 streng verboten. In jüngster Zeit führen die Indianerstämme wieder Sonnentänze auf und singen dabei ihre alten Lieder. ➳ *Geistertanz, Tanz, Zeremonien*

Spiele

Die Spiele der Prärieindianer waren nicht viel anders als überall auf der Welt. Die Kinder besaßen auch Spielzeug. Es war gewöhnlich den Gegenständen der Erwachsenen nachgebildet. Die Mädchen spielten mit Puppen und hatten kleine Töpfe aus Ton und kleine Körbe wie die ihrer Mütter. Auch die Spielsachen der Jungen waren meist Nachbildungen aus dem Leben der Eltern. Die Väter fertigten für ihre Söhne kleine Bogen mit Pfeilen an. Die Jungen hatten auch Kriegsbeile und später Gewehre aus Ahornholz, mit denen sie Kugeln aus gekauter Rinde verschossen. Vielleicht haben die Indianerjungen damit schon „Kriegspfad“ gespielt.

Reifenspiel

Spiele für Sommer und Winter

Die Mädchen spielten gerne Schnurspiele, bei denen schwierige Verwicklungen von einer Hand zur anderen wanderten. Die Jungen bereiteten sich mit ihren Spielen auf ihre spätere Rolle als Krieger vor. Ihre Vergnügungen waren deshalb etwas rauer. Bei den nordamerikanischen Indianern gab es Spiele für den Sommer und den Winter. Die Jungen spielten im Sommer das Pfeilspiel. Dazu schossen sie einen Pfeil in die Luft und rannten los, um vor diesem am Ziel zu sein. Jungen und auch Mädchen der Präriestämme spielten im Winter das Kreiselspiel. Auf den Eisflächen von Bächen, Flüssen und Seen trieben sie mit einer Peitsche einen Kreisel auf den des Gegenspielers zu, um dessen Kreisel wegzuschießen. Das heutige Eisstockschießen ist ähnlich. Auch eine Art Golf wurde auf dem Eis gespielt. Bei diesem „Wirf-es-hinein-Spiel“ wurden am Rand Löcher in das Eis gebohrt. Die Kinder versuchten nun, ihren Kreisel mit möglichst wenigen Peitschenschlägen in ein Loch zu treiben. Der Gewinner erhielt die Kreisel der Mitspieler. Die Männer vergnügten sich mit dem Reifenspiel, bei dem Speere oder Pfeile durch rollende Reifen geworfen wurden. Wie bei allen Spielen wurden auf den Sieger Wetten abgeschlossen.

Spiele mit dem Ball

Manche heutigen Sportarten erinnern an Spiele der Indianer. So gilt das Lacrosse als ein Vorläufer des Tennis. Dabei wurde eine Holzkugel oder ein Ball aus Hirschleder mit einem Schläger weggeschleudert. Einige Stämme spielten auch mit zwei Schlägern. An diesem Spiel beteiligten sich oft über hundert Männer, und es endete meist in einer Massenschlägerei. Frauen spielten Shinny, eine Art Hockey. Dabei trieb jede Mannschaft einen kleinen Lederball auf das gegnerische Tipi zu, das als Tor diente. Der Ball durfte nur mit dem Stock oder den Füßen berührt werden. Lacrosse und Shinny spielen die Indianer heute noch mit Begeisterung.

Lacrosse

Gefährliche Spiele

Die Olmeken spielten mit einem steinharten Ball aus Naturkautschuk. Dieses Spiel übernahmen die Maya und Azteken. Es fand auf einem großen Ballspielplatz zu Ehren der Götter statt. Der Ball stellte die Sonne und ihren Lauf am Himmel dar und musste durch einen steinernen Ring fliegen, der in drei bis sieben Meter Höhe angebracht war. Er durfte nur mit der Hüfte, dem Ellbogen oder dem Schlagstein berührt werden. Die Spieler waren mit Kopfputz, Ohrringen und Jade geschmückt, Arme und Beine waren zum Teil bandagiert. Das Spiel war sehr anstrengend und der harte Ball ein gefährliches Geschoss. Zum Schluss wurden die Spielführer manchmal enthauptet und den Göttern geopfert.

Ballspiel für die Götter

Viel Mut gehörte auch zum Fliegerspiel der Tolteken, das es heute noch gibt. Jeweils fünf Menschen bildeten eine Mannschaft. Der Mannschaftsführer kletterte mit seinen Mitspielern auf die Plattform eines bis zu 30 Meter hohen Pfahls. Auf sein Kommando stürzten sich die Mitspieler an Seilen in die Tiefe. Nun drehte der Spielführer die Plattform mit den Füßen so schnell, dass die vier Menschen wie Vögel durch die Luft flogen.

Fliegerspiel

Späher Einige Indianer stellten sich den Engländern und Franzosen als Späher und Kundschafter zur Verfügung. Man nannte sie „Scouts“ – „Pfadfinder“. Sie kundschafteten feindliche Stämme aus und halfen so den Weißen, die Indianer leichter zu besiegen. Die US-Regierung stellte sogar eine eigene Scouts-Truppe auf, in der Indianer zu Pferde dienten. Aus dieser Truppe ging später die Indianerpolizei hervor. Sie wurde vom Büro für indianische Angelegenheiten in die Reservationen geschickt, um dort für Ruhe und Ordnung zu sorgen. ➳ *Bureau of Indian Affairs, Reservation, Scout*

Speer Die ersten Indianer besaßen nur Speere als Jagdwaffen. Die Speere hatten unterschiedliche Spitzen aus Stein, Horn oder Knochen. Auch später hatten die Indianer noch Speere und Lanzen. Als mit den Weißen das Eisen kam, erhielten die Speere Metallspitzen. ➳ *Waffen*

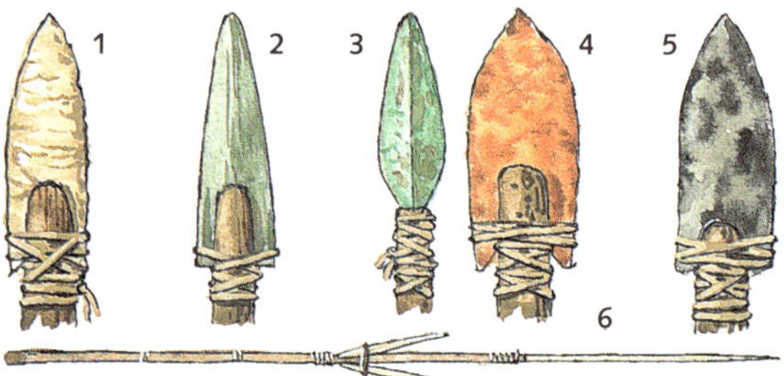

Speerspitzen
1 Feuerstein, 10 000 v. Chr.
2 Schiefer, 6 000 v. Chr.
3 Kupfer, 3 000 v. Chr.
4 Flint, 8 000 v. Chr.
5 Stein, 2 000 v. Chr.
6 Holz mit Knochen, 1850

Speerschleuder Mithilfe der Speerschleuder lässt sich ein Speer viel weiter und mit größerer Wucht werfen als mit der Hand. Die Speerschleuder heißt mit einem aztekischen Wort auch „atlatl“ und ist ein kurzer Stock mit einer Lederschlaufe. Der Speerwerfer befestigte die Schlaufe am Handgelenk, legte den Speer in die Kerbung und schleuderte ihn weg. Durch den verlängerten Wurfarm konnte der Jäger das Wild auch aus größerer Entfernung erlegen und musste sich nicht mehr anpirschen. Die Eskimo verwendeten die Speerschleuder auch für die Harpunen beim Walfang. ➳ *Waffen*

Spiele *siehe Seite 190/191*

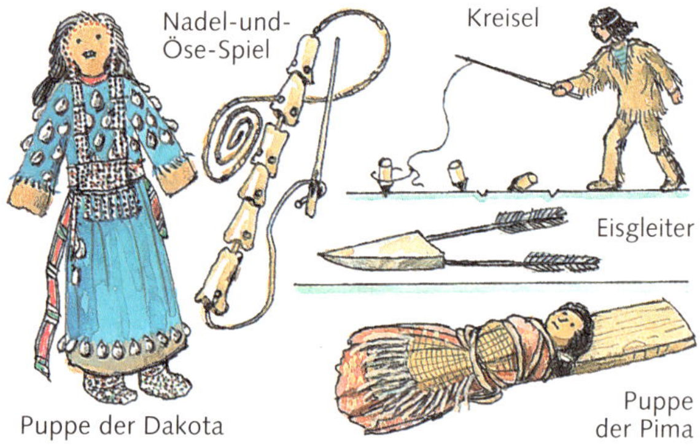

Spielzeug Auch Indianerkinder hatten Spielzeug. Die Mädchen spielten mit Puppen aus Holz oder Leder. Sie hatten auch Nachbildungen von Hausgeräten oder einem Tipi. Die Jungen spielten im Winter mit dem Kreisel auf dem Eis. Auch „hotana cute“ wurde auf Eis gespielt: In ein dreieckiges Knochenstück steckte man zwei Stöckchen mit Federn und erhielt einen Gleiter. Wer ihn am weitesten über das Eis schleuderte, hatte gewonnen. Beim „Nadel-und-Öse-Spiel“ wurden durchbohrte Knochen hochgeworfen und mussten mit der hölzernen Nadel aufgefangen werden. Beim „Handspiel“ nahm man einen markierten und unmarkierten Knochen in die Hände und hielt diese hinter den Rücken. Der Mitspieler musste erraten, in welcher Hand sich der markierte Knochen befand. Die Kinder der Azteken turnten gern an Kletterstangen. Sie hatten aber auch Webstühle oder Schleifsteine als Spielzeug. Es gab sogar kleine Tonfiguren mit Rädern, obwohl die Erwachsenen das Rad sonst nicht einsetzten. ➳ *Rad, Spiele*

Spießrutenlauf Viele Indianerstämme töteten ihre Gefangenen, manche folterten sie auch. Bei den Waldindianern mussten die Gefangenen Spießruten laufen. Die Dorfbewohner stellten sich in Zweierreihen auf, die Gefangenen wurden hindurchgetrieben und dabei geschlagen. Dies galt auch als Mutprobe. Man wollte prüfen, wie viel Schmerz der Feind ertrug. Mutige Gefangene wurden danach meist in den Stamm aufgenommen. ➳ *Marterpfahl*

Sprache *siehe Seite 194*

Squaw Aus dem Irokesenwort „otsiskwa“ haben die Franzosen „Squaw“ gemacht. Es ist ein Schimpfwort und eine Beleidigung für eine Indianerin. Ein Weißer, der eine Indianerin geheiratet hatte, wurde von den Weißen verächtlich „Squawman“ genannt. ➳ *Frauen*

Stachelschwein Stachelschweine sind Nagetiere, die mit Ausnahme von Australien in allen Erdteilen vorkommen. Einige Arten werden fast so groß wie ein Dachs. Am Rücken tragen sie bis zu 30 Zentimeter lange Stacheln. Stachelschweine sind geschickte Kletterer und leben hauptsächlich auf Bäumen. Die meisten Arten gibt es in Süd- und Mittelamerika. Die nordamerikanischen Indianer jagten vor allem den Urson. Er hat etwa zehn Zentimeter lange, harte Stacheln. Diese werden gekaut und flach geklopft. Danach färben die Indianer sie ein und nähen sie als Schmuck auf ihre Kleidung, auf Sättel oder Taschen. ➳ *Quillstickerei*

Stadtindianer Als Stadtindianer werden heute jene Indianer bezeichnet, die ihre Reservationen verlassen haben und in die Städte gegangen sind. Etwa eine halbe Million Indianer leben heute in den Städten. Die meisten Stadtindianer in den USA sind aber gegenüber den Weißen benachteiligt. Sie bekommen kaum Arbeit und haben schlechte Wohnungen. Deshalb kehren viele enttäuscht wieder in die Reservation zurück. ➳ *Reservation*

Stammesrat Bei fast allen nordamerikanischen Indianerstämmen gab es einen Stammesrat. Ihm gehörten alte, erfahrene Männer, aber auch tapfere Krieger und besonders kluge Frauen an. Man bezeichnet den Stammesrat auch als Ältestenrat. Indianer, die in den Reservationen leben, haben diese Stammesordnung in der Regel bis heute beibehalten. ➳ *Ältestenrat, Reservation*

Steigbügel Die Steigbügel wurden in China erfunden. Sie kamen mit den Spaniern nach Amerika. Die Indianer benutzten anfänglich diese Reithilfe. Doch schon bald verzichteten die meisten darauf, so wie sie häufig auch ohne Sattel ritten. Nur die Indianerfrauen ritten oft mit Steigbügeln, da sie beim Reiten meist die Wiege mit dem kleinsten Kind auf dem Rücken trugen. Da die Prärieindianer kein Metall verarbeiteten, waren ihre Steigbügel zuerst aus Holz und mit Leder umwickelt. ➳ *Pferde, Reiten*

Sprache

Von den über 500 Indianerstämmen Nordamerikas hatte jedes Volk seine eigene Sprache. Dennoch gab es Verwandtschaften zwischen den verschiedenen Sprachen. Sprachforscher entdeckten diese Ähnlichkeiten und teilten die Indianersprachen bestimmten Sprachfamilien zu. Die größte davon ist in Nordamerika das Algonkin. Die Sprachforscher rätseln heute noch, wie die Indianer zu ihren Sprachen kamen. Einige sind der Ansicht, die Indianersprachen seien mit asiatischen Sprachen verwandt. Doch das trifft nur für wenige zu, zum Beispiel für die Sprache der Eskimo.

Die Zeichensprache

Für die Weißen war es anfangs nahezu unmöglich, sich mit den Indianern zu verständigen. Hinzu kam, dass sich die indianischen Sprachen oft schon in kleinen Gebieten so stark unterschieden, dass einer den anderen nicht mehr verstand. Wenn sich zwei Indianerstämme in der Prärie begegneten, blieb ihnen oft nichts anderes übrig, als sich durch Zeichen zu verständigen. So wurde die Zeichensprache eine Art Zweitsprache der Indianer. Auch die Weißen haben sich später dieser Zeichen bedient, da nur wenige eine indianische Sprache erlernten. Dies war auch außerordentlich schwierig, vor allem wenn man bedenkt, dass es bei manchen Stämmen sogar getrennte Sprachen für Frauen und für Männer gab.

Tote und lebende Sprachen

Man schätzt, dass es vor der Ankunft der Weißen in ganz Amerika etwa 2 000 verschiedene Indianersprachen gab. Manche wurden nur von einer kleinen Gruppe von Menschen gesprochen. Die meisten dieser Sprachen sind mit ihren Sprechern untergegangen. Eine der Indianersprachen, die heute noch von Millionen Menschen in Südamerika gesprochen wird, ist das Quechua, eine alte Inkasprache.

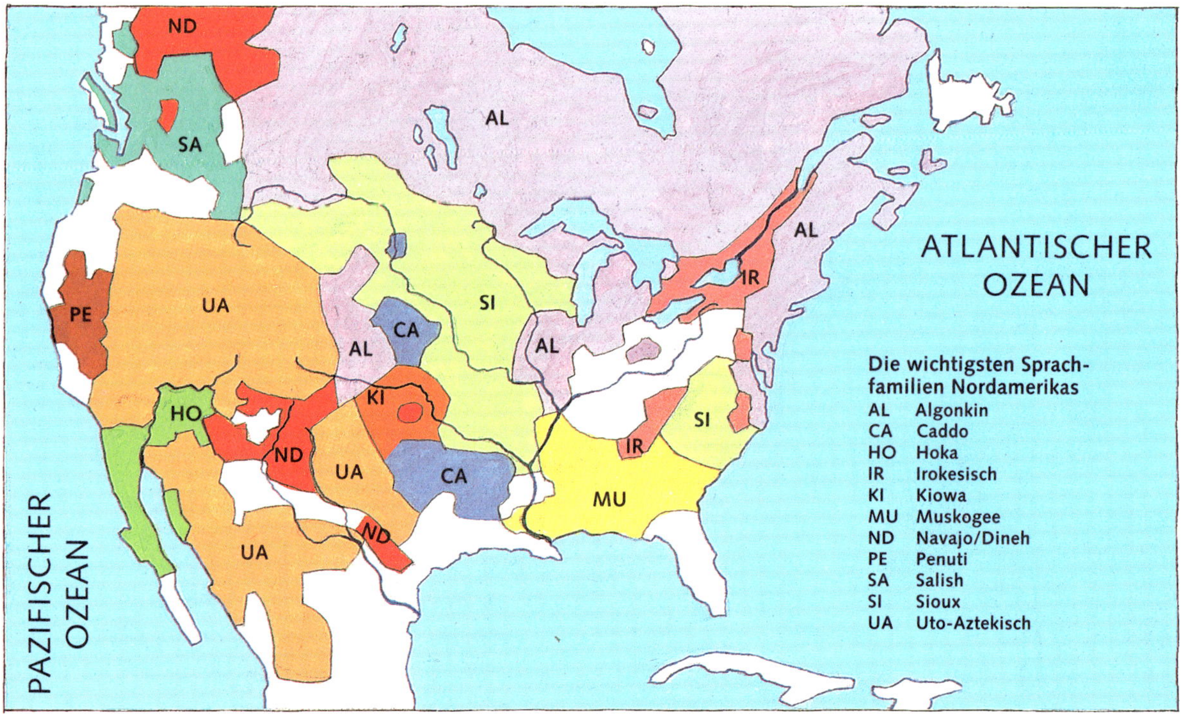

Steinkochen Bei vielen Indianerstämmen Nordamerikas war das Steinkochen bekannt. Die Nahrung wurde in Töpfen aus Büffelleder, Holz oder Rinde gekocht. Dazu erhitzte man Steine im Feuer und warf sie in den Kochtopf. Auf einem offenen Feuer wären die Töpfe verbrannt. Die Indianer der Nordwestküste und die Puebloindianer kochten auf diese Weise sogar in Körben. Diese sind so dicht, dass keine Flüssigkeit ausläuft. ➳ *Basketmaker, Flechten*

Stele Eine Stele ist eine aufrecht stehende Steinsäule. Vor allem die Maya stellten Stelen mit Götterbildern auf. Diese wurden zuerst in Abständen von zwanzig, später von zehn und fünf Jahren errichtet. Sie trugen Hieroglyphen, und auch das Entstehungsdatum war eingraviert. Ein Maya-Datum hat fünf Zahlzeichen. Die erste Ziffer gibt die Baktune an. Ein Baktun sind 144 000 Tage. Die zweite Ziffer nennt die Katune. Jedes Katun umfasst 7 200 Tage. Die dritte Ziffer gibt die Tune an, das sind 360 Tage. Die vierte Ziffer steht für den Monat von 20 Tagen. Die fünfte Ziffer nennt den jeweiligen Tag. Als man die Zahlzeichen der Maya-Hieroglyphen entziffert hatte, konnte man die Entstehungszeiten der Bauwerke und Stelen bestimmen. ➳ *Maya-Hieroglyphen, Maya-Kalender, Zahlen*

Indianerforscher vor einer Maya-Stele

Sternwarte Die Maya hatten schon vor 2 000 Jahren den genauesten Kalender der Welt, weil sie den Himmel und die Gestirne sehr genau beobachteten. Dazu errichteten sie in den Tempelbezirken Observatorien. Diese waren nach den Sonnenaufgängen zur Sommer- und Wintersonnenwende und zur Tagundnachtgleiche ausgerichtet. Die Mayapriester beobachteten von einem bestimmten Punkt aus den Einfall der Sonnenstrahlen und die Sterne. So gelang es ihnen, Sonnenfinsternisse vorherzusagen und die Umlaufzeiten von Planeten zu bestimmen. Mit solchen Kenntnissen beeindruckten sie das einfache Volk. ➳ *Maya, Maya-Kalender*

Stirnbinde Die Indianer waren es gewohnt, ihre Lasten zu schleppen. Vor allem die Frauen trugen oft gewaltige Lasten. Das einzige Hilfsmittel war die Stirnbinde, ein Gurt aus Rohleder oder Baumwolle, der um die Stirn gelegt wurde. Das Gewicht der Last verteilte sich dadurch auf Schultern und Rücken. ➳ *Traggurt, Transport*

Mach es selbst: indianischen Schmuck

Alle Indianer liebten es, sich zu schmücken. Die Azteken, Maya und Inka hatten wertvollen Schmuck aus Jade und aus Gold. Der Schmuck der Prärieindianer war schlichter, aber deshalb nicht weniger schön.

Für die Kette benötigen wir: eine Schnur, Perlen in verschiedenen Farben und Größen, eine Muschelschale, Federn.

1. Mit einem Nagel vorsichtig ein Loch in die Muschel bohren.

2. Die Schnur durch das Loch ziehen. Eine Perle einfädeln und die Schnur wieder zurückführen. Perlen auffädeln und die Enden der Schnur verknoten.

3. Federn innen auf die Muschel kleben.

Dazu noch ein Armband:

1. Auf kariertem Papier das Muster aufzeichnen.

2. Auf den Schmalseiten eines Brettes je 4 Nägel einschlagen. Der Abstand in der Längsrichtung soll der Länge des Armbands entsprechen. Zwischen den Nägeln festen Faden in Längsrichtung spannen.

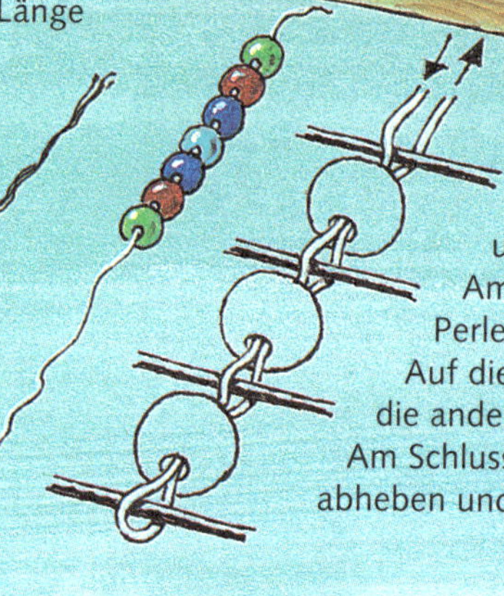

3. Sieben Perlen auffädeln. Den Faden quer über und unter die Längsfäden führen. Am Ende den Faden durch die Perlen zurückführen und verknoten. Auf diese Weise eine Perlenreihe an die andere setzen. Muster beachten! Am Schluss das Armband von den Nägeln abheben und die Enden verknoten.

Subarktische Indianer

Südlich des Eismeeres erstreckt sich die Tundra über den größten Teil Kanadas und Alaskas. Dort herrscht monatelang Winter. In den kurzen Sommern wird es kaum über 20° Celsius warm. Im Norden wachsen nur Flechten, Moose und niedrige Sträucher. Die genügsamen Karibus finden hier dennoch genug Nahrung. Im Süden schließt sich ein breiter Nadelwaldgürtel an. Dieses Gebiet, das zehnmal so groß ist wie Deutschland, ist die Heimat von etwa 30 Indianervölkern, darunter die Cree, die Ojibway und die Naskapi, die zu den Montagnais gehören.

Die Naskapi

Das Volk der Naskapi wohnte auf der Halbinsel Labrador. Wie andere subarktische Indianer waren auch die Naskapi Jäger und Fischer. Sie bauten kegelförmige Zelte, die eine Mischform zwischen Tipi und Wigwam darstellten. Im Sommer deckten sie ihre Behausungen mit Birkenrinde, im Winter mit Karibufellen. Das Karibu war neben dem Elch die wichtigste Jagdbeute der Naskapi. Es lieferte ihnen Nahrung und Kleidung. Aus Karibuleder nähten sie Mäntel, Leggings, Handschuhe und Mützen. Alles wurde mit gefärbten Elchhaarbüscheln reich verziert, denn die Naskapi legten großen Wert auf ihre Kleidung.

Der Pelzhandel

Die Naskapifamilien lebten das Jahr über meist allein. Im Frühjahr fuhren sie mit ihren Birkenrindenkanus zu den Handelsposten der Pelzhändler an der Hudsonbai. Dort tauschten sie ihre Felle von Biber, Otter, Luchs und Marder gegen Lebensmittel, Gewehre und Munition. Noch bis Mitte unseres Jahrhunderts führten die Naskapi ein Dasein als Pelztierjäger. Heute leben nur noch ein paar Hundert von ihnen in der kanadischen Provinz Quebec.

Südamerika

Mit 18 Millionen Quadratkilometern ist Südamerika der viertgrößte Erdteil. Er umfasst etwa ein Sechstel der gesamten Erdoberfläche. In diesem riesigen Land leben heute etwa 300 Millionen Menschen. Seit die Spanier vor rund 500 Jahren nach Südamerika kamen, hat sich die Zahl seiner Bewohner mehr als verzehnfacht. Doch Südamerika ist zum Teil auch heute noch dünn besiedelt. Die meisten Menschen drängen sich in den Küstengebieten zusammen oder bewohnen die Hochflächen der Anden. Riesige Gebiete wie der Regenwald des Amazonas oder die Pampas sind fast menschenleer. Wie viele Indianer heute in diesem Erdteil leben, weiß niemand genau. Man weiß nicht einmal, wie viele indianische Völker es in Südamerika noch gibt. Ab und zu werden im Urwald sogar neue Stämme entdeckt, die noch nie mit Weißen Berührung hatten. Diese Stämme zählen oft nicht mehr als hundert Menschen. Früher hat es 1 000 oder mehr solcher Stämme gegeben. Die meisten wurden im Lauf der Jahrhunderte vernichtet oder sind an den aus Europa eingeschleppten Krankheiten zu Grunde gegangen. Viele Ureinwohner haben sich später auch mit den Weißen vermischt. Dadurch entstanden neue Nationen, zum Beispiel die Chilenen oder die Paraguayer.

Großlandschaften

Südamerika lässt sich ganz grob in drei Landschaftsräume einteilen: in das Hochgebirge der Anden mit den Hochebenen, in den tropischen Regenwald am Amazonas und seinen Nebenflüssen und in die Savannen mit dem Grasland der Pampas. Nicht nur das Klima und die Tier- und Pflanzenwelt sind in diesen Landschaften ganz unterschiedlich, auch die hier lebenden Menschen unterscheiden sich stark voneinander. Die Indianer mussten sich den jeweiligen Lebensbedingungen anpassen und haben deshalb ganz unterschiedliche Lebensweisen entwickelt. Nur in einigen wenigen unzugänglichen Gegenden leben die Indianer noch so wie zur Zeit der Entdecker.

Im Hochland

Im Hochland von Peru bildeten die Inka einen großen Indianerstaat. Das Inkareich war bei der Ankunft der spanischen Eroberer etwa halb so groß wie Europa, Die Nachkommen der Inka leben heute als arme Bauern im Hochland von Peru und in Bolivien. Nach ihrer Sprache nennt man diese Ureinwohner Quechua.

Im Regenwald

Das größte Indianervolk Venezuelas sind die Yanomami am Orinoko. Im Regenwaldgebiet am Ostabhang der Anden leben heute noch die Jivaro, die als Kopfjäger berühmt waren. Eine große Sprachfamilie bildeten die Tupi südlich des Amazonas. Diese Indianer waren Jäger, legten im Regenwald aber auch Felder an. Zur Tupi-Sprachfamilie gehörten verschiedene Völker. Da ihre Sprache einfach war, wurde sie auch von den Missionaren gesprochen und über das Wohngebiet der Tupi hinaus verbreitet. Die Botokuden sind als umherziehende Jäger der Küstenwälder ausgestorben. Nur etwa 2 000 Nachfahren leben als Bauern in Ostbrasilien.

Savannen und Pampas

Die Guarani, die teils in den Savannen lebten, gehörten zur Tupifamilie. Ihre Nachkommen bilden heute den Großteil der Bevölkerung Paraguays. In den Pampas im Süden lebten die Araukaner oder Mapuche und auch Patagonier als Jäger und Sammler. Sie kamen als erste Indianer in den Besitz von spanischen Pferden und wurden zu gefürchteten Kriegern. Zu Pferd jagten sie Nandus und Guanakos mit der Bola. Die Pampasindianer konnten sich lange gegen die Weißen behaupten. Sie sind aber bis auf wenige Nachkommen ebenso ausgestorben wie die Feuerlandindianer im Süden. In Chile bilden die Mapuche heute das größte Indianervolk.

ATLANTISCHER OZEAN
Jivaro
KARIBEN
Yanomami
JIVARO
URWALDINDIANER
TUPI-SPRACHFAMILIE
Chan Chan
Chavin
PAZIFISCHER OZEAN
Cuzco
Tiahuanaco
BOTO-KUDEN
INKA-REICH
GUARANI
Inkakrieger
PAMPAS-INDIANER
Botokude
MAPUCHE
ATLANTISCHER OZEAN
FEUERLAND-INDIANER
Mapuche
Guarani

Maya mit Zigarre, Tonfigur

Tabak Das Tabakrauchen wurde von den Indianern erfunden. Die Eingeborenen, denen Kolumbus auf den Karibischen Inseln begegnete, nannten den Tabak „peto“. Den Eroberern fiel auf, dass viele Eingeborene die Tabakblätter zusammenrollten und rauchten. Auch die Maya rauchten die zusammengerollten Tabakblätter, die sie „sicar“ nannten. Schon 1570 begann man auch in Spanien Tabak in Form von Zigarren zu rauchen. Die nordamerikanischen Indianer rauchten den Tabak in Pfeifen. Das Rauchen war eine feierliche Zeremonie unter Männern, obwohl auch die Frauen rauchten. Die Prärieindianer rauchten eine Tabakmischung, die sie „kinnikinnik“ nannten. Der Kinnikinnik enthielt außer Tabakblättern auch Weidenrinde, die Blätter des Sumach und verschiedene Kräuter. ➹ *Friedenspfeife, Kinnikinnik, Rauchen*

Tabu Dieses polynesische Wort bedeutet „Etwas zu Beachtendes“. Der Begriff kommt in den Religionen der meisten Völker in irgendeiner Form vor. Man bezeichnet damit zum Beispiel das Verbot, bestimmte Gegenstände zu berühren oder zu verletzen. Bei den nordamerikanischen Indianern war etwa die Medizin jedes Einzelnen tabu. Niemand anders durfte den Medizinbeutel öffnen oder die Medizin eines Fremden berühren. Ein anderes Tabu war der heilige Tabak von Schamanen oder Medizinmännern. Den Küstenindianern war es zum Beispiel durch Tabu verboten, das eigene Totem zu berühren. Bei den Eskimo war es ein Tabu, Landtiere und Meerestiere beim Essen zu vermischen. So war es verboten, Karibufleisch und Walrossfleisch am gleichen Tag zu essen. Tabus wurden meist vom Schamanen oder Medizinmann aufgestellt. ➹ *Medizin, Schamane, Totem*

Tanz *siehe Seite 201*

Tätowierung Das Wort kommt vom polynesischen „tatau“ – „Zeichen“. Man sagt deshalb auch Tatauieren. Dabei werden Muster und Zeichen in die Haut gestochen oder geritzt und eingefärbt. Bei fast allen Indianervölkern tätowierten sich sowohl die Männer als auch die Frauen. Sie verwendeten zum Tätowieren Dornen, Stacheln oder Nadeln aus Knochen. Oft erhielten Kinder bei der Namensgebung ihre erste Tätowierung. Auch bei der Mannbarkeitsfeier, wenn die jungen Männer in den Bund der Krieger aufgenommen wurden, war eine Tätowierung üblich. Die Indianer verbanden damit meist bestimmte religiöse Vorstellungen. Besonders bei den südamerikanischen Urwaldindianern ist das Tätowieren noch weit verbreitet. Sie schmücken oft den ganzen Körper mit farbigen Mustern. ➹ *Bemalung, Körperbemalung*

tätowierte Haida

Tanz

Alle Indianer lieben den Tanz und die Musik. Bei vielen Stämmen gab es Tanzfeste, etwa zu Ehren eines Gastes oder zur Feier eines Sieges. Ein unterhaltsames Tanzvergnügen war der „Nachttanz“ der Siouxindianer. Er fand in einem großen Tipi statt. Bei diesem Fest wählten erst die Mädchen einen Tanzpartner, dann hatten die Männer die Wahl.

Büffeltanz

Jagd- und Kriegstänze

Viele indianische Tänze waren auch Teil einer Zeremonie oder eines Rituals. Sie wurden häufig vom Medizinmann oder Schamanen geleitet. Anlässe zu solchen Tänzen gab es genug. Am bekanntesten ist der Büffeltanz der Prärieindianer. Er wurde nur von Männern getanzt. Sie trugen dabei Büffelmasken. Mit diesem Jagdtanz wollte man die Bisons herbeilocken. Ein Kriegs- oder Siegestanz war der Skalptanz, der

Schlangentanz

Maistanz

oft von den Frauen eingeleitet wurde. Sie trugen dabei die von den Männern erbeuteten Skalpe an Stangen herum und sangen Loblieder.

Regen- und Fruchtbarkeitstänze

Bei den Ackerbauvölkern des Südwestens stand die Fruchtbarkeit der Felder im Mittelpunkt der Tanzzeremonien. Männer und Frauen der Puebloindianer tanzen heute noch den Maistanz. Sie tragen dabei bunte Kostüme und begleiten ihren Tanz selbst mit Rasseln. Am eindrucksvollsten ist wohl der Schlangentanz der Hopi. Die Tänzer nehmen dabei lebende Schlangen in den Mund. Diese gelten als Schutzgeister für Regen.

Kannibalentanz

Der Tanz für die Geisterahnen

Die auffälligsten Tanzmasken trugen die Schamanen der Kwakiutl beim Tanz um den Kannibalengeist. Einer der Tänzer stellte diesen Geist dar. Die anderen waren die wilden, Menschen fressenden Vögel, die ihn begleiteten.

Tauschhandel Die meisten Indianer kannten kein Geld. Sie tauschten ihre Waren. Die Ackerbauern tauschten bei den Jägern Mais oder Bohnen gegen Fleisch und Felle ein. Das begehrteste Tauschmittel unter den Prärieindianern war der rote Pfeifenstein. Der Steinbruch für den Catlinit, aus dem die heiligen Pfeifen hergestellt wurden, lag im Gebiet der Dakota-Sioux, die deshalb begehrte Tauschpartner waren. Sehr beliebt waren die Muschelschalen und Muschelperlen der Küstenindianer. Tauschhandel im großen Stil begann erst, als die Weißen kamen.

Preisliste für den Tauschhandel

Die Pelzhändler errichteten an den Grenzen zu den Indianergebieten Handelsstationen. Dorthin brachten die Indianer ihre Felle und erhielten dafür Glasperlen, Messer, Kochtöpfe, vor allem aber Gewehre, Munition und Wolldecken. Es gab Listen für den Wert der Tauschobjekte. Auch die Indianer Mittel- und Südamerikas konnten viele Waren nur durch Tausch erwerben. In den Städten wurden dafür Märkte abgehalten. Die Azteken hatten bereits eine Art Geld, mit dem sie bezahlten. Das waren Kakaobohnen oder Federkiele, in die Goldstaub abgefüllt war. ➳ *Azteken, Handel, Zahlungsmittel*

Tecumseh (1768–1813)

Tecumseh oder Tecumtha bedeutet so viel wie „Der sich duckende Puma". Er war der berühmteste Häuptling der Shawnee. Dieses Volk zählte zur Sprachfamilie der Algonkin und lebte am Tennessee-Fluss. Tecumseh hatte viele Angehörige im Kampf gegen die Amerikaner verloren und wollte seine Feinde endgültig besiegen. Er versuchte, mehrere Indianerstämme miteinander zu verbünden und eine große Indianerstreitmacht aufzustellen. Damit wollte er die Amerikaner angreifen und ihr weiteres Vordringen nach Westen verhindern. Als sein Plan misslang, verbündete er sich mit den Engländern in Kanada, die 1812 Krieg gegen die Vereinigten Staaten führten. Er wurde General in der englischen Armee und hatte den Oberbefehl über die indianischen Freiwilligen, die für die Engländer kämpften. 1813 fiel er in einer Schlacht, die England verlor.

Tempel Die Azteken, Maya und Inka errichteten ihren Göttern zahlreiche Tempel. Nur die Priester hatten Zutritt. Das Volk versammelte sich vor den Tempeln und brachte den Göttern Opfer dar. Bei den Maya und Azteken standen die Tempel meist auf der Spitze einer Pyramide. ➳ *Azteken, Götter, Maya, Pyramiden*

Tenochtitlan Tenochtitlan war die Hauptstadt des Aztekenreiches. Die Stadt lag mitten im Texcocosee, der heute verlandet ist. Drei breite Dammstraßen führten auf den Hauptplatz. Tenochtitlan wurde von den spanischen Eroberern völlig zerstört. Auf den Grundmauern dieser alten Aztekenstadt wurde Mexikos Hauptstadt, Mexico City, erbaut. ➳ *Azteken*

Teotihuacan

Teotihuacan Teotihuacan ist eine alte Tempelstadt nahe des Texcocosees. Als die Azteken etwa um das Jahr 1325 n. Chr. hierher kamen, fanden sie nur noch Reste der Pyramiden und Tempel vor. Sie wussten nicht, wer diese gewaltigen Bauwerke errichtet hatte. Bis heute ist unbekannt, welches Volk hier gelebt hat. Teotihuacan muss wohl vor Christi Geburt entstanden sein und schon bald etwa 100 000 Einwohner gezählt haben. Damals war es eine der größten Städte der Welt. Das Stadtzentrum mit den Tempeln und Pyramiden war durch eine zwei Kilometer lange und 50 Meter breite Straße geteilt. Teotihuacan wurde zum heiligen Ort der Azteken und der heutigen Mexikaner. Sie glauben, dass hier die Könige ihrer Vorfahren begraben seien und zu Göttern wurden. Seit Beginn unseres Jahrhunderts wird Teotihuacan wieder ausgegraben. ➳ *Azteken, Pyramiden, Sonnenpyramide*

Terrassenhaus Alle Indianer, die Pflanzen anbauten und jedes Jahr die Ernte abwarten mussten, wohnten in festen Häusern. Zu den sesshaften Stämmen im Südwesten der USA gehörten die Puebloindianer. Ihre Vorfahren, die Anasazi, siedelten zuerst in Felsenhöhlen. Später bauten sie Häuser von unten nach oben an die Felsabhänge. Das Dach jeder Wohneinheit war eine Terrasse, an die sich die nächste Wohnung anschloss, ähnlich wie bei einer Bienenwabe. Man hatte nur mit Leitern Zugang. Diese Pueblos konnten von Feinden kaum eingenommen werden. ➳ *Anasazi, Pueblo, Wohnen*

Texcocosee Wo heute Mexico City, die Hauptstadt Mexikos, liegt, war früher der Texcocosee. Dieser salzige See ist längst verlandet. Nur in der Regenzeit füllt sich ein kleiner Rest immer wieder auf. Mitten in diesem See bauten die Azteken auf einer Insel ihre Hauptstadt Tenochtitlan. ➳ *Azteken, Tenochtitlan*

Sonnentor

Tiahuanaco Diese Ruinenstadt im Hochland von Bolivien liegt etwa 4 000 Meter über dem Meeresspiegel. Lange vor der Zeit der Inka wurde Tiahuanaco von einem Indianervolk errichtet. Von den einstigen Bauwerken sind nur noch wenige Grundmauern vorhanden. Die Bolivianer haben die Bauten als Steinbruch benutzt und die Steine in ihren Häusern und Kirchen verbaut. Nur das Sonnentor, ein drei Meter hohes und vier Meter breites Steintor aus einem einzigen Block, ist vollständig erhalten. Niemand weiß, ob Tiahuanaco nur eine Stadt für die Götterverehrung war, oder ob hier auch Menschen ständig lebten. ➳ *Götter, Inka*

Tipi

Das Tipi war die Behausung der Plains- und Prärieindianer. Seinen Namen hat es von den Dakota, die ihr Heim „tepee" nannten. Sie waren aber nicht die Ersten, die mit dem Zelt durch die Prärie zogen. Vor ihnen hatten die Blackfoot und die Comanchen das Tal des Mississippi verlassen und waren mit ihren Zelten nordwärts gewandert. Später machten es ihnen andere Stämme nach. Diese gingen nun ausschließlich auf Büffeljagd. Um den Bisonherden zu folgen, mussten sie beweglich sein. Feste Siedlungsplätze hätten sie nur am Jagderfolg gehindert. Ein Tipilager aber war in kurzer Zeit auf- und auch wieder abgebaut.

Der Lagerplatz

Bevor es Abend wurde, mussten die Jäger einen Lagerplatz gefunden haben. Die Auswahl erforderte viel Sorgfalt. Oft ritt ein Kundschafter voraus und suchte einen geeigneten Platz. Wichtig war, dass es in der Nähe Wasser gab. Auch genügend Brennholz für die Feuer musste man rasch herbeischaffen können, und die Pferde mussten um das Lager herum genügend Gras finden.

Das Lager

Hatte man sich auf einen Lagerplatz geeinigt, wurden die Tipis aufgeschlagen. Drei Packpferde transportierten alle Teile eines Tipis auf Travois. Diese bestanden aus den Zeltstangen. Man nahm die Zeltbahnen aus Büffelhaut von den Travois und begann die Zelte aufzustellen. Das war Sache der Frauen, aber auch die Kinder halfen mit. In Gegenden mit starkem Wind baute man Tipis mit drei, sonst meist mit vier Grundpfosten. Die Pfähle wurden an der Spitze zusammengebunden und aufgerichtet. Danach verankerte die Frau je nach Größe des Tipis bis zu zwei Dutzend weitere Stangen am Kreuzungspunkt. Nun stand das Gerüst. Darüber musste die Zeltdecke aus Büffelhaut gelegt werden. Das war die schwierigste Arbeit. Die Zeltbahn wurde mit einer langen Stange über das Gerüst gehoben. Oft musste die Indianerin auf die Schultern einer anderen Person steigen, um den Rauchabzug an der Spitze und den Verschluss zu ordnen. Die Rauchklappe hatte eine Tasche, durch die eine Stange geschoben wurde. So konnte man sie bequem auf- und zumachen. Das Aufstellen des Tipis war in etwa einer halben Stunde erledigt. Im Allgemeinen wurde es mit dem Eingang nach Osten aufgestellt, sodass die Morgensonne einfiel und die vorherrschenden Winde aus Westen nicht durch die Türklappe bliesen. Dieser praktische Grund war auch in der Religion der Indianer verankert. Sie glaubten, dass aus dem Osten mit der Sonne die Weisheit käme.

Die Einrichtung des Tipis

Ein Tipi hatte einen Durchmesser von drei bis acht Metern, es gab aber auch größere. In der Mitte loderte ein Feuer in einer Mulde. Wenn es draußen stürmte oder gar schneite, war es im Tipi sehr gemütlich. Die Kegelform hielt selbst stärksten Stürmen stand. Viele Möbel gab es allerdings nicht. Man saß auf dem Boden, der dick mit Fellen ausgelegt war, oder in der Ruhematte, einem dreibeinigen Gestell mit einem Fell. Zum Schlafen hüllte man sich in Bisonfelle. Die Indianerin kochte auf dem offenen, fast rauchfreien Feuer, über dem der Topf hing.

Die Hausordnung

Das Tipi gehörte fast immer der Frau. Es war ihr Reich und ihr Zuhause. Wer ein Tipi betrat, musste bestimmte Regeln beachten. War die Tür offen, so durfte ein Freund gern eintreten. Bei verschlossener Tür musste er erst hereingebeten werden. Eintretende Männer stellten sich rechts, Frauen links auf, ehe man sie zum Niedersetzen aufforderte. Bei einer Feier brachten die Eingeladenen ihre eigenen Schalen und ihre Löffel mit. Wenn der Gastgeber seine Pfeife reinigte, war es Zeit zu gehen.

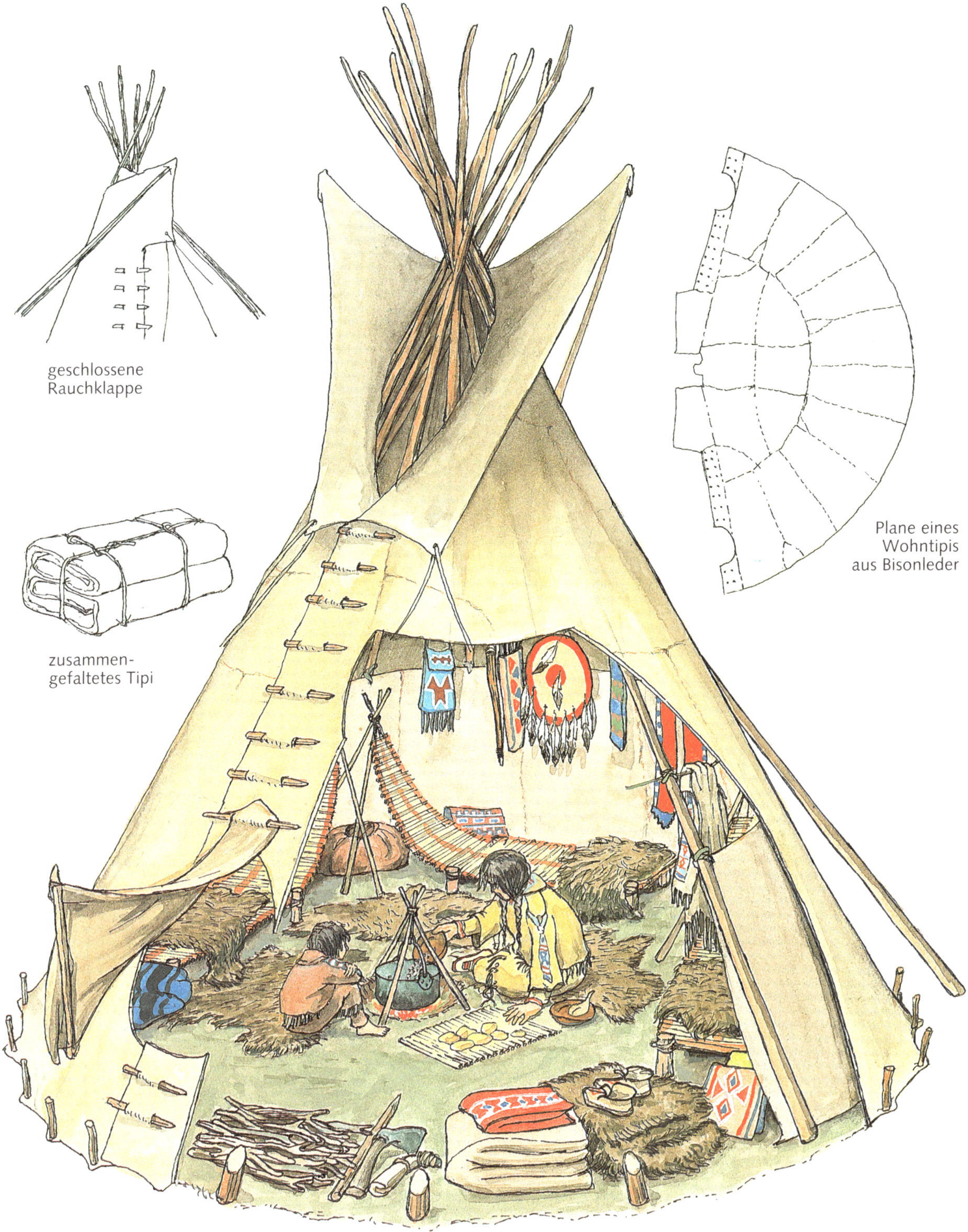

geschlossene
Rauchklappe

zusammen-
gefaltetes Tipi

Plane eines
Wohntipis
aus Bisonleder

Tierahnen Die Indianer an der Nordwestküste Nordamerikas, die Tlingit, die Haida, die Kwakiutl und andere, führen ihre Herkunft auf Tiere zurück. Sie verehren zum Beispiel den Raben, den Wal, den Bär und den Biber als geistige Ahnen. Jeder Clan hat ein bestimmtes Totemtier als Schutzgeist. An den Totempfählen sieht man, auf welche Tierahnen ein Clan seine Herkunft zurückführt. ➼ *Clan, Totempfahl*

Aztekenkrieger in Jaguar-Tierverkleidung

Tierverkleidung Bei ihren Tänzen hüllten sich die nordamerikanischen Indianer oft in die Bälge von Tieren. So trugen sie zum Beispiel beim Büffeltanz ein Bisonfell und stülpten sich ein Bisonhaupt über den Kopf. Beim Bärentanz trugen sie eine Bärenkopfmaske und Teile des Bärenfells. Die Küstenindianer ahmten ihre Tierahnen nach, indem sie sich zum Beispiel als Vögel maskierten. Eine andere Form der Tierverkleidung kannten die Jäger der Prärie. Sie schlichen mit einem Wolfsfell verkleidet an eine Bisonherde heran. Hervorragende aztekische Krieger trugen ein Kostüm aus Jaguarfell und einen Helm in Form eines Jaguarkopfes. Der Helm war mit Federn des Quetzalvogels geschmückt. ➼ *Bisonmaske, Einzeljagd, Tanz*

Tikal Tikal war die größte Stadt im alten Guatemala. Diese Maya-Siedlung bestand etwa von 200 v. Chr. bis 930 n. Chr. Dann wurde die Stadt von den letzten Bewohnern verlassen und vom Urwald überwuchert. Tikal hatte etwa 20 000 Einwohner. Niemand weiß, warum die Maya Tikal verlassen haben. Erst 1848 wurden die Ruinen im Regenwald von einer Expedition aufgesucht. Die Forscher fanden dort bis zu 70 Meter hohe Pyramiden und Reste von Tempeln. Danach begann die Freilegung dieser alten Maya-Stadt. ➼ *Maya, Pyramiden, Tempel*

Tipi ➼ *siehe Seite 204/205*

Titicacasee Der Titicacasee zwischen Peru und Bolivien ist der höchst gelegene schiffbare See der Erde. Er liegt 3 800 Meter über dem Meeresspiegel und ist etwa 15-mal so groß wie der Bodensee. An dem sehr fischreichen See lebten schon vor der Inkazeit die Aymara. Sie fahren heute noch mit ihren Balsabooten auf den See und fischen. ➼ *Aymara, Balsafloß, Boote*

Tlingit

Die Pazifikküste von Alaska bis Nordkalifornien ist die Heimat der Küstenindianer. Das Gebirge fällt hier steil ins Meer ab und bildet zahlreiche Fjorde. Vor der felsigen Küste gibt es Tausende von kleinen Inseln. Hier wohnen bis heute, zusammen mit den Haida, den Kwakiutl und anderen Völkern, die Tlingit.

Nahrung im Überfluss

Die Tlingit lebten früher überwiegend vom Fischfang, vor allem vom Lachs, der zur Laichzeit vom Meer her die Flüsse hinaufsteigt. Die Indianer fuhren aber auch mit bis zu 20 Meter langen Kanus aufs Meer und fingen Kabeljau und Heilbutt. Wie die Eskimo machten sie Jagd auf Wale und Robben. Das Meer lieferte Krebse Muscheln und Schnecken. Zudem jagten die Tlingit Bären, Hirsche und Bergschafe und sammelten Waldbeeren, sodass sie nie Hunger litten.

Die Holzleute

In den dichten Küstenwäldern gibt es Holz im Überfluss. Die Tlingit fällen die riesigen Nadelbäume nicht nur für den Bau ihrer Häuser und Boote. Fast alles, was sie besitzen, ist aus Holz, zum Teil sogar die Kleidung. Sie webten früher sogar Röcke und Decken aus dem weich geklopften Bast der Zedern. Aus Holz schnitzen sie Schalen, Schüsseln und Löffel, und auch die Wände der Truhen, in denen die Tlingit ihr Hab und Gut aufbewahren, sind mit Schnitzereien reich verziert. Sehr kunstvoll sind die Holzfiguren und Masken, etwa die Donnervögel. Viele Gegenstände werden bemalt oder mit Muschelschalen, Glimmer oder Kupfer eingelegt. Berühmt sind die Chilkatdecken aus Bergziegenwolle. Wenn ein Häuptling einen anderen besuchte, legte er eine solche Decke um. Auch der Gastgeber hüllte sich in einen dieser wertvollen Mäntel. Heute leben 10 000 Tlingit in Alaska. Bei ihren Tänzen und Zeremonien tragen sie die Chilkatdecken.

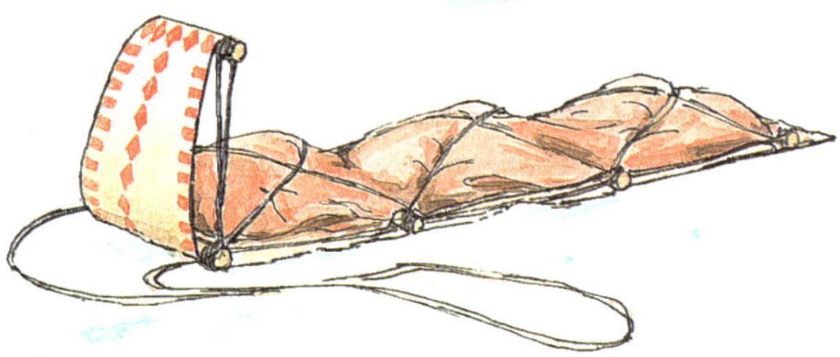

Toboggan Das Wort aus der Algonkinsprache bezeichnet den Schlitten, der von kanadischen Indianern verwendet wird. Das Gefährt hat keine Kufen, sondern besteht aus vorne hochgebogenen Birkenbrettern, die mit Lederriemen zusammengebunden werden. ➳ *Schlitten*

Tod *siehe Seite 209*

Tolteken Das Volk der Tolteken lebte etwa seit 600 n. Chr. in jenem Gebiet Mexikos, in dem später die Azteken siedelten. Nach ihrem Kalender wurde im „Jahr 1 Rohr" der spätere Gott Quetzalcoatl geboren, die „Gefiederte Schlange". Er war der erste König der Tolteken. Sie gelten als die Vorläufer der Azteken und Stammväter der Mexikaner. Ihre Hauptstadt war Tula. Die Tolteken sind in anderen Völkern aufgegangen. Sie hinterließen aber Proben ihrer Kunst. Die Tolteken waren hervorragende Handwerker, Bildhauer, Baumeister, Maler und Töpfer. Das aztekische Wort „tolteka" bedeutet „Künstler". ➳ *Azteken, Kunst*

toltekische Kriegerstatue, 4 m hoch

Tomahawk Der Tomahawk war das Kriegsbeil der Prärie- und Plainsindianer. Er geht ursprünglich auf das Steinbeil der Waldindianer zurück. Tomahawks bestanden aus einem Stiel, an dem ein kugelförmiger Stein oder eine Knolle aus Hartholz befestigt war. Eine solche Kugelkopfkeule nannte man Schädelbrecher. In die Kugel war häufig noch ein zugespitzter Feuerstein oder Knochen eingesetzt. Später hatten die Tomahawks Klingen aus Eisen oder Messing und glichen einer Axt. Die Indianer setzten die Waffe nicht nur im Nahkampf ein, sie konnten auch ziemlich zielsicher damit werfen.

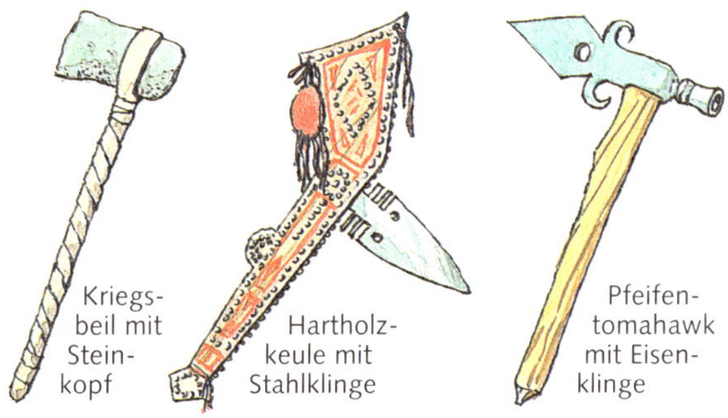

Kriegsbeil mit Steinkopf

Hartholzkeule mit Stahlklinge

Pfeifentomahawk mit Eisenklinge

Der Tomahawk wurde auch bei Zeremonien verwendet. Die Weißen erfanden dafür später den Pfeifentomahawk. Sein Schaft diente als Pfeifenrohr und trug einen Pfeifenkopf mit einer scharfen Klinge aus Metall. Bei einer Kriegserklärung wurden Tomahawks rot bemalt und an den Feind geschickt. Nach Friedensschlüssen begruben die Irokesen einige Kriegsbeile in der Erde. Daher stammt der Ausdruck „das Kriegsbeil begraben". ➳ *Waffen*

Tomate Wie der Tabak und die Kartoffel gehört auch die Tomate zu den Nachtschattengewächsen. Sie wird seit frühesten Zeiten in Mexiko und Peru angebaut und hieß bei den Azteken „tomatl". Man brachte sie nach Europa und setzte sie als Zierpflanze in die Gärten, da man sie für giftig hielt. Erst seit etwa hundert Jahren isst man die Paradiesäpfel, wie man die Tomaten auch lange nannte. ➳ *Nutzpflanzen*

Tod

Die Indianer konnten mit dem Sterben besser umgehen als wir modernen Menschen. Sie trauerten um ihre Toten genauso wie wir. In ihrer Trauer schwang aber auch Freude darüber mit, dass der Verstorbene nun in eine bessere Welt gegangen war. Bei vielen Völkern weilte er als Schatten unter den Lebenden.

Den Verstorbenen zog man die besten Kleider an. Auch ihre Waffen und ihren Schmuck gab man ihnen mit ins Grab. Bei vielen Stämmen war es üblich, den Männern ihre Pfeife sowie Nahrung für die Reise ins Totenreich mitzugeben. Frauen beerdigte man oft mit einigen Haushaltsgegenständen. Reiche Familien töteten das beste Pferd eines Mannes. Der Rest seines Besitzes wurde zerstört oder verschenkt.

Das Grab auf dem Gerüst

Die meisten Indianerstämme begruben ihre Toten in Einzelgräbern oder verbrannten sie. Nicht immer war es möglich, die Toten sofort zu beerdigen. Wenn im Winter der Boden hart gefroren war, konnte man kein Grab ausheben. Die Toten wurden in einem Totenhäuschen bis zum Frühjahr aufbewahrt. Die Jäger der Prärie bahrten ihre Toten oft auf einem Gerüst oder einem Baum auf und zogen nach der Trauerklage weiter. Später kehrten sie zurück und begruben die Gebeine der Toten.

Gräber erzählen die Vergangenheit

Bei den Maya, Inka und Azteken wurden die Toten in Grabkammern oder Erdhügeln bestattet. Man schmückte sie mit Jade und Türkisen und gab ihnen goldene Gegenstände oder Waffen mit. Die Azteken gaben ihren Toten einen Hund mit ins Grab. Er sollte ihnen helfen, das „große Wasser“ zu überschreiten, um in die Unterwelt zu gelangen. Die Totenkulte waren von Stamm zu Stamm und von Volk zu Volk verschieden. Aus den Grabbeigaben erfuhren die Archäologen viel über das Leben der Indianer.

Töpfern Die meisten Indianer beherrschten das Töpfern. Da sie keine Töpferscheibe hatten, formten sie die Gefäße von Hand. Eine andere Technik bestand darin, den Ton über einen runden Stein zu klopfen, um ihm die gewünschte Form zu geben. Das Gefäß wurde verziert, indem man Muster mit einer Schnur in den feuchten Ton presste oder mit Muschelschalen einritzte. Dann wurde es getrocknet und gebrannt. Meist hat man die Gefäße bemalt und nochmals gebrannt. Manche Stämme überzogen die Keramik mit Harz und hatten so eine Glasur. Die Maya fertigten nicht nur Gefäße, sondern viele lebensecht wirkende Figuren an.

Tonfiguren

Die Hopi und die Navajo beherrschen die Töpferkunst heute noch meisterhaft. Die Nordwestküstenindianer stellten keine Keramik her, sondern flochten dichte Körbe, die sie als Gefäße benutzten. Auch die Prärieindianer fertigten keine Tonwaren an. ➳ *Flechten, Kunst*

Totem Als Totem bezeichneten die Indianer mit einem Algonkinwort ihren persönlichen Schutzgeist. Das konnte eine Pflanze, ein Stein, ein Stern oder ein Tier sein. Als Totems wurden aber meist Tiere gewählt. Man schrieb dem Totem übernatürliche Kräfte zu. Es durfte weder berührt noch verletzt oder gejagt werden. Ein Clan hatte ebenfalls ein Tier als Totem. Die Mitglieder des Clans fühlten sich ihrem gemeinsamen Totem geistig verbunden und benannten sich nach ihm, zum Beispiel der „Wolfsclan". Der Totemkult findet sich vor allem bei den Indianern der Nordwestküste, aber auch bei den Irokesen. ➳ *Clan, Totempfahl, Totemtiere*

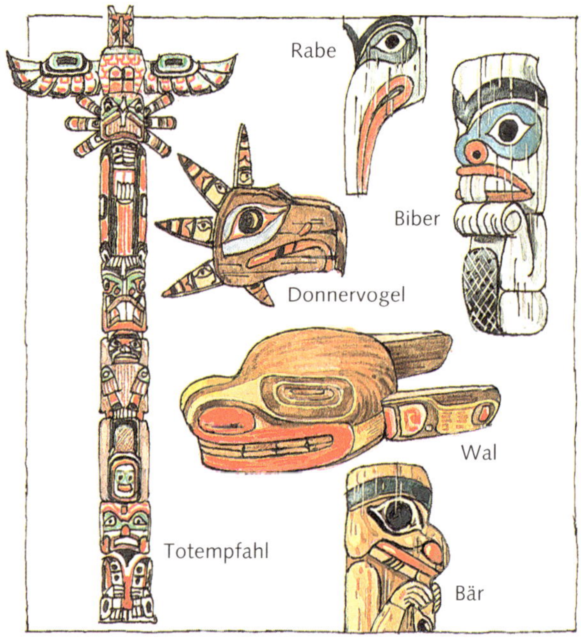

Totempfahl Die Totempfähle vor den Häusern der Küstenindianer sind aus dem Stamm der Red Cedar geschnitzt und oft 15 Meter hoch. Der Pfahl zeigt die Wappentiere eines Häuptlings oder eines Clans. Das sind aber nicht die Totemtiere, sondern die Abzeichen des Clans oder die Rangabzeichen eines Häuptlings. Man würde die Pfähle deshalb besser Wappenpfähle nennen. Totempfähle wurden bei Festen oder bei Begräbnissen aufgestellt. ➳ *Clan, Haida, Totem, Zeder*

Totemtiere Die meisten indianischen Clans verehrten ein Totemtier oder auch einen anderen Gegenstand als Schutzgeist. Solche Schutzgeister waren zum Beispiel Bär, Biber, Wolf, Adler, Rabe, Wal und andere Tiere. Bei den Nordwestküstenindianern hatten alle Menschen mit dem gleichen Totem denselben geistigen Stammvater. Sie waren aber nicht alle blutsverwandt wie etwa die Angehörigen einer Sippe. Trotzdem durften Männer und Frauen, die dasselbe Totem besaßen, untereinander nicht heiraten. Das war ein Tabu. ➳ *Clan, Tabu, Totem*

Traggurt Als Traggurt verwendeten viele Indianer die Stirnbinde aus Leder oder Pflanzenfasern. Vor allem die Frauen schleppten mithilfe der Stirnbinde oft schwerste Lasten. Der Gurt wurde auch über die Brust und die Oberarme gespannt. Die Sioux transportierten Lasten, vor allem Holz, mit einem Rohlederriemen auf den Schultern. Viele Indianerinnen trugen ihre Kinder in einem Tuch, das zur Seite geschlungen war. Das Gewicht des Kindes wurde dabei auf der Hüfte abgestützt. Manchmal wurde das Kind auch in einer Decke wie mit einem Rucksack getragen. Die Prärieindianer banden ihre Kinder in ein Gestell, die Indianerwiege. Die Mutter trug die Wiege mit dem Riemen über der Stirn oder über der Brust.
➳ *Stirnbinde, Transport, Travois, Wiege*

Transamazonica In den Jahren 1970–1975 wurde in Brasilien eine Straße mitten durch den Regenwald des Amazonas gebaut. Diese 5 600 Kilometer lange „Transamazonica" brachte großes Leid für die letzten Stämme der Urwaldindianer, die sich vor den Weißen immer tiefer in den Regenwald zurückgezogen hatten. Sie verloren ihren Lebensraum. Verzweifelt griffen sie oft die Straßenarbeiter an und wurden dabei meist selbst getötet. ➳ *Urwaldindianer*

Transport Um Lasten zu befördern, hatten die Indianer fast überall die gleichen Methoden. Wo es Wasser gab, bauten sie Boote. Da die Indianer keine Fahrzeuge mit Rädern kannten, wurden die meisten Lasten getragen. Dazu gab es Traggurte. Die Indianer im Norden Amerikas hatten Schlitten. Auch das Travois der Prärieindianer war eine Art Schlitten. Dieses Schleppgerüst wurde von Hunden und später von Pferden gezogen. Den Hunden packte man auch die Parfleches mit dem Pemmikan auf. Die Maya und Azteken ließen alle Güter auf einem ausgebauten Wegenetz tragen oder auf Flößen befördern. Sie hatten auch teilweise befestigte Straßen. Die Inka besaßen ein riesiges Straßennetz und Lamas als Tragtiere.
➳ *Inka, Lama, Parfleche, Schlitten, Traggurt, Travois*

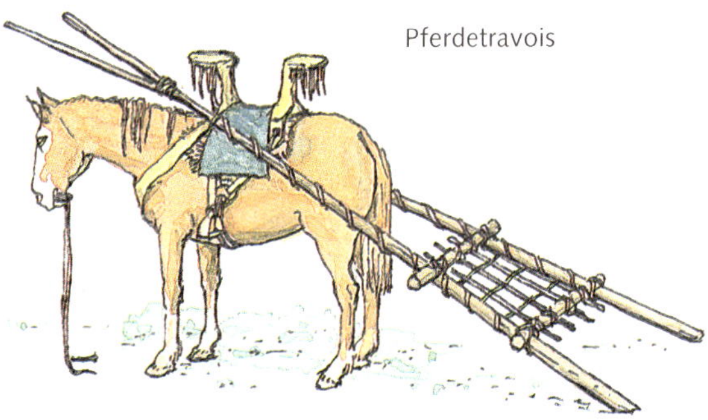

Trapper Trap (*sprich:* träp) ist englisch und bedeutet Falle. Ein Trapper ist ein Fallensteller. Im Norden Amerikas gingen die Trapper meist allein auf Pelztierjagd. Sie jagten vor allem den Biber, dessen Pelz für die damals in Europa modischen Bibermützen sehr begehrt war. Um die wertvollen Pelze nicht durch eine Gewehrkugel zu durchlöchern, legten die Trapper Fallen aus. Die Trapper wagten sich weit in indianisches Gebiet vor. In der Regel kam es aber zwischen ihnen und den Indianern nicht zu Feindseligkeiten. Viele Trapper passten sich in der Wildnis den indianischen Gewohnheiten an. Sie trugen indianische Kleidung, und nicht wenige heirateten eine Frau aus einem Indianerstamm. Einmal im Jahr trafen sich die umherziehenden Trapper an einer der Handelsstationen, um dort ihre erbeuteten Felle zu verkaufen, sich neu einzukleiden und Vorräte zu erstehen.
➳ *Handel, Tauschhandel, Waldläufer*

Travois (*sprich:* travoah) Das Travois ist ein Schleppgerüst aus zwei Stangen und Lederriemen. Die Stangen band man seitlich an der Schulter eines Hundes fest. Die Packfläche konnte mit etwa 25 Kilogramm Gewicht beladen werden. Nachdem die Prärieindianer Pferde als Zugtiere hatten, bauten sie das Travois aus den Zeltstangen der Tipis und wickelten die Lederbahnen des Zeltes darum. Die Ladefläche war so viel größer. ➳ *Transport, Zugtiere*

Truthahn Der Truthahn kommt in Nord- und Mittelamerika wild vor. Als die Eroberer nach Mexiko kamen, hielt man dort mehrere Truthahnrassen als Haushühner. Der Truthahn war eines der wenigen Haustiere der Indianer. Man hielt ihn auch seiner Eier wegen. Später hat man ihn nach Europa gebracht und hier gezüchtet.

Türkise Die blaugrünen bis himmelblauen Schmucksteine werden in vielen Teilen der Erde gefunden. Große Türkislager gibt es in Nevada und Colorado im Südwesten der USA. Schon die Anasazi betrieben mit diesem Stein einen regen Handel. Heute verarbeiten vor allem die Navajo und die Hopi Türkise zu Schmuck. Viele Indianer tragen den Stein auch als Amulett. Er bedeutet Glück und Gesundheit.
➳ *Amulett, Anasazi, Hopi, Navajo, Schmuck*

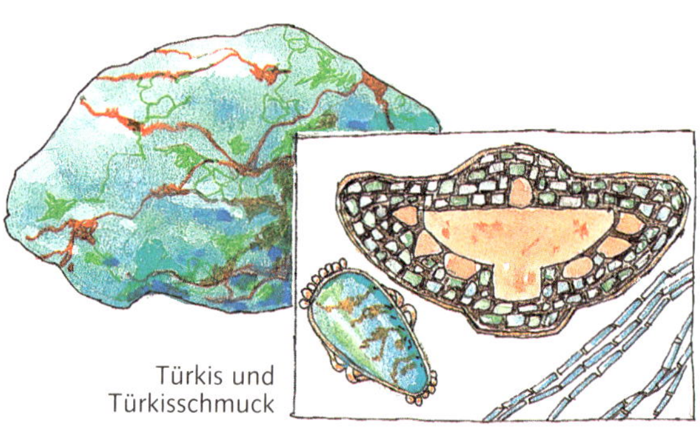

Türkis und Türkisschmuck

Umhang Die nordamerikanischen Indianer trugen Umhänge aus Bison- oder Hirschleder. Die Bisonrobe war ein ungeschneidertes Büffelfell, das man wie einen Mantel um die Schultern legte. Die Fellseite wurde im Winter nach innen getragen. Die Außenseite war oft bemalt. Die südamerikanischen Indianer, insbesondere die Inka, hatten Ponchos aus Lamawolle. Die Inkaherrscher trugen Ponchos aus bunten Papageienfedern. Der Poncho ist eine rechteckige, zusammengefaltete Decke mit einem Schlitz für den Kopf. Dieser Überwurf wird heute noch getragen. ➺ *Kleidung, Poncho*

Umiak Die Eskimo kannten zwei Arten von Booten: den einsitzigen Kajak und den Umiak. Darin fanden bis zu einem Dutzend Männer Platz. Das Gerippe des Bootes wurde meist aus Treibholz angefertigt, das die Eskimo aus dem Meer fischten. Man verwendete dafür aber auch Walknochen. Das Bootsgerüst wurde mit Walrosshaut überzogen und mit Waltran oder Robbenöl eingefettet, damit es wasserdicht war. Die Umiaks hatten Ruder und oft auch Segel aus Matten oder Darmhaut. Sie wurden vor allem bei der Jagd auf den Grönlandwal eingesetzt.
➺ *Boote, Eskimo, Kajak, Walfang*

Urwaldindianer *siehe Seite 214*

USA Die **U**nited **S**tates of **A**merica – die Vereinigten Staaten von Amerika – wurden am 4. Juli 1776 als unabhängiger Staatenbund ausgerufen. Ihm gehörten damals 13 Staaten an. Es waren Kolonien, die die Engländer im Osten Nordamerikas gegründet hatten. Nach Gründung der USA verloren die Engländer große Teile Nordamerikas an die Amerikaner. Diese eroberten das ganze Indianerland außer Kanada.

Ute *siehe Seite 215*

Uto-Azteken Als Uto-Azteken wird eine große indianische Sprachfamilie bezeichnet. Diese Gruppe der Uto-Aztekisch sprechenden Indianer erstreckte sich vom Großen Becken bis nach Mexiko. Sie war in verschiedene Zweige unterteilt. Es gab zum Beispiel den uto-aztekischen Zweig der Kiowa, den der Schoschonen oder den der Hopi. In Mexiko zählten die Azteken zur uto-aztekischen Sprachgruppe. Sie sprachen Nahuatl. ➺ *Sprache*

Uxmal Auf der Halbinsel Yucatan in Mexiko liegt Uxmal (*sprich:* uschmal), eine Tempelstadt der Maya. Sie wurde vor über 1 000 Jahren errichtet. Man hat hier acht Gebäudegruppen mit Pyramiden und Tempeln und einem Dutzend Palästen freigelegt. Berühmt ist die „Pyramide des Wahrsagers“. Der „Palast des Gouverneurs“ gilt als eines der schönsten Maya-Bauwerke.
➺ *Pyramiden*

Pyramide des Wahrsagers

Urwaldindianer

Alle Wälder, die der Mensch noch nicht verändert hat, sind Urwälder. Auch Europa war vor 500 Jahren noch größtenteils von Urwäldern bedeckt. Man hat sie gerodet und Felder angelegt. In Nordamerika gibt es noch Urwälder in Kanada und Alaska. Vor allem aber sind die tropischen Regenwälder in Mittel- und Südamerika Urwälder, auch wenn hier bereits riesige Waldgebiete gerodet wurden. Die hier lebenden Indianerstämme sind sehr spät mit Weißen in Berührung gekommen. Erst 1997 hat man im brasilianischen Regenwald einen Stamm der Koruboindianer entdeckt, die vorher noch nie einen Weißen gesehen hatten.

Überleben im Regenwald

Der Amazonasurwald ist das größte Regenwaldgebiet der Erde. Das Klima hier ist für Europäer nur schwer erträglich. Es regnet fast täglich. Dazu herrscht eine schwüle Hitze wie in einem Treibhaus. Wir können uns kaum vorstellen, dass Menschen in diesem Gebiet leben. Und doch ist es die Heimat vieler kleiner Indianervölker, deren genaue Anzahl bis heute nicht bekannt ist. Zu den am besten erforschten Regenwaldindianern gehören die Jivaro, die Yanomami und die Xingu. Die Xingu leben heute in einem Nationalpark im Urwald.

Das Leben dieser Menschen ist hart, und nur wenige werden älter als vierzig Jahre. Sie sind vor allem Jäger, die mit dem Blasrohr, aber auch mit dem Langbogen auf die Jagd gehen. Gejagt werden fast alle Tiere: Wildschweine, Tapire, Affen, Faultiere, Ameisenbären und Vögel. Viele Indianer ziehen in kleinen Gruppen umher. Sie bauen sich keine Häuser, sondern Windschirme, da sie nicht lange an einem Ort bleiben. Die Yanomami legen Dörfer mitten im Urwald an. Ein solches Yanomamidorf besteht aus einem großen Gemeinschaftshaus.

Ute

Die Ute kommen in vielen Karl-May-Romanen vor, heißen dort Utahs und sind fast immer die bösen Indianer. In ihrer eigenen Sprache, dem Uto-Aztekischen, nennen sie sich „Nu-chi“ – „Menschen“. Wegen ihrer dunklen Hautfarbe hat man sie auch „Black Indians“ – „Schwarze Indianer“ genannt. Sie bewohnten das Große Becken und später die Plains.

Gefährliche Nachbarn

Die Ute hatten teilweise schon um das Jahr 1650 Pferde und wurden dadurch zu gefürchteten Gegnern. Sie überfielen immer wieder ihre Todfeinde, die Navajo und die Puebloindianer. Als diese 1680 einen Aufstand gegen die Spanier wagten, halfen die Ute mit, die Puebloindianer zu besiegen. Nachdem sich die ersten Weißen um 1850 im Land der Ute angesiedelt hatten, kam es zu jahrelangen Kämpfen, bis die Ute aufgaben.

Von Sammlern zu Jägern

Wie die verwandten Schoschonen waren auch die Ute ursprünglich nur Sammler. Im Großen Becken gab es nur wenig Wild. So zogen die Ute in Sippen umher, um essbare Pflanzen und Wurzeln zu suchen. Sie jagten auch Antilopen, meist aber nur Kaninchen, Schlangen und Ratten. Für die Kaninchenjagd spannten sie Netze auf und trieben die Tiere hinein, die sie mit dem Kaninchenstock erschlugen. Da die Ute ständig auf der Suche nach Nahrung waren, gab es bei ihnen keine festen Stämme und Häuptlinge. Die einzelnen Gruppen trafen sich nur im Herbst, wenn Antilopen zu jagen waren. Anführer bei der Jagd war ein Schamane. Nach der Jagd gingen die Ute wieder auseinander. Erst als sie Pferde besaßen und in die Plains einwanderten, um dort Bisons zu jagen, übernahmen die Ute das Stammeswesen und das Tipi von den Präriendianern. Heute leben sie in drei Reservationen im US-Staat Utah, der nach ihnen benannt ist.

Vanille Die Vanille ist ein Lianengewächs, das im Urwald an den Bäumen hochrankt. Die 10 bis 20 Zentimeter langen Schoten werden getrocknet und liefern das begehrte Vanillegewürz. Das spanische Wort für Schote, „vanilla", gab dem Gewürz auch den Namen. Die Azteken würzten mit Vanille auch die „chocolatl", ein Getränk, das sie aus Kakaobohnen zubereiteten. Anfang des 16. Jahrhunderts brachte man die Vanille nach Europa, und seither ist sie auch bei uns sehr beliebt. Aus Mexiko stammt heute noch die feinste Vanille. Sie wird auch auf der Insel Madagaskar vor der Südspitze Afrikas angebaut. ➵ *Nutzpflanzen*

Verwandtschaft Die nordamerikanischen Indianer pflegten sehr enge verwandtschaftliche Beziehungen und achteten die Familienbande als heilig. Die Plains- und Prärieindianer bildeten meist Großfamilien. Diese setzten sich aus den Kernfamilien zusammen: einem Mann und einer oder mehreren Frauen sowie den Kindern. Alle Mitglieder der Großfamilie lagerten zusammen und gingen zusammen auf die Jagd. Sie kochten und aßen auch gemeinsam. Dabei nannten die Indianer nicht nur den leiblichen Vater „Vater", sondern auch alle älteren Männer der Großfamilie, also auch die Onkel. Ebenso bezeichnete man als „Mutter" nicht nur die leibliche Mutter sondern auch deren Schwestern und Kusinen, also die Tanten. Als „Mutterbruder" bezeichnete man alle Brüder und Vettern der so genannten Mütter, aber auch die angeheirateten Onkel. Dementsprechend hießen die Schwestern und Kusinen aller so genannten Väter „Vaterschwestern". Anders als bei uns, wo die Söhne und Töchter der Verwandten untereinander als Cousins oder Kusinen bezeichnet werden, hießen sie bei den Indianern Brüder und Schwestern. Leibliche Neffen und Nichten bezeichneten die Indianer auch als Söhne und Töchter, die Kinder der angeheirateten Verwandten nannten sie hingegen, wie wir, Neffen und Nichten. Man sieht aus diesen Bezeichnungen, dass die Indianer großen Wert auf die Blutsverwandtschaft legten.

Vier Winde Den Prärieindianern gilt neben der Zahl 7 auch die Zahl 4 als heilig. Sie teilen das Universum in vier Ecken, die den Himmelsrichtungen entsprechen. Aus diesen wehen die vier Winde. Jeder Himmelsrichtung ist ein Tier zugeordnet. Die vier Winde spielen eine große Rolle in den Zeremonien der Prärieindianer. Sie betrachteten ihr Tipi als eine Art Universum und richteten es nach den vier Winden aus. Der Eingang lag in Richtung Osten, wo die Sonne aufgeht. ➵ *Lagerplatz*

Vikunja Das Vikunja ist ein kleines Kamel, das in den Anden und im Hochland von Peru wild lebt. Die Hochlandindianer machten Jagd auf das Vikunja, denn es liefert die feinste Tierwolle. Schon früh versuchten sie es zu zähmen, was aber nur teilweise gelang. Die Haustierform heißt Alpaka, ist etwas größer und liefert die hochwertige Alpakawolle. ➵ *Lama*

Vision

Bei den nordamerikanischen Indianern spielten Träume und Visionen eine wichtige Rolle. Die erste Vision war ein bedeutsames Ereignis im Leben eines jungen Mannes. Bevor er zum ersten Mal an einem Kriegszug teilnehmen durfte, ging er auf die Suche nach einer Vision. Danach zählte er zu den Erwachsenen.

Die Macht der Geister

Alle Indianer glauben an übernatürliche Kräfte und sind davon überzeugt, dass sich diese in der Natur offenbaren. Blitz und Donner, einen Erdstoß, einen Regenbogen oder eine Sonnenfinsternis führen sie auf geheimnisvolle Geister zurück. Für die Indianer war es wichtig, einen Teil der Naturkraft zu erlangen. Deshalb suchte jeder Einzelne Verbindung zu persönlichen Schutzgeistern, um durch sie die Macht und Kraft zu bekommen, etwas zu vollbringen oder eine wichtige Entscheidung zu treffen.

Die persönliche Medizin

Ein Prärieindianer war kein vollwertiges Stammesmitglied ohne einen persönlichen Schutzgeist und ohne eine Medizin. Um diese zu finden und Kraft für sein Leben zu erlangen, musste er eine Vision oder einen Traum haben. Meist wurde der Jüngling vom Medizinmann des Stammes auf die Visionssuche vorbereitet. Dann ging er, nur mit einem Lendenschurz bekleidet, in die Einsamkeit. Außer einer Pfeife, Tabak, einem Feuerzeug sowie einer Decke für die Nacht hatte er nichts bei sich. Der Junge bestieg einen Berg oder ließ sich in der glühenden Wüste nieder, wo er vier Tage lang fastete. Von Hunger und Durst ermattet, stiegen ihm schon bald Traumbilder auf: die Visionen. Dabei „sah" er zum Beispiel eine Klapperschlange, die fortan zu seinem Schutztier wurde. Im Tagtraum erschienen ihm auch Gegenstände, die er sammeln oder anfertigen sollte. Diese wurden seine persönliche Medizin, die er von nun an immer bei sich trug.

Mach es selbst: Indianisch schreiben

Nur wenige Indianer hatten eine Schrift. Aber sie hinterließen Nachrichten in Form von Piktogrammen. Versuche, solche Nachrichten zu verfassen. Erfinde weitere Zeichen.

Waffen *siehe Seite 220/221*

Wahrsager Die Schamanen oder Medizinmänner hatten nicht nur die Aufgabe zu heilen und den Regen, die Fruchtbarkeit oder das Jagdglück zu beeinflussen. Sie mussten auch den Ausgang eines Kriegszuges prophezeien oder ein gestohlenes Pferd wiederbeschaffen, indem sie voraussagten, wo es zu finden sei. Prophezeiungen waren mit Zeremonien verbunden. Bei den Azteken, Maya und Inka übernahmen Priester das Wahrsagen. Sie versetzten sich durch Rauchen und Drogen in eine Art Trancezustand. Danach verkündeten sie als „Sprachrohr der Götter" ihre Prophezeiung.

Bei den Azteken gab es neben den amtlichen Priestern auch berufliche Wahrsager und Zauberer. Diese warfen zum Beispiel bunte Maiskörner in die Luft und deuteten daraus das Schicksal eines Menschen. Mayapriester sollen Jahrhunderte vor der Ankunft der Spanier das Erscheinen „weißer Götter" prophezeit haben. Ähnliche Prophezeiungen gab es auch bei den Azteken und den Inka. Die spanischen Eroberer hätten die mächtigen Heere der Indianervölker nie besiegt, wenn die Menschen sie nicht für die vorhergesagten Götter gehalten hätten. ➛ *Azteken, Maya, Medizinmann*

Wakanda Die Siouxindianer verstehen unter Wakanda oder Wakonda eine unsichtbare Macht, eine Art Geistwesen. Wie Manitou bei den Algonkin oder Orenda bei den Irokesen bestimmt nach ihrem Glauben Wakanda alle Dinge des Universums. Eine Gottheit war das Wakanda aber nicht. ➛ *Manitou, Orenda, Religion*

Wakan Tanka Wakan Tanka ist ein Wort aus der Dakota-Sprache. Die Dakota bezeichnen so das „Große Geheimnis", das sich aus 16 guten und 7 übel wollenden Geistern zusammensetzt. Diese bilden eine Einheit, das Wakan Tanka. Zu den wohl wollenden Mächten zählen Sonne, Himmel und Erde, zu den übel wollenden gehören ein Menschen fressender Riese, ein gefährlicher Bisonbulle, ein Zauberer, eine Hexe und andere böse Gestalten. ➛ *Manitou, Religion*

Waldindianer ➛ *siehe Seite 222*

Waldland Der Nordosten Amerikas an der Grenze zwischen den USA und Kanada war einst von ausgedehnten Urwäldern bedeckt. Dieses östliche Waldland erstreckte sich vom Oberlauf des Mississippi bis zum Sankt-Lorenz-Strom und im Süden bis an den Atlantik. Den Mittelpunkt bildete das Gebiet um die Großen Seen. Hier lebten die Irokesen und andere Waldindianer. ➛ *Irokesen, Waldindianer*

Waldläufer So nannten die Franzosen die Weißen, die im östlichen Waldland umherzogen. Dazu zählten Trapper und Pelztierjäger, aber auch Händler, die mit den Indianern Geschäfte machten. Diese Einzelgänger trugen viel zur Erforschung Nordamerikas bei. ➛ *Trapper*

Waffen

Wenn man von Indianerwaffen spricht, denkt jeder gleich an den Tomahawk. Das Algonkinwort für diese Waffe ist „tamahakan" und bedeutet „Werkzeug zum Schneiden". Man verstand darunter anfänglich die Säbelkeule der Waldindianer, eine Art Schlagschwert aus Holz mit einer Steinklinge. Erst mit den Weißen kam der Tomahawk aus Eisen auf. Das Beil wurde nicht mehr nur als Schlagwaffe im Nahkampf, sondern auch als Wurfgeschoss verwendet. Und die Indianer vermochten damit sehr zielsicher zu treffen.

Keulen
Streitkeulen gab es in den verschiedensten Formen und bei fast allen Völkern. Die Irokesenkeule war aus Hartholz, oder sie war mit einem runden Stein am Kopf verstärkt. Auch die Inka kannten solche Steinkeulen. Sie hatten aber auch Keulen mit einem Kopf aus Kupfer. Bei den Azteken waren die Keulen mit scharfen Klingen aus Obsidian besetzt.

Pfeile, Bogen, Schilde
Ein Prärieindianer stellte seine Waffen meist selbst her, vor allem Pfeil und Bogen. Die Pfeile wurden mit großer Sorgfalt angefertigt. Für die Schäfte suchte man geeignete Baumschösslinge. Der Schaft musste ganz gerade sein. Man zog ihn deshalb durch den Pfeilstrecker, ein Knochenstück mit scharfkantigem Loch. Die Länge des Pfeiles wurde vom Ellbogen bis zur Spitze des kleinen Fingers gemessen, und eine Fingerlänge wurde noch hinzugegeben. War der Pfeil zu leicht, dann traf er sein Ziel nicht genau. War er zu schwer, dann flog er nicht weit genug. Auch die Befiederung beeinflusste die Flugeigenschaften und musste stimmen. Am liebsten verwendete man Federn des wilden Truthahns sowie Eulen- und Bussardfedern. Diese wurden mit den Kielen angeleimt und mit einer Sehne umwickelt. Die Pfeilspitzen waren aus Stein, Knochen oder Horn. Später gab es auch eiserne Spitzen. Da die Herstellung der Pfeile so mühsam war, machte jeder sein Eigentumszeichen hinein. Lieber suchte man einen verschossenen Pfeil eine Zeit lang, als einen neuen anzufertigen. Auch die Bogen wurden mit größter Sorgfalt angefertigt. Die meisten Indianer bevorzugten dafür Eschenholz. Dazu fällten sie einen etwa armdicken Baum und schnitzten die Form ungefähr zurecht. Diese wurde dann eingefettet und am Feuer immer wieder geformt. Zum Schluss wurde der etwa 1,20 Meter lange Bogen noch bemalt oder mit Leder oder Schlangenhaut umwickelt. Es wurden auch Bogen aus Horn hergestellt. Die Bogensehne bestand aus der Rückensehne eines Bisons oder eines Wapitis. Wurde der Bogen nicht benutzt, dann lockerte man die Spannung. Für Pfeil und Bogen fertigte man noch einen Köcher und ein Futteral an, die beide schön verziert wurden. Zur Ausrüstung gehörte meist ein Schild. Diesen herzustellen war besonders schwierig. Er diente weniger zum Schutz denn als Medizin. Deshalb war es wichtig, dass er das richtige Schutzzeichen trug. Das konnten nur Männer finden, die bereits eine Vision gehabt hatten. Sie formten auch den Schild aus einem Holzreifen und bespannten ihn mit der dicken Haut eines Bisonrückens oder einer Bisonbrust.

Speere, Lanzen, Schleuderwaffen
Bei den Prärieindianern waren Speere und Lanzen als Waffen nicht sehr verbreitet. Sie dienten fast nur als Kriegsabzeichen oder Zeremonialgegenstände und waren mit Federn geschmückt. Nur für die Jagd verwendete man Spieße, etwa für den Nahkampf mit dem Grisli oder zum Stechen von Fischen. Die Eskimo hingegen jagten mit Speer und Harpune Robben und Wale. Um der Waffe mehr Wucht zu verleihen, verwendeten sie die Speerschleuder. Eine Schleuderwaffe war auch die Bola, mit der die Indianer in den südamerikanischen Pampas jagten.

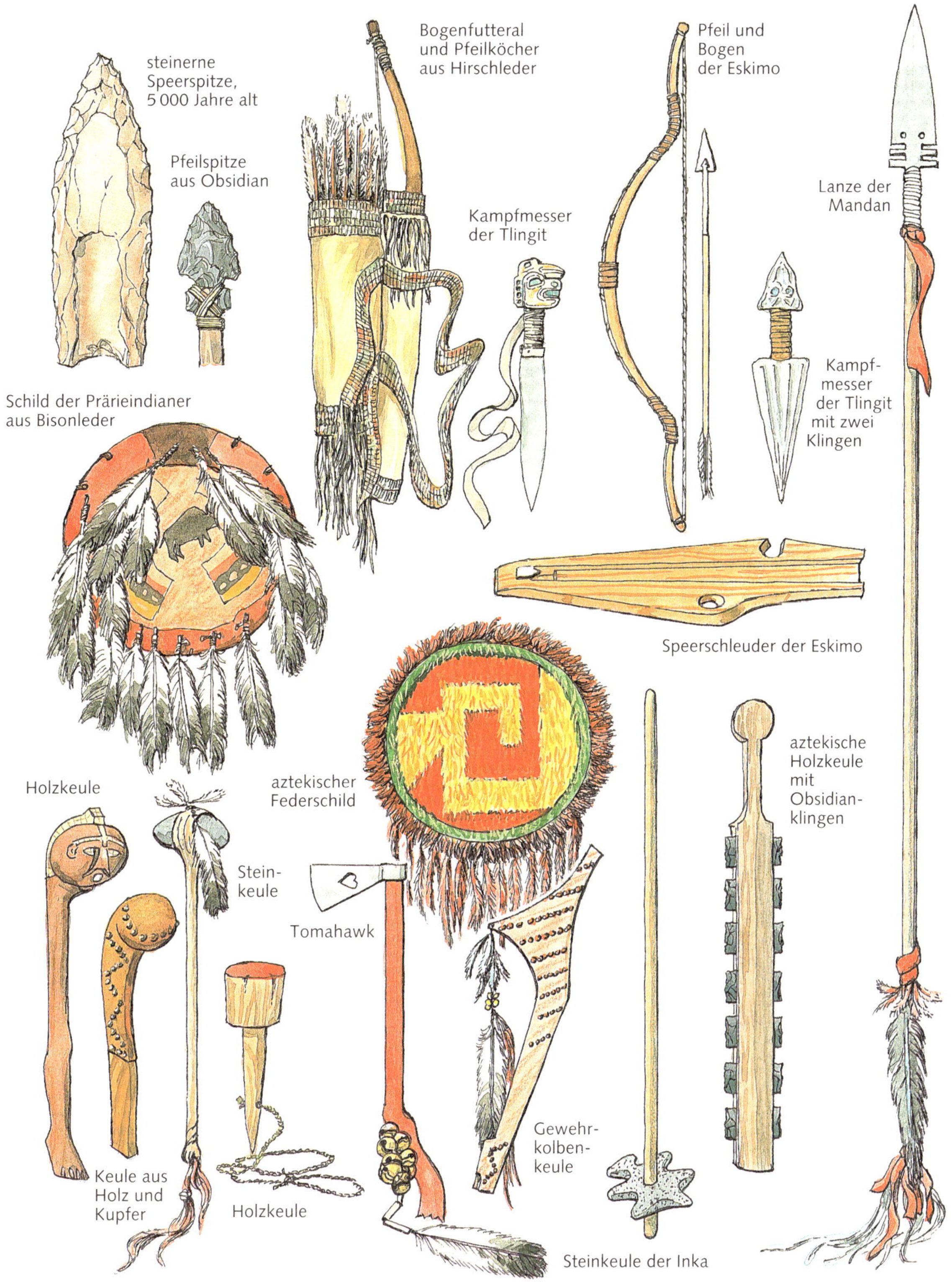
steinerne Speerspitze, 5 000 Jahre alt
Pfeilspitze aus Obsidian
Bogenfutteral und Pfeilköcher aus Hirschleder
Kampfmesser der Tlingit
Pfeil und Bogen der Eskimo
Lanze der Mandan
Kampf-messer der Tlingit mit zwei Klingen
Schild der Prärieindianer aus Bisonleder
Speerschleuder der Eskimo
Holzkeule
aztekischer Federschild
Stein-keule
Tomahawk
aztekische Holzkeule mit Obsidian-klingen
Gewehr-kolben-keule
Keule aus Holz und Kupfer
Holzkeule
Steinkeule der Inka

Waldindianer

Im Osten Nordamerikas gab es einmal riesige Wälder. Die meisten davon haben die Weißen gerodet, um Felder anzulegen und um Häuser und Städte zu bauen. Nur in Kanada findet man heute noch große zusammenhängende Waldgebiete. In diesen Wäldern lebten die Waldindianer. Das waren im Gebiet der Großen Seen zum Beispiel die Huronen, südwestlich davon die Irokesen. Weiter nördlich, wo das Waldland in die subarktische Zone übergeht und die Sommer schon kürzer sind, lebten die Abnaki, die Micmac und andere Stämme. Sie gehörten zur Sprachgruppe der Algonkin.

Jagd und Fischfang

Die Waldindianer im Norden waren Jäger und Fischer. Der Anbau von Mais und Gemüse wie bei den südlicher lebenden Irokesen ist in dieser kühlen Region nicht mehr möglich. Das Leben der Nordoststämme und die Beschaffung der Nahrung waren dennoch nicht besonders schwierig. Die Waldindianer jagten Elche und Karibus. Zu ihrer Jagdbeute zählten auch Bären, Fischotter und Biber. An der Atlantikküste fingen sie alle Arten von Fischen und Schalentieren. Auf Elchjagd gingen die Waldindianer meist im späten Herbst nach dem ersten Schneefall, wenn die Tiere im Schnee einsanken.

Waldindianer und Weiße

Die Micmac und andere Waldindianer waren die Ersten, die im Norden Amerikas mit den Europäern in Berührung kamen. Das muss für sie ein Schock gewesen sein, denn nie zuvor hatten sich andere Menschen in ihre Region verirrt. Die Engländer zwangen die Micmac später in Reservationen und verboten ihnen auch die Jagd und die Fischerei. Noch heute leben in Kanada Waldindianer, darunter etwa 10 000 Micmac.

Walfang Bevor die Europäer im 19. Jahrhundert mit großen Flotten auf Walfang fuhren, gab es im Eismeer und an der Nordwestküste Hunderttausende von Walen. Für die Eskimo am Eismeer und die Indianer an der Nordwestküste Nordamerikas war der Grönlandwal mit 18 Metern Länge die größte Beute. Er war etwa doppelt so groß wie ihre Umiaks und lieferte ihnen ungefähr so viel Nahrung wie 20 Bisons.

Wenn die Eskimo mit dem Umiak auf Walfang fuhren, veranstalteten sie vorher einen Jagdzauber und sammelten Amulette. Danach bereiteten sie eine Giftmischung vor, mit der sie die Spitzen ihrer Harpunen bestrichen. Sobald sie im Meer einen Wal sichteten, schossen sie ihre Harpunen mit der Speerschleuder ab. War das Tier getroffen, zogen sie sich zurück. Den Kampf mit dem sterbenden Wal konnten sie in ihrem kleinen Boot nicht aufnehmen. Die Harpune hatte eine Leine und war mit einer Boje verbunden. Das war ein luftgefüllter Sack aus Robbenfell. Nun hielten die Walfänger Zeremonien ab, um das sterbende Tier zu besänftigen. In dieser Zeit starb der Wal, und die Eskimo konnten ihn an Land ziehen. Ein großer Wal brachte für den Stamm so viel Fleisch, Fett und Öl, dass die Jäger lange Zeit nicht mehr auf die gefährliche Fahrt gehen mussten. Auch die Nordwestküstenindianer jagten den Wal mit ihren Kanus. ➳ *Eskimo, Haida*

Wampum Das Wort aus der Algonkinsprache bezeichnet einen mit Perlen besetzten Gürtel. Die weißen und violetten Perlen wurden aus Gehäusen von Wellhornschnecken und Venusmuschelschalen zylinderförmig geschliffen. Die Perlen wurden in bestimmten Mustern aufgefädelt und die Perlenschnüre zu einem Gürtel verknüpft. Die Muster hatten einen besonderen Sinn und waren für die Abfassung von Verträgen unter den Stämmen von Bedeutung. So ist die gesamte Vereinbarung der Irokesenliga auf Wampums festgehalten. Wenn Stämme einander den Krieg erklärten, schickten sie sich Wampums mit einem bestimmten Muster. Für die Irokesen und andere Stämme war der Wampum auch eine Art Geld. ➳ *Irokesenliga, Schrift*

Wapiti Der Wapitihirsch Nordamerikas ist mit unserem Rothirsch verwandt und sieht ähnlich aus wie dieser. Allerdings ist er etwas größer und hat auch ein mächtigeres Geweih. Wapitis wiegen zwischen 200 und 400 Kilogramm und gehörten zur bevorzugten Jagdbeute der nordamerikanischen Indianer. Fast alles von dem Tier, vom Geweih bis zu den Hufen, wurde verwendet. Aus dem Fell stellte man Hemden und Kleider, Taschen und Köcher für die Pfeile her. Die Knochen und das Geweih wurden für Bogen benutzt. Aus dem Schulterblatt machte man Hacken für den Grabbau. Die Zähne des Hirsches nähten die Frauen als Schmuck auf ihre Kleider. ➳ *Jagd, Kleidung*

Washakie (1798 bis 1900, *sprich:* waschakie) Er war Häuptling der Schoschonen. Als Weiße in das Gebiet seines Stammes eindrangen, begegnete er ihnen freundlich. Er half den Siedlern und führte als Scout die US-Armee gegen feindliche Indianerstämme. Washakie wusste, dass sein Volk nur eine Überlebenschance hatte, wenn es sich mit den Weißen verständigte. Als Washakie 70 Jahre alt war, wollten ihn jüngere Krieger absetzen. Daraufhin verschwand er in der Prärie und kehrte nach ein paar Wochen mit den Skalps von sechs Feinden zurück, die er getötet hatte. Damit hatte er bewiesen, dass er selbst im hohen Alter noch ein tatkräftiger Mann war. Washakie wurde 102 Jahre alt und starb erst im Kampf mit einem Häuptling der Crow. Er wurde mit militärischen Ehren in einem Fort bestattet, das seinen Namen trägt. ➳ *Schoschonen, Scout*

Wasserreis Der Wasserreis oder Wildreis war eine wichtige Nahrung im Gebiet der Großen Seen. Er hieß „Manomin“ – „Gutes Essen, das im Wasser wächst“. Um die Körner dieses Wassergrases zu ernten, fuhren die Frauen mit Booten an den Ufern der Flüsse und Seen entlang und bogen die Gräser in die Boote. Die Körner schlugen sie mit einer Art Fliegenklatsche ins Boot. Die Pflanzen wurden also nicht abgeschnitten und trugen jedes Jahr neu. Der Wasserreis, der mit unserem Reis verwandt ist, wird noch auf die alte Weise geerntet. ➳ *Nahrung, Nutzpflanzen*

Wasserschwein Das Wasserschwein ist ein Nagetier, das die Sumpfwälder an den Seen, Flüssen und Strömen Südamerikas bewohnt. Zwischen den Zehen hat es Schwimmhäute wie ein Biber. Man kann diese größten aller Nagetiere mit riesigen Meerschweinchen vergleichen. Wasserschweine werden über einen Meter lang und 30 bis 50 Kilogramm schwer. Für die Urwaldindianer im Amazonasgebiet waren sie eine begehrte Beute. ➳ *Jagd, Urwaldindianer*

Quechua-Indianerin beim Weben

Weben Bei den meisten sesshaften Indianerstämmen war die Webkunst hoch entwickelt. Die Maya, Azteken und Inka pflanzten Baumwolle an und webten daraus Stoffe und Decken, Kleider, Gürtel und Bänder. Die Inka webten oft Götterbilder in ihre Stoffe. Die strengen Muster in peruanischen Geweben gibt es heute noch. Neben Baumwolle spannen die Inka die Wolle der Lamas, während die Azteken auch Kaninchenwolle verwendeten. Die Puebloindianer im Südwesten Nordamerikas nehmen Baumwolle und Schafwolle. Die Decken der Navajo sind weltberühmt. Bei vielen Pueblostämmen ist das Weben übrigens Männersache. Die Nordwestküstenindianer fertigten ihre kunstvollen Chilkatdecken aus dem Haar der Bergziegen. Die Irokesen webten aus Brennnesselfasern Schärpen für ihre Wampums. Die umherziehenden Prärieindianer konnten sich mit dem Weben von Stoffen nicht aufhalten. Sie fertigten ihre Kleider aus Fellen und Leder.
➳ *Decken, Flechten, Handwerk, Navajo, Wampum*

Werkzeuge *siehe Seite 226*

Wettermachen Bei allen Indianern waren die Schamanen oder Medizinmänner für das Wetter verantwortlich. Wenn der Regen ausblieb, veranstalteten sie eine Zeremonie, um die Dürre wegzuzaubern. Dabei führten sie Tänze auf. Der Regen war für die Indianervölker, die Ackerbau betrieben, besonders wichtig. Aber auch bei den Jägern spielte er eine Rolle. Wenn es lange nicht geregnet hatte, dörrte die Prärie aus, und die Büffel wanderten ab. Deshalb war der Wettermacher eine wichtige Person. Die Indianer glauben, dass sich die Abläufe in der Natur durch eine geistige Verbindung mit dem Universum beeinflussen lassen. ➳ *Medizinmann*

Wickiup (*sprich:* wicki-ap) Vor allem die Indianer Arizonas und im Großen Becken bewohnten den Wickiup. Er ließ sich leicht bauen. Man steckte dicke Äste im Kreis oder Rechteck in den Boden und band sie oben zusammen. Die Wände bestanden aus dünnen Zweigen und geflochtenen Binsen oder Gras. Man nannte den Wickiup deshalb auch Grashütte. ➳ *Hausbau*

Wied, Maximilian Prinz zu (1782–1867) Er war einer der ersten deutschen Amerikaforscher. Wied bereiste zuerst Brasilien und später Nordamerika, wo er zusammen mit Carl Bodmer die Mandan besuchte. Seine Reiseberichte wurden in Deutschland viel gelesen und vermittelten den Lesern erstmalig Eindrücke vom Leben der Ureinwohner Nordamerikas. ➳ *Bodmer*

W

Werkzeuge

Es ist erstaunlich, welche Fülle an Werkzeugen die Indianer bereits besaßen. Dabei kannten sie kein Werkmetall außer Kupfer, und auch dieses wurde nur von wenigen Völkern benutzt. Ihre Werkstoffe waren Holz und Stein, Horn und die Knochen erlegter Tiere sowie Muschelschalen. Daraus fertigten sie einfache Werkzeuge für die kompliziertesten Arbeiten.

Werkzeuge für Männer

Bei den nordamerikanischen Indianern hatte der Mann als Jäger vor allem die Nahrung herbeizuschaffen. Daneben war er für das Feuermachen zuständig. Das Entzünden des Feuers geschah mit dem Feuerbohrer, von dem es mehrere Modelle gab. Das einfachste war ein Hartholzstab, der wie ein Quirl mit der Hand so lange auf einem Stück Weichholz gedreht wurde, bis das Holzmehl zu glimmen begann. Leichter war das Bohren mit Seilzug oder mit dem Drillbohrer. Dieser wurde auch benutzt, um Löcher in Knochenstücke oder in Muschel- und Schneckenschalen zu bohren. Ein typisches Werkzeug der Indianer war der Dechsel, eine Astgabel, an die ein zugespitzter Stein gebunden war. Mit dieser Art Meißel wurde das Holz für Kanus bearbeitet. Man sagt dazu auch „Ellbogenaxt".

Werkzeuge für Frauen

Die Zubereitung der Nahrung und das Anlegen von Vorräten war die Aufgabe der Frauen. Ihre wichtigsten Arbeitsgeräte waren das Messer, der Stampfer sowie Mörser und Stößel. Die Frauen sammelten Wildfrüchte und Grassamen, den sie mit dem Samenklopfer in die Körbe schlugen. Zu ihrer Arbeit gehörte auch das Gerben und Bearbeiten der Felle. Die Fellschaber zum Enthaaren der Tierhäute sahen von Stamm zu Stamm verschieden aus.

Wiege Die nordamerikanischen Indianerfrauen nahmen ihre Kinder überallhin mit. Dazu gab es Kindertragen, die sich die Frauen auf den Rücken schnallten. Sie bestanden aus Latten, einem Brett, Korbgeflecht oder einer rohen Tierhaut. In Kopfhöhe befand sich ein Bügel, sodass das Kind bei Stürzen, etwa vom Pferd, nicht herausfiel. Das Baby wurde in einen Sack gesteckt oder mit Riemen auf diese Trage geschnürt. Damit es sich auf der Reise nicht langweilte, gab es Knöpfe, an denen das Spielzeug hing. Einige Stämme setzten ihre Kinder in Lederbeutel, die sie mit Moos auspolsterten. Noch heute werden die Kinder mit Decken getragen. Hopifrauen schlingen die Decke um die Schultern und tragen ihre Kinder darin auf dem Rücken oder der Hüfte. ➳ *Kindererziehung*

Kindertragen verschiedener Stämme

Wigwam Die meisten Stämme der Algonkin im Gebiet der Großen Seen bewohnten Wigwams. Das waren kuppelförmige Rundhütten. Auf ein Gerüst aus Ästen, die oben zusammengebunden waren, wurden Birkenrinde oder Häute gelegt. Die Wigwams hatten einen Durchmesser von bis zu acht Metern. Sie wurden von Stämmen errichtet, die auch Ackerbau betrieben. Man nennt diese Indianer Halbnomaden. Sie zogen also nicht wie die Prärieindianer mit ihren Tipis ständig umher und mussten ihre Behausungen nicht immer wieder auf- und abbauen. ➳ *Algonkin, Hausbau*

Wigwam

Wilder Westen Unter dem „Wilden Westen" verstehen wir die Länder Texas, Arizona und Neumexiko im Westen der USA. Dieses Gebiet war vor 150 Jahren noch kaum besiedelt. Die Cowboys trieben ihr Vieh von Süden in großen Herden zu den Verladestationen der Eisenbahn im Norden. Dabei mussten sie Indianerland durchqueren. Die Indianer verlangten für die Viehtriebe durch ihr Gebiet Wegezoll in Form einiger Rinder. Oft überfielen sie auch die Trecks und stahlen Vieh. ➳ *Ranch, Siedler*

Wildpferd Das Pferd war in Amerika schon vor dem Ende der letzten Eiszeit ausgestorben und wurde erst durch die Spanier in seine Urheimat zurückgebracht. Als sie bei einem Rückzug in Argentinien einige Pferde zurücklassen mussten, verwilderten diese und verbreiteten sich im Grasland, den Pampas. Entlaufene Pferde in Mexiko wanderten nach Nordamerika ein und vermehrten sich in der Prärie. Dort lernten die Indianer das für sie unbekannte Tier, den Mustang, kennen. Da sie bisher nur Hunde als Zugtiere für ihre Travois hatten, nannten sie die Pferde „shunka wakan" – „heilige Hunde". Schon bald machten sie sich die Pferde zunutze und zählten zu den besten Reitern der Welt. ➳ *Mustang, Pferde, Reiten*

Wohnen

Jeder denkt, die nordamerikanischen Indianer hätten nur in Tipis oder Wigwams gewohnt. Das stimmt aber nicht. Einige Völker hatten auch Holzhäuser. Die Indianer an der Nordwestküste zum Beispiel bewohnten ein Plankenhaus, das sie aus Balken und Brettern der Zeder errichteten. Dazu fällten sie die mächtigen, bis zu 50 Meter hohen Bäume mit Steinbeilen und Keilen. Sägen hatten sie noch keine. Mit Keilen spalteten sie auch die Stämme zu Brettern. Die Balken bearbeiteten sie mit scharfkantigen Muschelschalen und mit dem Dechsel. Bretter und Balken verbanden sie mit Holzstiften und zähen Waldreben. Die Häuser standen an der Küste, mit der Giebelseite zum Meer. Sie waren etwa zehn Meter breit und 30 Meter lang. Manche hatten sogar eine Terrasse, die ein Stück weit auf den Strand ragte. Das Innere der Häuser war etwas vertieft, sodass ein umlaufender breiter Sockel aus Erde stehen blieb. Darauf lagen die Schlafräume der einzelnen Familien eines Clans. Die Räume waren durch Bretter oder Matten abgeteilt, ähnlich wie in den Langhäusern der Irokesen. In der Mitte des Hauses befand sich die mit Steinen ausgelegte Feuerstelle.

Wohnen unter der Erde

Die Mandan und andere Stämme bauten ihre Wohnungen zum Teil unter die Erde. Ein Gang führte leicht schräg nach unten in das Erdhaus. Der Wohnraum wurde in der Erde ausgehoben, und die Wände wurden mit Pfählen abgestützt. Dann rammte man das Hauptgerüst aus vier starken Pfosten ein und verband diese mit Querbalken. Daran wurde eine Reihe weiterer Pfähle befestigt, die spitz zuliefen und ein Gewölbe bildeten. Den kuppelförmigen Bau deckte man mit Erde und Grasstücken ein. In der Mitte über der Feuerstelle blieb ein Rauchloch.

Von weitem sah das Mandanhaus wie ein kleiner bewachsener Hügel aus. Das Innere hatte einen Durchmesser von 10 bis 20 Metern und war an der höchsten Stelle vier bis fünf Meter hoch. Sogar die Pferde hatten darin Platz. Im Sommer blieb es im Inneren angenehm kühl, im Winter war es behaglich warm. Licht erhielt der Raum durch das Feuer in der Mitte und durch das Rauchloch. Bei Regen deckte man das Loch mit einem Bullboat ab.

Wohnen im Apartmenthaus

Fast tausend Jahre lang war der Pueblo Bonito das größte Wohnhaus der Welt. Er wurde um das Jahr 900 von den Anasazi errichtet und war eine Stadt mit etwa tausend Einwohnern, die alle in diesem einen Gebäude lebten. Der Pueblo Bonito hatte fünf Stockwerke und mehr als 800 Räume. Er ist uns als Ruine erhalten. Viele Puebloindianer wie auch die Zuni und Hopi bewohnen heute noch Pueblos.

Es gibt fast hundert solcher Siedlungen. Die kastenförmigen Häuser sind aus Sandsteinen oder Lehmziegeln errichtet und alle aneinander oder übereinander gebaut. Viele haben nur zwei oder drei Stockwerke, andere bilden lange Häuserzeilen. Der Einstieg in die einzelnen Räume erfolgte früher mithilfe einer Leiter durch die Dachluke. Heute gibt es auch Treppen. Jedes Flachdach ist zugleich die Terrasse für das darüber oder daneben liegende Haus. Auf diesen Terrassen spielt sich im Sommer das ganze Leben der Bewohner ab. Hier wird gekocht und gearbeitet, gespielt und gefeiert. Als die Spanier im 16. Jahrhundert diese mehrstöckigen Wohnhäuser zum ersten Mal sahen, standen sie staunend davor. In Europa gab es mehrstöckige Bauten damals nur in den Städten.

Heute leben die Indianer in den Reservationen auch in Wohnwagen oder billigen Häusern, die ihnen von der Regierung zur Verfügung gestellt werden.

Winchesterbüchse In vielen Indianer- und Wildwestromanen spielt die Winchesterbüchse eine Rolle. Es war ein Mehrladegewehr für fünf oder mehr Patronen. Man nannte es nach seinem Erfinder Oliver Fisher Winchester, der 1857 eine Firma für Feuerwaffen gegründet hatte. Der technische Leiter war B. J. Henry, der die Winchesterbüchse noch verbesserte und später den Henrystutzen herstellte.

Das berühmteste Gewehr im Westen: die Winchesterbüchse

Mit dem Henrystutzen konnte man 17 Patronen hintereinander verschießen, ohne zu laden. Mit solchen Magazinwaffen waren die Weißen den Indianern weit überlegen. Die Indianer nannten solche Gewehre „Geisterbüchsen“. In den Karl-May-Romanen besitzt Winnetou eine Winchester, die berühmte Silberbüchse. Sein Freund Old Shatterhand hat einen Henrystutzen. ➻ *Gewehr, May, Old Shatterhand, Winnetou*

Windschirm Die ersten Menschen auf der Erde waren als Sammler und Jäger unterwegs. Sie suchten in Höhlen Schutz vor Wind und Wetter. Wenn sie sich im Freien zum Lagern niederließen, bauten sie sich Windschirme aus geflochtenen Blättern oder Gräsern. Diese hielten nicht nur Wind und Regen ab, sondern sicherten auch das Lagerfeuer. Solche einfachen Unterkünfte kannten alle umherziehenden Sammler, auch die Indianer. ➻ *Hausbau*

Winnetou Winnetou gilt als der berühmteste Indianer. Dieser Häuptling der Apachen ist aber nur eine Erfindung des Abenteuerschriftstellers Karl May. Er formte die Figur des Winnetou nach dem Leben verschiedener Häuptlinge, wobei er deren beste Eigenschaften auf seinen Romanhelden übertrug. So entstand das Bild eines edlen Indianers mit heldenmütigem Charakter und der Denkweise eines Weißen. Winnetou spielt in 15 Büchern Karl Mays eine Rolle, vor allem natürlich in den drei „Winnetou“-Bänden. ➻ *May, Winchesterbüchse*

Winterzählung Wenn die Plains- und Prärieindianer nicht auf die Jagd gingen, hatten sie Zeit, über das vergangene Jahr nachzudenken. Dann bemalten und beschrieben sie Büffelhäute, auf denen sie die Ereignisse des Jahres, das sie „winter“ nannten, in Bildern erzählten. Am berühmtesten ist die Winterzählung der Sioux. Auch bei den Waldindianern gab es eine solche Chronik. ➻ *Bisonrobe, Piktogramm, Schrift*

Wohnen *siehe Seite 228/229*

Wounded Knee *siehe Seite 231*

Würfelspiel Fast alle Indianer lieben das Spiel. Bei den Prärieindianern war das Würfelspiel sehr verbreitet. Als Würfel verwendeten sie die Kerne von Wildpflaumen, Holzstäbchen oder kleine Knochen. Diese wurden mit Zeichen markiert und mit der Hand oder in einem Korb geschüttelt. Die Einsätze beim Spiel waren oft hoch. Die Indianer würfelten zum Beispiel um den Besitz eines Pferdes oder eines Tipis. Eine besondere Form war das Patol-Spiel. Dazu zeichnete man ein Spielfeld in den Sand und bewegte darauf „Pferdchen“. Um das Vorrücken wurde gewürfelt. ➻ *Spiele*

Indianer beim Patol-Spiel

Wounded Knee

Der Wounded Knee Creek ist ein kleiner Fluss in Süddakota. So heißt auch ein Indianerdorf in der Siouxreservation „Pine Ridge", durch die der Fluss fließt. Für die Indianer ist es ein Ort der Trauer. Hier wurde am 14. Dezember 1890 der Hunkpapa-Medizinmann Sitting Bull von einem Indianerpolizisten erschossen.

Die Geistertänzer

Alles begann mit einem Geistertanz. Der Paiute Wovoka hatte verkündet, der weiße Mann werde aus der Prärie verschwinden, und die Büffel würden zurückkehren, wenn die Indianer den Geistertanz aufführten. Bald schlossen sich alle Prärieindianer der Geistertanzbewegung an. Die weißen Siedler bekamen Angst, und die US-Armee schickte Indianerpolizisten, um Sitting Bull zu verhaften. Dabei wurde dieser getötet, und man fürchtete nun einen Aufstand.

Das Massaker

General Miles ließ alle verfügbaren Truppen nach Wounded Knee reiten. 500 Soldaten umstellten das Siouxlager und brachten auf einer Anhöhe vier Kanonen sowie zwei Maschinengewehre in Stellung. Im Lager befanden sich etwa 300 Menschen, hauptsächlich Frauen und Kinder. Während die Indianer entwaffnet wurden, fiel versehentlich ein Schuss. Daraufhin eröffnete die US-Armee das Feuer: 143 Sioux waren sofort tot, 33 verwundet. Die Indianer töteten 29 Soldaten. 100 Indianer flohen in die Berge, wo die meisten erfroren. Bei den Toten fand man nur vier Gewehre und einen Revolver. 1973 erinnerten Mitglieder der American Indian Movement an dieses Gemetzel und besetzten die kleine Siedlung Wounded Knee, um auf ihre schlechte Lage in der Pine-Ridge-Reservation aufmerksam zu machen. Die Regierung schickte das FBI und Panzer. Die Besetzung dauerte 71 Tage. Sie hat den Indianern wenig gebracht.

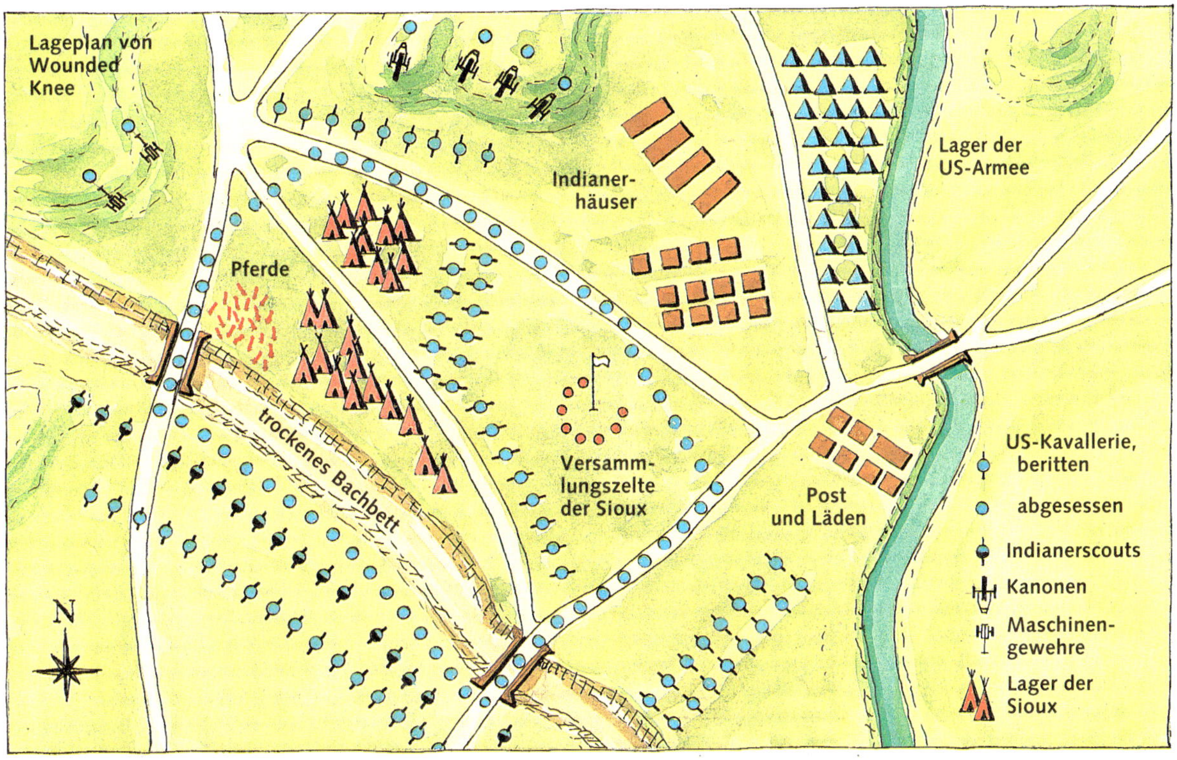

Xingu Der Xingu ist ein Nebenfluss des Amazonas. Er durchfließt den Xingu-Nationalpark in Brasilien, in dem etwa ein Dutzend kleine Urwaldstämme wie in einer Reservation leben. Man bezeichnet sie als Xingu-Indianer. Die Stämme gehen noch mit dem großen Bogen auf die Jagd. ➳ *Urwaldindianer*

Yanomami Die Yanomami leben in Venezuela und Brasilien, vor allem am Orinoko, dem drittgrößten Strom Südamerikas. Heute noch jagen sie Wildschweine, Tapire und andere Urwaldtiere. Sie essen auch Insekten und bauen im Urwald Süßkartoffeln, Mais, Maniok und Mehlbananen an. Das kriegerische Volk wird auch Waika genannt. Eine Dorfgemeinschaft aus 30 bis 100 Menschen bewohnt ein großes Gemeinschaftshaus, das „shapono". Es gibt noch etwa 20 000 Yanomami im Regenwald. Sie sind durch das Vordringen von Goldsuchern und Viehzüchtern und durch den Bau von Straßen in ihrem Gebiet sehr bedroht. ➳ *Urwaldindianer*

Yucatan Die Halbinsel Yucatan im Osten von Mexiko grenzt an den Golf von Mexiko. Sie besteht aus dem flachen Hochland und dem Tiefland. Im Regenwald des Tieflandes haben die Maya zuerst gesiedelt. ➳ *Maya, Mittelamerika*

Yucca Die Yucca gehört zur Familie der Palmlilien und ist in den nordamerikanischen Wüsten und in Mittelamerika weit verbreitet. Aus der Spitze des dicken Stammes und den Enden der Äste wachsen die palmenartigen Blätter. Für viele Indianer ist diese Pflanze wichtig. Sie essen die Früchte der Yucca. Aus den Wurzeln stellen sie Seife und Gerbmittel her. Die Fasern der Blätter und Stängel werden zu Schnüren gedreht, aus denen Matten, Sandalen und Körbe geflochten werden.

Yuma Dieses Volk lebte einst am Colorado und betrieb dort Feldbau. Da der Colorado jährlich über seine Ufer trat und Schlamm ablagerte, war das Land sehr fruchtbar. Der Fluss zerstörte aber jedes Jahr die kuppelförmigen Hütten der Yuma. Heute ist der Colorado durch Stauseen reguliert. Die rund 2 500 Nachfahren der Yuma wohnen in einer Reservation am unteren Colorado in Kalifornien und Arizona. Sie bilden eine eigene Sprachfamilie.

Zahlen Da die Indianerstämme Nordamerikas unterschiedliche Sprachen hatten, konnten sie sich nur durch Zeichen verständigen. Das galt auch für die Angabe von Zahlen. Für die Zahlen 1 bis 10 zeigte man die Finger. Im Allgemeinen begann man mit dem kleinen Finger der rechten Hand zu zählen. Um die Zahl 20 anzuzeigen, wurden beide Hände zweimal geöffnet und geschlossen, bei der Zahl 30 dreimal usw. Die Zahlzeichen haben sich später die Weißen angewöhnt, die mit den Indianern Handel trieben. Die Maya hatten ein vollständiges Zahlensystem und schrieben die Ziffern aus Punkten und Strichen. Sie kannten schon tausend Jahre vor den Arabern die Ziffer Null. Ihr Zahlensystem beruhte auf 20 Ziffern, da der Mensch zehn Finger und zehn Zehen hat. Für den Kalender hatten die Mayapriester besondere Zahlzeichen, die aus Menschenköpfen bestanden. Auch das Zahlensystem der Azteken beruhte auf 20 Ziffern. Die aztekischen Zeichen waren aber etwas komplizierter als die der Maya. Wie diese schrieben die Azteken damit ihren Kalender und legten Listen von Gegenständen an.
➳ *Kalender, Maya, Schrift*

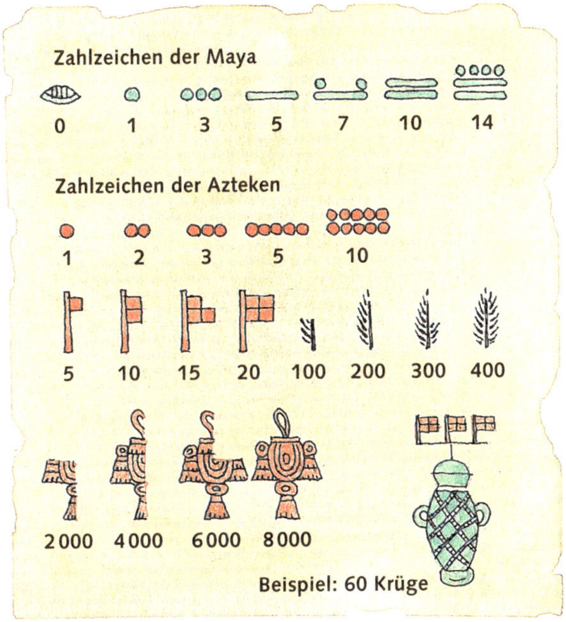

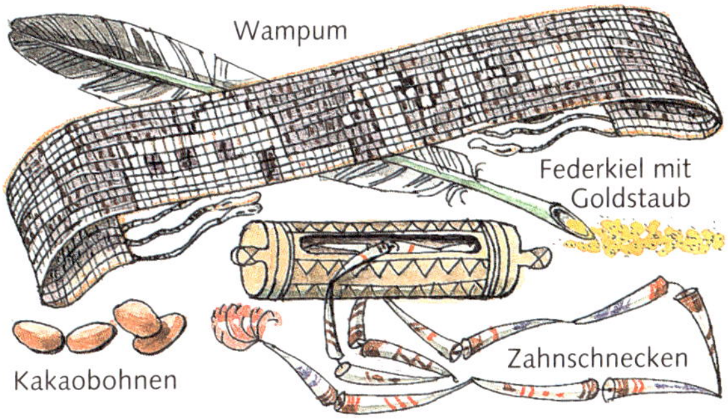

Zahlungsmittel Die Weißen brachten aus Europa auch das Geld mit. Sie benutzten Münzen, später Papiergeld. Für die meisten Indianer hatte dieses Geld keinen Wert. Sie lernten es erst im Handel mit den Weißen zu gebrauchen. Es gab allerdings einige Indianervölker, die schon eine Art Geld hatten. So verwendeten die Yurok in Kalifornien Schnüre mit den Häusern von Zahnschnecken als Geld. Die Azteken zahlten mit Federkielen, die mit Goldstaub gefüllt waren. Bei den Maya hatten Kakaobohnen Geldwert. In Nordamerika bekam später das Biberfell Geldwert. Die Indianer bezahlten die Händler mit Fellen, von denen jedes einem halben Dollar entsprach. ➳ *Handel, Wampum*

Zapoteken *siehe Seite 234*

Zauber Alle Indianer glaubten an Geister und Dämonen und versuchten durch Zauber Einfluss auf sie zu gewinnen. Sie wollten sie gnädig stimmen und Schaden von sich abwenden. Dazu führten sie viele Zeremonien durch. Den Medizinmännern und Schamanen schrieb man große Zauberkräfte zu, die sie von ihren mächtigen Schutzgeistern erhielten. Zu ihrem Handwerkszeug gehörten ausgestopfte Tiere, Rasseln, Trommeln, Flöten, Tabak und Rauschmittel. Nach indianischem Glauben brachten manche Geister auch Krankheit und Tod. Nur Schamanen konnten mit ihnen in Verbindung treten und so die Krankheit wegnehmen. Manche Schamanen waren gefürchtet, da sie bösen Zauber machen konnten. ➳ *Medizinmann*

Zapoteken

Die Zapoteken gehören zu den größten und ältesten Indianervölkern Mexikos. Heute leben etwa 400 000 ihrer Nachfahren im Westen des Landes. Dort bevölkerten die Zapoteken vor über 2 000 Jahren das Hochland von Oaxaca. Ihre Nachbarn im Norden waren die Azteken, im Südosten die Maya.

Ein großes Reich

Die Zapoteken waren ein bedeutendes Ackerbauvolk und hatten ein großes Reich errichtet. Wie die Maya besaßen sie eine Hieroglyphenschrift und einen Kalender mit 13 mal 20 Tagen. Die zapotekischen Hieroglyphen konnte man bisher aber nur zu einem geringen Teil entziffern. An der Spitze des Zapotekenreiches stand ein König, der sich die Macht mit einem Hohepriester teilte. Die Religion spielte nämlich bei den Zapoteken eine große Rolle. Sie verehrten neben dem Regengott Cocijo als höchste Götter den Jaguar, den Gott der Feldfrüchte und den Feuergott. Ihren Göttern brachten die Zapoteken auch Menschenopfer dar.

Die Tempel- und die Totenstadt

Die wichtigsten Tempel standen in Monte Alban, einer gewaltigen Tempelstadt, die sich über viele Quadratkilometer erstreckte. Den Mittelpunkt bildete eine Art Burg auf einem Hügel. Sie war über 800 Meter lang und mehr als 300 Meter breit. Es gab auch einen Ballspielplatz mit Zuschauertribünen. Die Stadt hat man erst 1931 entdeckt und ausgegraben. Auch die Totenstadt Mitla mit prunkvoll ausgestatteten Grabkammern wurde freigelegt. Die Gräber waren mit herrlichen Mosaiken aus bunten Steinen verkleidet. Mitla war der Sitz des höchsten zapotekischen Priesters. Die Zapoteken wurden um das Jahr 1300 von den Mixteken aus dem Gebiet von Mitla und Monte Alban verdrängt.

Monte Alban, Tempelruinen und Zeremonienplatz

Maisgott der Zapoteken

Zaumzeug Zum Aufzäumen der Pferde nahmen die Indianer häufig geflochtene Pferde- oder Bisonhaare oder Riemen aus Rohhaut. Gebissstangen aus Metall verwendeten sie kaum. Stattdessen legten sie dem Pferd eine Schlinge in die Gebisslücke im Unterkiefer. Die freien Enden dienten als Zügel. ➳ *Pferde, Reiten*

Zeder Man liest oft, nordamerikanische Indianer hätten Totempfähle und Kanus aus Zedernholz angefertigt. Das ist nicht ganz richtig. Die Zeder ist ein Nadelbaum, der in mehreren Arten nur in Asien und Südeuropa wächst. Die Siedler nannten die Tuje, den Lebensbaum, „Red Cedar" oder „White Cedar", rote oder weiße Zeder. Bei uns bildet die Tuje immergrüne Hecken.

Zeichensprache *siehe Seite 237*

Zelt Nur die Plains- und Prärieindianer kannten Zelte als Behausung. Das Tipi konnte auf den Jagdzügen schnell aufgebaut und auch wieder zerlegt werden. Die Zelte gehörten den Frauen. ➳ *Hausbau, Lagerplatz, Tipi, Wohnen*

Zeremonien Zeremonien sind feierliche Rituale, die bei den Indianern mit der Religion in Verbindung stehen. Dazu zählen Geistertänze und Gesänge, die die Indianer unter Anleitung ihrer Medizinmänner aufführten. Die Zeremonien fanden in einem besonderen Zelt oder unter freiem Himmel statt. Bei jeder Zeremonie spielten Zeremonialgeräte eine Rolle. Das waren Rasseln und Trommeln, Masken und Verkleidungen oder der Fächer des Schamanen aus einer Adlerschwinge. Mit dem Seelenfänger, einem hohlen Knochen, saugte er die Krankheiten aus. ➳ *Medizinmann, Religion, Zauber*

Zivilisation ➳ *siehe Seite 238/239*

Herstellung von Ahornzucker

Zuckerahorn Die Indianer im Nordosten Nordamerikas zapften im Frühjahr die Ahornbäume an. Dazu trieben sie einen Holzpfeil in den Stamm und sammelten den herauslaufenden Saft in einem Gefäß aus Birkenrinde. Der Saft wurde gekocht, und man erhielt den Ahornsirup. Der größte Teil davon wurde in Tüten aus Birkenrinde gefüllt und kristallisierte zu Ahornzucker aus. ➳ *Ahorn, Nahrung*

Zugtiere Die Indianer Nordamerikas hatten zuerst nur Hunde als Zugtiere. Später setzten sie das Pferd zum Ziehen von Lasten ein. Selbst die Azteken, Maya und Inka hatten keine Zugtiere. Das kam daher, dass sie das Rad nicht nutzten und keine Wagen hatten. Bei den Inka und anderen Hochlandindianern war das Lama nur Tragtier. Mit den Europäern kamen Ochsen und Esel nach Amerika und wurden auch zum Pflügen eingesetzt. ➳ *Ackerbau, Lama, Pferde*

Mach es selbst: Indianisch unterhalten

Wenn die Prärieindianer sich trafen, konnten sie nicht viel miteinander reden. Sie verständigten sich in der Zeichensprache. Versucht einmal, euch mit ihren Zeichen verständlich zu machen und erfindet eigene Zeichen dazu.

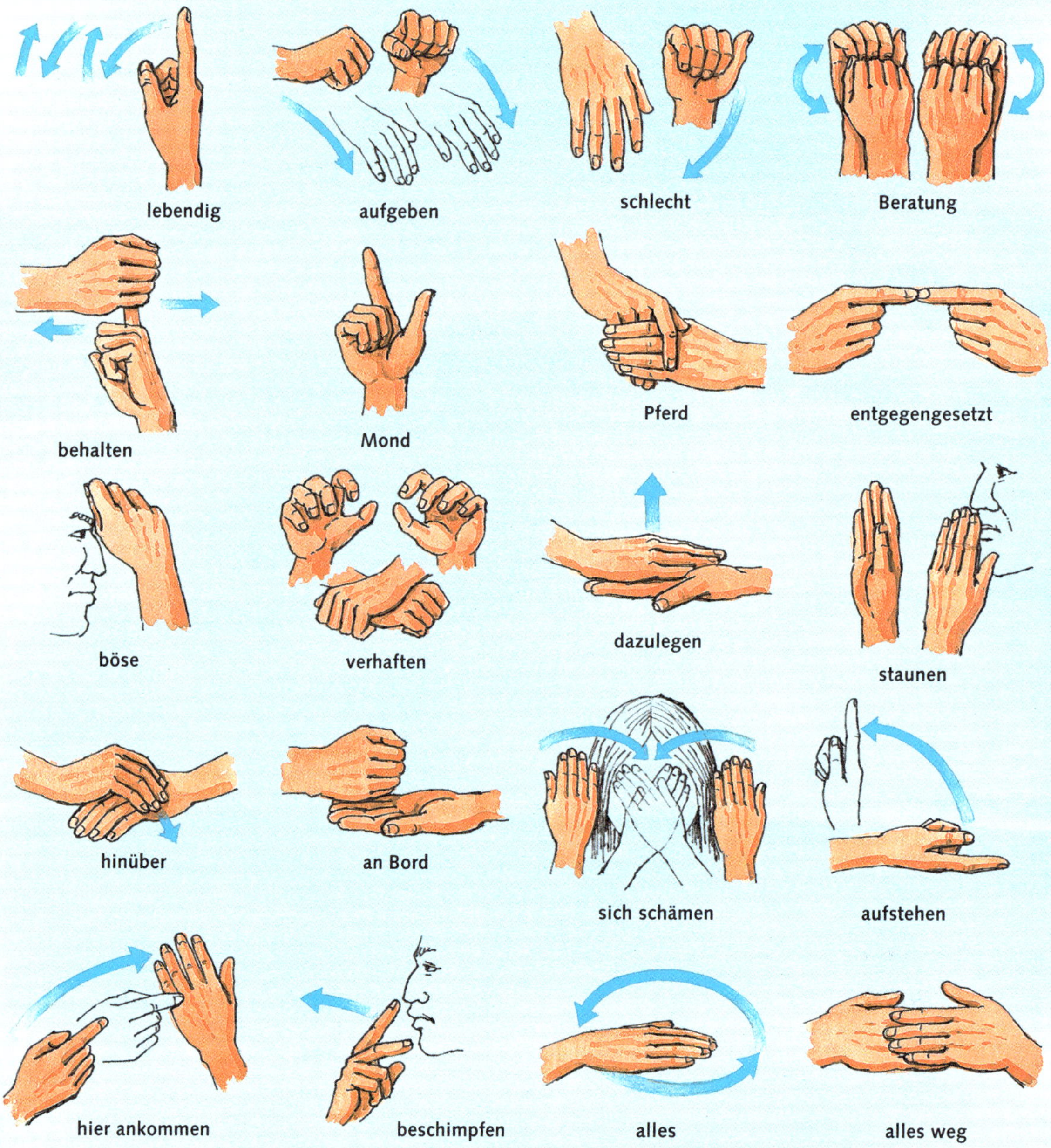

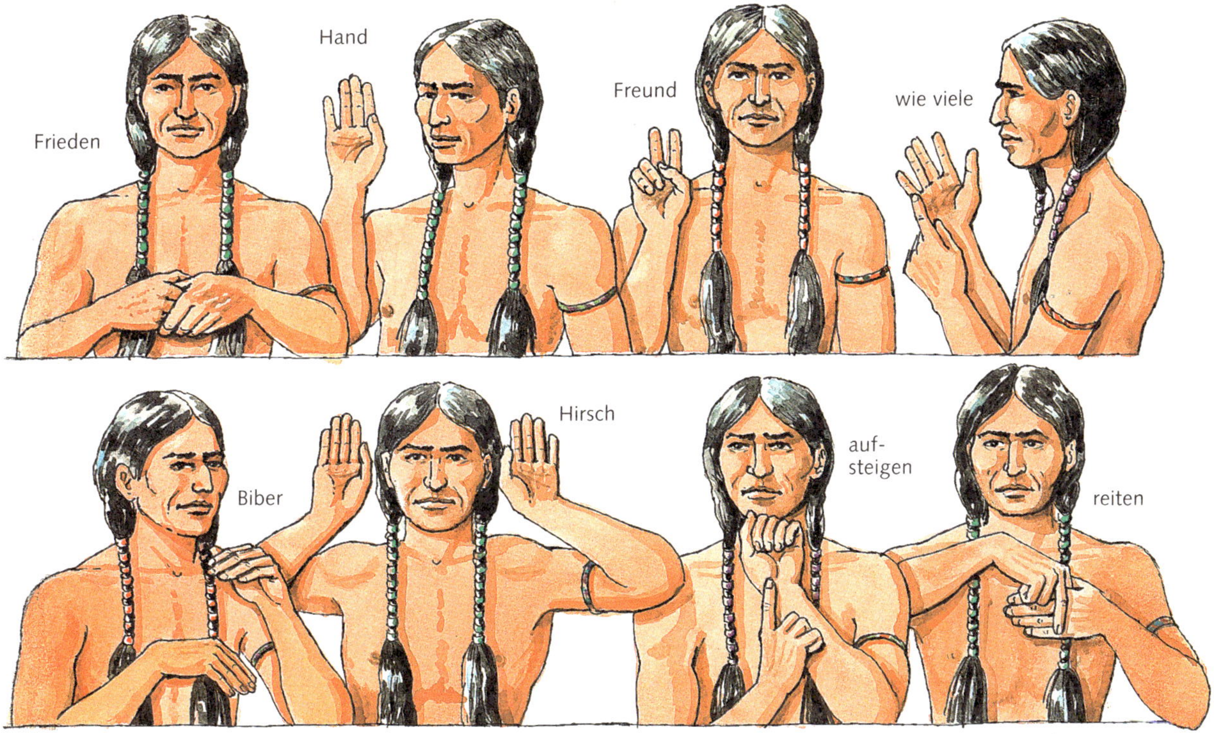

Zeichensprache

Auf den Plains und in der Prärie wurden über 350 Sprachen gesprochen. Trotzdem hatten die verschiedenen Stämme keine solchen Schwierigkeiten, sich zu verständigen, wie wir in einem fremden Land, dessen Sprache wir nicht beherrschen. Die Indianer besaßen nämlich eine ausgeklügelte Zeichensprache, ähnlich wie die Taubstummen. Da die Indianer kein Alphabet hatten, buchstabierten sie keine Wörter, sondern drückten ihre Gedanken durch eindeutige Gesten und Gebärden aus.

Eine Unterhaltung mit 400 Zeichen

Die Indianer verständigten sich mit ein oder zwei Händen, mit den Fingern und durch die Stellung der Arme. Auf diese Weise beherrschte fast jeder Indianer etwa 400 Zeichen, mit denen er sich stundenlang mit einem anderen Indianer unterhalten konnte, ohne dessen Sprache zu verstehen. Die indianische Zeichensprache ist die am besten entwickelte der Welt. Die Indianer konnten sich damit auch auf dem Kriegspfad lautlos verständigen. Nur selten kam es zu Missverständnissen. Sogar Verträge wurden auf diese Weise geschlossen. Ein amerikanischer Wissenschaftler hat einmal die Probe gemacht und nachgewiesen, dass ein durch Zeichensprache übermittelter Vertragstext auf Punkt und Komma genau verstanden wurde.

Wörterbuch der Zeichensprache

Die Indianer setzten immer wieder neue Begriffe in Zeichensprache um, zum Beispiel das Zeichen für „Weißer Mann“ oder für „Pferd“. Die Trapper und Waldläufer lernten die indianischen Zeichen schnell und konnten sich nicht zuletzt deshalb im Indianerland bewegen. Es gab bald sogar „Wörterbücher“ der Zeichensprache, die immer wieder ergänzt wurden. Sie waren vor allem für Pelzhändler, Siedler und Offiziere von Nutzen, die sich mit den Indianern verständigen mussten.

Leben in einer Navajo-Reservation

Zivilisation

Mit den Erfindungen in Technik und Wissenschaft veränderte sich das Leben der Menschen zunehmend. Die erste Stufe der Zivilisation war der Pflug, den der Mensch von Ochsen ziehen ließ. Er musste nun nicht mehr selbst den Boden mühsam mit einer Astgabel aufreißen, um zu säen. Mit fortschreitender Zivilisation wandelte sich auch die Beziehung des Menschen zur Natur. Ein Mensch, der in einer Großstadt mit Tiefkühlkost, fließendem Wasser und elektrischem Strom aufgewachsen ist, könnte heute ohne Hilfsmittel in der Wildnis kaum überleben. Er würde vermutlich verhungern, verdursten oder erfrieren. Durch die Zivilisation sind dem Menschen nämlich viele der Fähigkeiten verloren gegangen, die die Naturvölker zum Überleben entwickeln mussten.

Reservationsindianer zeigt einen Stammestanz vor Touristen.

Als die Weißen nach Amerika kamen, lebten viele Völker noch auf der Stufe der Steinzeit. Die Indianer kannten weder den Pflug noch das Rad. Sie hatten fast keine Haustiere und vor allem keine Pferde. Sie hatten weder Eisen noch Schießpulver. Doch sie waren nicht die „Wilden“, als die man sie bezeichnete. Ihre Kultur war nur eine andere als die der Weißen.

Indianer in der Zivilisation

Die Zivilisation brachte für viele Indianer den Tod und die Vertreibung aus ihren Wohngebieten. Heute leben in Nordamerika rund drei Millionen Indianer. Fast jeder Dritte wohnt in Reservationen unter schlechten Bedingungen.

Irokesen beim Bau eines Hochhauses

Ein großes Problem ist für die Indianer die Arbeitslosigkeit. In den meisten Reservationen gibt es nicht viel zu verdienen. Landwirtschaft ist nicht überall möglich, und nur einige Stämme haben Bodenschätze, die sie selbst abbauen. Touristen kommen und bezahlen dafür, die Indianer in ihren Stammeskostümen zu bestaunen. Für sie führen die Indianer ihre alten Tänze auf, und sie veranstalten Powwows für die Fremden. Diese kaufen auch indianischen Schmuck und Handwerksarbeiten in den Souvenirläden. Trotzdem sind die meisten Stämme in den Reservationen arm und auf Unterstützung durch den Staat angewiesen. Viele Indianer verlassen tagsüber ihre Wohngebiete, um in der nächsten Stadt zu arbeiten. Nicht alle sind so willkommen wie die Irokesen vom Stamm der Mohawk. Diese sind schwindelfrei und deshalb als Arbeiter beim Bau von Wolkenkratzern und Brücken fast unentbehrlich.

indianischer Bauer

Indianer im Bergbau

indianisches Spielkasino

Eine große Geldquelle haben die Indianer erst neuerdings erschlossen: Ein amerikanisches Gesetz erlaubt es ihnen, in den Reservationen Kasinos zu betreiben. Durch das Glücksspiel, das vor allem die Weißen anzieht, werden manche Stämme tatsächlich reich. Doch vor allem die Älteren misstrauen dem Geldsegen. Sie dringen darauf, das Geld in Unternehmen zu stecken, die den Indianern auch in Zukunft eine gewisse Unabhängigkeit sichern.

indianischer Football-Player

Es gibt indianische Professoren, Rechtsanwälte, Ärzte, Schriftsteller, Filmschauspieler und Footballstars. Manche Indianer haben sich den Weißen angepasst. Viele sind der Lebensweise ihrer Väter treu geblieben und versuchen, die fortschreitende Zerstörung der Natur aufzuhalten.

Zuni

In der Hochebene von Neumexiko sind die Zuni zu Hause. Obwohl sie wie die Puebloindianer in Häusern aus Lehmziegeln leben, bilden sie doch eine eigene Stammesgruppe mit einer eigenen Sprache. Ihren Namen haben sie nach ihrem Hauptort, der „Zuni" heißt.

Von Jägern zu Ackerbauern
Die Zuni sind vor langer Zeit wohl Jäger und Sammler gewesen, die das baumlose Gebiet unterhalb der Tafelberge Neumexikos durchstreiften. Vermutlich kamen sie mit den Azteken in Berührung, deren Reich im Norden an das Wohngebiet der Zuni angrenzte. Von diesen haben sie den Ackerbau gelernt und wurden sesshaft. Der Anbau von Pflanzen war in dem wüstenartigen Land sehr schwierig, da es kaum Wasser gab. Die Bewässerung der Felder erfolgte durch die kurzen Gewitterregen, die im Südwesten immer wieder auftreten. Das Wasser stürzt danach in reißenden Bächen von den Tafelbergen herab und versickert rasch wieder im Boden. Doch das genügte für den Anbau von Mais, Kürbissen und Bohnen. Im Vergleich mit anderen Indianerstämmen des Südwestens lebten die Zuni in bescheidenem Wohlstand.

Handwerker und Künstler
Als die Spanier im Jahr 1540 von Mexiko aus in das Land der Zuni einbrachen, waren sie auf der Suche nach dem Reich Cibola mit den sieben Städten. Sie hofften dort Gold und andere Reichtümer zu finden. Aber sie stießen nur auf die Dörfer der Zuni und der Puebloindianer. Die Zuni wurden von den Spaniern unterworfen. Sie passten sich später den Weißen zum Schein an und konnten so in ihr altes Siedlungsgebiet zurückkehren. Etwa 8 000 Zunis leben heute in der Reservation in Neumexiko. Sie sind berühmt für ihre Malerei und ihre Silberarbeiten.

Golfküstenebene
Florida
Rio Grande
Golf von Mexiko
Kuba
ÖSTL. SIERRA MADRE
Hochland von Mexiko
Karibisches Meer
Chichén Itzá
Uxmal
Yucatan
Teotihuacan
Tenochtitlan
SÜDL. SIERRA MADRE
La Venta
Monte Alban
Palenque
Tikal
Copan
PAZIFISCHER OZEAN
Größenvergleich: Deutschland

Armschmuck Bei allen Indianern schmückten sich sowohl Männer als auch Frauen. Mit dem Schmuck konnten sie ihr Ansehen und ihren Reichtum zur Schau stellen. Die Inka und Azteken hatten Armreifen aus purem Gold. Die Maya dagegen liebten Jade über alles.

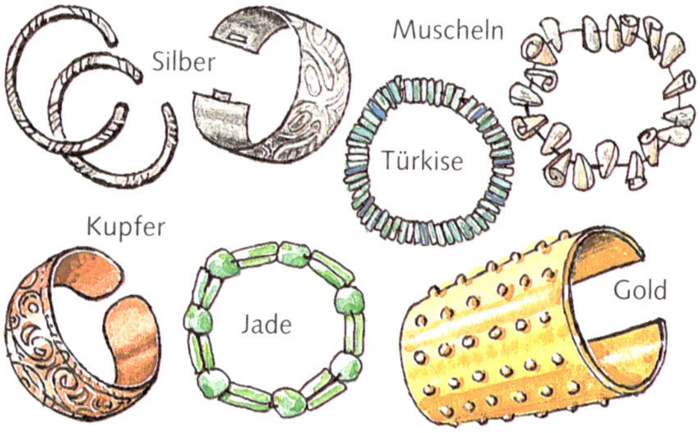

Die Armreifen der Prärieindianer bestanden aus Perlenschnüren, aufgereihten Muschel- und Schneckenschalen sowie Zähnen und Knochenstücken von Tieren. Da die nordamerikanischen Indianer Metall nicht schmelzen konnten, hatten sie früher auch keinen Silberschmuck. Schmuck aus Kupfer war jedoch teilweise bekannt. Als Schmuckstein schätzten sie den Türkis, der als heiliger Stein galt. ➳ *Schmuck, Zuni*

Assiniboin *siehe Seite 15*

Atahualpa Atahualpa war der letzte, der 13. Herrscher der Inka. Er war der Gottkönig dieses Indianervolkes. 1532 wurde Atahualpa von den Soldaten Pizarros gefangen genommen. Die Inka setzten sich gegen die Spanier nicht zur Wehr, da sie diese für Götter hielten. Sie füllten ein Zimmer mit Gold als Lösegeld für ihren Herrscher. Pizarro ließ Atahualpa trotzdem erdrosseln. ➳ *Entdecker, Inka, Pizarro*

Atlatl Fachmännische Bezeichnung für die Speerschleuder der Indianer. Der Atlatl war bei den meisten Stämmen, von den Eskimo bis zu den Feuerlandindianern, bekannt und auch in Gebrauch. ➳ *Speerschleuder, Waffen*

Atsina Der Algonkinstamm der Atsina war mit den Arapaho am nächsten verwandt. Das Wort „At-se-na“ bedeutete in der Sprache der Blackfoot „Mutiges Volk“. Die Franzosen nannten sie Gros Ventre. ➳ *Arapaho, Gros Ventre*

Aymara In Bolivien und Peru leben rund zwei Millionen Aymara oder Aimara. Sie haben eine gemeinsame Sprache und gehen wahrscheinlich auf ein Volk zurück, das vor der Zeit der Inka im Hochland der Anden lebte. Diese Vorfahren erbauten möglicherweise Tiahuanaco südlich des Titicacasees. Die Aymara pflanzen auf der kargen Hochebene heute Kartoffeln, Gerste und Zwiebeln an. Sie züchten Schafe und Lamas. Die Lamas dienten früher als Tragtiere, sind mittlerweile aber von Eseln abgelöst. Jeder Bauer hält auch Meerschweinchen als Fleischlieferanten.

Trotzdem leiden die Aymara an Nahrungsmangel. Um den Hunger zu vertreiben, kauen sie Kokablätter, die eine Art Rauschzustand erzeugen und kurze Zeit die Leistung steigern. Die Männer tragen einen Poncho. Das ist ein viereckiges Tuch aus Lamawolle, das eine Öffnung für den Kopf hat. Männer wie Frauen ziehen den Chumpi an, einen breiten Baumwollgürtel. ➳ *Inka, Poncho, Tiahuanaco*

Azalea Rot blühender Felsenstrauch, etwa so groß wie unsere Alpenrose. Die Azalea wächst im Süden der USA und ist giftig. Die Apachen gewannen aus den Blüten einen Trank, mit dem sie sich bei Zeremonien berauschten.